KB212391

누가
도시를
통치하는가

누가

어느 문화 도시가 들려준
도시 정치 이야기

신혜란 지음

이매진

도시를

통치하는가

[이매진 컨텍스트 76]

누가 도시를 통치하는가
어느 문화 도시가 들려준 도시 정치 이야기

초판 1쇄 2022년 5월 18일
지은이 신혜란
펴낸곳 이매진 펴낸이 정철수
등록 2003년 5월 14일 제313-2003-0183호
주소 서울시 은평구 진관3로 15-45, 1018동 201호
전화 02-3141-1917 팩스 02-3141-0917
이메일 imaginepub@naver.com
블로그 blog.naver.com/imaginepub
인스타그램 @imagine_publish
ISBN 979-11-5531-131-8 (93300)

• 환경을 생각해 재생 종이로 만들고, 콩기름 잉크로 찍었습니다.
• 값은 뒤표지에 있습니다.

이 저서는 한국연구재단의 지원을 받아 수행된 연구임(2017S1A3A2066514).

머리말

누가 도시를 통치하는가? 1960년대부터 정치학에서 제기된 매력적이고 어려운 질문이다. 누가 도시를 통치하고, 누가(무엇이) 도시 공간을 이런 모양으로 만든 건지 묻는 이 질문은 현대 도시 정치가 복잡해지면서 대답하기 더 곤란해졌다. 민관 협력, 도시 성장, 협치, 거버넌스처럼 여러 행위자의 관계가 도시 정치의 핵심으로 등장했다. 또한 권력 관계와 파트너십이 역동적으로 변화하는 과정 자체가 중요한 연구 주제가 됐다.

협치와 파트너십이라는 말은 들을 때는 훈훈하지만 가까이 보는 현실은 매우 어렵고 역동적이다. 광주는 그런 도시 정치를 구체적으로 보여준다. 광주는 중앙 정부의 권력이 강한 아시아, 그 중에서도 한국에서 여러 도시가 겪은, 그리고 앞으로 겪을 도시 정치 상황을 한데 모으고 응축한 사례다.

나는 1997년에 석사 논문을 쓰면서 광주 도시 정치를 연구하기 시작했다. 도시 정치 개념과 사례 연구를 공부하는 대학원생 눈에 광주비엔날레와 안티비엔날레가 확 띄었다. 문화 축제, 문화 행사, 관광 전략이 갑자기 늘어나는 때였다. 왜 도시 정부가 문화, 예술, 관광에 관심을 두는지 궁금했다. 이렇게 오래 할 계획은 아니었는데, 광주가 내 눈길을 연거푸 사로잡아 계속했다. 그 시간 동안 대부분 외국에 살았고, 광주는 연고도 없는데 그랬다.

이 책은 내가 그 20년 넘는 기간 동안 발표한 광주 도시 정치 연구의 종합물이다. 국내 학술지 논문 1편, 국제 학술지 논문 6편, 영문 단행본 1권에 더해 얼마 전에 쓴 세계은행World Bank 보고서 내용까지 종합적으로 들어갔다. 개념과 상황을 잘 설명하려고 삽화도 직접 그렸다. 종지부를 찍는 마음으로 이 책을 준비하는데 국제 지리학 교과서와 국제 학술지에서 콕 찍어 광주 사례 연구를 써달라고 했다. 아마 앞으로도 더 하게 될 듯하다.

'문화 도시'는 21세기 들어서 많은 도시가 탐내는 이름이다. 그 흐름은 요즘 인기를 끄는 창조 도시까지 이어지고 있다. 그 대열에 선 도시 중에서 광주가 들려주는 이야기는 정말 풍부하다. 도시 경제를 위한 문화 전략, 세계적 행사를 통한 도시 선전, 도시 정체성을 둘러싼 논란, 공간 재생산 과정의 이해관계, 도시 역사의 해석, 기억 공간 형성 과정, 민관 협력, 문화적 도시 재생과 시민 참여, 세계적 인증을 위한 노력 같은 일들은 현대 도시가 겪는 대표적인 문화 정치적 진통이기 때문이다. 광주 문화 전략은 야심이 큰 실험이었고, 그 과정에서 보여준 진통과 변화는 도시 정치를 대표하는 사례로 눈여겨볼 만하다.

도시 정치에서 주요 행위자에게 동기 부여를 하는 요소는 이해관계와 가치를 바탕으로 나오는 욕망이다. 현대 도시는 욕망, 그중에서도 도시 공간을 자기가 원하는 장소로 만들려는 다양한 욕망들이 서로 부딪치고 교차하고 충돌하고 경합하고 합쳐지는 장소다. 광주에서도 행위자들은 서로 다른 욕망을 대변했고, 한 사람 속에 다른 욕망이 공존하는 사례도 종종 있었다.

나는 피면담자들이 들려준 이야기에서 욕망을 읽었다. 누구는 이제는 도시가 발전하고 대기업을 유치하는 광주가 되면 좋겠다고 했고, 누구는 자본의 논리를 좇는 도시가 아니어야 한다고 했다. 누구는 세계적 거장들을 불러 일류 행사를 치르는 번듯한 문화 도시로 만들고 싶다고 했고, 또 누구는 광주 지역 예술가들이 참여해 우리만의 색채를 내야 한다고 했다. 누구는 1980년만이 아니라 몇 십 년 동안 개인, 가정, 도시가 받은 고통을 인정받고 싶었고, 누구는 5·18의 도시를 벗어나 앞으로 나아가기를 바랐다. 누구는 중앙 정부의 지원이 절실하다 했고, 누구는 중앙 정부에서 독립하고 싶다고 했다. 누구는 서울 사람들이 광주 일에 진심이기를 바랐고, 누구는 광주 일은 광주 사람들이 하고 싶다고 했다.

얼마 전 광주에서 벌어진 사건들도 다양한 장소 만들기 욕망을 보여줬다. 신축 아파트 붕괴 사고는 안전을 무시하고 밀어붙인 장소 만들기가 빚은 결과였다. 2022년 대통령 선거에서는 보수 정당인 국민의힘이 '복합 쇼핑몰 있는 도시'라는 장소 만들기를 내세웠다. 여전히 민주당에 85퍼센트를 몰아준 광주의 표심에도 이 도시를 어떤 장소로 만들고 싶어하는 욕망이 반영됐다.

장소 만들기에서는 결과를 기준으로 성공 사례를 찾는 데 익숙한 터라 광주가 그다지 알맞은 도시는 아니라는 말을 들었다. 2021년에 내가 세계은행, 유네스코, 국토연구원이 공동 주최한 창조 도시 회의에 세계은행 컨설턴트 자격으로 참여할 때도 그랬다. 라틴아메리카, 아프리카, 아시아에서 온 정책가들은 교토처럼 전통적으로 풍부한 예술 문화와 일상 문화를 지닌 창조 도시 사례에 관심이 많았다. 문제는 그렇게 출발부터 좋은 창조 도시에서 배운 내용을 자기 도시에 실현할 수 있는 가능성이다. 참가자들은 내가 발표한 광주 이야기나 다른 사례인 부산 이야기에서 나타난 장벽과 갈등에 관심을 보였다. 모범 사례 교토하고 다르게 구체적으로 적용할 아이디어를 얻을 수 있기 때문이었다.

이 책은 광주에 관한 이야기라기보다는 광주가 들려주는 이야기에 가깝다. 이제 문화와 경제를 따로 보면 안 된다고, 문화와 경제의 통합이 말은 되지만 실행 단계에서는 여전히 문화냐 경제냐를 따지게 된다고, 한 도시의 역사가 오해받는다 해서 새로운 이미지를 억지로 만들려 하면 문제가 불거지고 저항을 일으키게 된다고, 중앙 정부가 지원을 많이 하면 해볼 만하다고, 그런데 서울에서 멀리 떨어진 중소 도시가 하기는 꽤 힘들다고, 한 장소를 이전하거나 새로 만드는 일은 꽤 오랜 시간이 걸린다고, 그중에서도 기억 공간 형성은 꽤나 지루한 싸움이 된다고. 마지막으로 들려주는 이야기는 이럴 듯하다. 문화 도시의 도시 정치는 다양한 욕망을 알아차리고 인정하고 공존하는 법을 배운 과정이었다고.

이 이야기를 듣고 분석하고 정리하는 과정을 많은 분들이 같이했다. 직접 이야기를 해준 피면담자들의 목소리는 내 머릿속에 남아 마치 분석하고 해석하는 중에 늘 내 옆에서 같이 의논하는 듯했다. 섭외자를 밝힐 수는 없지만, ㄱ 선배와 ㅅ 선배 부부는 그 오랜 기간 다양한 사람들을 만날 수 있게 도와주고 내가 광주에 갈 때마다 지친 나를 위로했다. 내 지도 학생들은 많은 질문을 던져 독자가 무엇을 궁금해하는지를 깨달을 수 있었다. 그러고도 거친 내용을 정리해 책으로 엮는 일은 출판사 이매진이 맡았다. 이 사람들하고 함께 여러분에게 광주 이야기를 건넨다.

차례

2부 광주와 5·18
- 어느 문화 도시에서 만난 문화 경제와 도시 정치

3부 도시 정치는 계속된다

1부

도시와
도시 정치,
그리고
문화 경제

서론

광주, 현대, 도시 정치

현대 도시 정치란 무엇인가

도시는 도시 정치의 산물이다. 도시 정치가 도시의 운명을 결정하기 때문이다. 도시 정치 때문에 도시 개발, 도시 재개발, 뉴타운 건설, 신도시 건설, 경제 자유 구역 선정, 도시 재생 같은 도시 개발의 방향, 시기, 규모, 책임자가 달라진다. 도시 정치는 도시 개발 과정에서 다시 불거지고 새로운 성격으로 바뀌기도 한다.

　도시 개발 과정은 도시의 운명을 책임지는 사람들이 모이고 그 사이에 질서가 만들어지는 과정이다. 그 과정에 참여한 사람들이 내리는 결정에 따라 도시는 지금 이 모습이 됐다. 우리 주변을 둘러보고 내가 여행한 도시를 떠올리자. 빽빽이 들어선 고층 건물, 작은 근린공원이나 널따란 시민 공원, 자동차 도로와 보행자 도로, 미술관과 박물관 같은 가시적이고 물리적인 도시 경관都市 景觀은 누군가 그렇게 만들기로 정하고 실행한 결과물이다. 여기에서 도시 경관이란 강, 산, 평지처럼 자연적 환경 위에 인간이 형성한 문화적 경관과 기술적 경관을 뜻한다. 한눈에 들어오는 지역의 모습을 지닐 수 있게 한 결정 과정과 실행 과정은 도시에서 살아가는 사람들 눈에는 잘 보이지 않는다. 그렇지만 도시 정치는 도시의 꼴과 틀을 형성하는 핵심이다. 도시에서 벌어지는 행사를 기획하고, 시민 참여를 끌어올릴 재정을 지원하고, 코로나19를 맞아 재난지원금을 주는 일이 모두 도시 정치의 산물이다.

도시 정치는 어떤 도시를 발전시키고 개발하는 방향을 정할 때 벌어지는 협의, 갈등, 협상 과정의 역동성을 뜻한다. 곧 도시를 형성하는 많은 요소들을 둘러싼 의사 결정에 관련된 정치, 그 결정이 형성되는 과정을 이끄는 사람들이 하는 정치다. 도시 정치의 주역은 소수 엘리트일 수도 있고, 여러 이해관계자일 수도 있고, 적극적으로 참여하는 주민일 수도 있다. 지방 선거를 치르는 도시는 국가가 지도자를 임명할 때보다 훨씬 활발하게 도시의 운명을 스스로 개척하려 한다. 현대 도시 정치를 구성하는 핵심 인물들은 시민의 기본 생활에 필요한 상수도, 학교, 공원을 관리하는 데 그치지 않고 개발 사업을 적극 추진한다. 또한 국가나 세계 단위 같은 거시적 사회 변화에도 대응한다.

나는 이 책에서 현대 도시 정치를 다룰 생각이다. 세계화가 진척되면서 도시 정치는 새로운 국면에 접어들었다. 도시는 국가뿐 아니라 세계적 상황에 밀접히 얽히게 됐다. 기업과 자본이 예전보다 자유롭게 움직이고 세계 경제 네트워크가 재편되면서 도시의 운명은 도시 안 사람들이 하는 결정과 실행의 범위를 벗어났다. 여전히 국가 수준의 정책과 정치가 국가와 도시의 삶을 좌우하지만, 예전보다 훨씬 더 세계적 수준에서 벌어지는 상황과 변화의 일부가 돼 휩쓸려 움직인다. 그래서 도시 정치에서는 도시 안에서 중요한 사안을 결정하는 일보다는 국가나 세계 수준의 외부 조건에 맞선 대응이 중요해졌다. 그런 대응을 하려고 발맞추는 사람들 사이의 상호 작용이 바로 현대 도시 정치다.

도시 정치와 국가 정치는 다르다. 도시의 존재감은 시대와 사회에 따라 달랐다. 국가가 도시를 단순히 지배하기도 했고, 지방 자치의 수준이 높아 국가와 도시가 각자의 길을 걷기도 했고, 세계화 덕분에 국가의 존재가 퇴색하면서 도시가 대안적 단위라는 담론이 성행하기도 했다. 1980~1990년대에 장소 마케팅이 성행할 때는 기업을 유치하고 주민과 관광객을 끌어들이는 세계적 경쟁에 뛰어드는 단위로서 도시가 연구자와 정책 입안자의 관심을 끌었다. 2000년대 들어 도시 재생이 큰 흐름으로 나타나면서 도시 내부의 사회 혁신과 지역 사회 형성 같은 방식이 대두되고, 도시가 공유 경제와 혁신의 장소가 됐다. 세계적으로 도시 간 경쟁이 증가하는 한편, 비슷한 규모의 도시끼리 파트너십을 맺기도 했다.

도시는 제도와 재정 측면에서 제한이 커 국가 차원의 지원과 규제를 받는 사례가 많다. 뉴욕이나 런던 같은 글로벌 도시는 개별 국가의 손을 떠났지만, 그렇지 않은 도시는 재정 자립도가 높지 않다. 또한 국토 계획, 복지, 노동 같은 여러 분야에서 결정권이 많은 국가에 견줘 도시는 도시 개발 사업, 교육, 치안 분야에 권한이 한정된다. 그래서 지방 정치인은 사회복지나 평등 같은 큰 문제를 얘기하기 힘들다. 도시는 주로 도시 개발 사업을 통해 세계의 변동과 국가의 변화에 대응하며, '이 변화 속에서 어떻게 살아남을까' 하는 차원에서 생존을 고민한다.

국가와 도시의 또 다른 차이점은 주요 행위자 사이의 관계다.

국가 정치에 견줘 도시 정치에 관여하는 행위자들 사이에서는 인맥, 관계, 명성이 상대적으로 더 중요하다. 중소 규모 도시만 해도 도시 정부와 그 도시에 자리한 기업이나 시민사회 내부 사람들은 서로 잘 알거나 이리저리 얽혀 있기 쉽다. 그래서 국가 정치와 도시 정치는 정치를 보는 관점, 일하는 방식, 네트워크 범위가 다르다. 도시의 운명을 좌우하는 사람들은 이해관계뿐 아니라 학연이나 지연의 형태로 인간관계까지 얽혀 있기 때문이다. 정부 안이 그렇듯 도시도 이해관계가 다양한데, 아는 처지에서는 이해관계를 대하는 방식도 달라진다.

이런 특징은 여러 이해관계자가 협치governance를 할 때 장점이자 단점으로 나타난다. 얽힌 관계 덕분에 협력에 필요한 타협과 공모가 잘 일어나지만, 바로 그런 관계 때문에 사안을 그냥 덮고 지나가 문제를 키우거나 배타적이 되기도 한다.

광주를 통해 보는 도시 정치

광주는 문화를 통한 도시 개발과 도시 정치를 보는 렌즈다. 문화 도시 발전 전략과 도시 정치의 모습을 잘 보여주기 때문이다. 광주는 5·18 광주민주화운동 때문에 국가 단위 정치에서 많이 이야기된다. 아직 끝나지 않은 진상 규명은 인권과 민주주의 사회로 가는 길에 무척 중요하지만, 바로 그래서 도시 개발에 관련한 광주의 도시 정치는 그 중요성에 견줘 주목받지 못했다. 문화 전략도 그다지 성공하지는 못해서 5·18에 관련된 사안만 간간이 미디어에 나올 뿐이다.

광주는 현대 도시 정치에서 주목할 만한 사례다. 1990년대에 지방 자치가 실시된 뒤 본격 시작된 도시 정치에서 광주는 세계, 아시아, 한국 등 다양한 규모의 관점으로 바라보는 도시 정치의 모습을 응축했다. 국가와 도시의 관계, 수도와 지방 도시의 위계, 문화 전략, 장소 마케팅, 협치, 도시 재생, 기억 공간, 신 경제 기업 전략, 시민사회의 분화 등 다른 많은 도시가 겪거나 겪게 될 실험과 운명을 오롯이 보여줬다.

나는 특히 문화 전략, 곧 문화 예술을 기반으로 한 도시 홍보와 성장 추구 전략이 진행된 과정에 집중한다. 1990년대에 예술을 통해 도시 이미지를 고양하려 할 때, 정치적이고 비극적인 기억과 경제 성장이라는 욕구가 만날 때, 도시 개발에 관련된 주도권이 아직 국가에 있을 때, 2000년대에 도시 재생 사업이 주민 참여를 중요시하지만 막상 현장은 그렇지 않을 때, 기억이 문화 자산으로 여겨지기 시작할 때, 어떤 일이 벌어지는지 구체적으로 관찰하고 연구한 결과가 바로 이 책이다.

왜 도시 정치에서 문화가 중요해졌을까? 21세기 들어 많은 학자와 정치인, 언론계와 경영계 인사들은 문화와 경제가 떼려야 뗄 수 없이 결합한 '문화 경제cultural economy' 시대가 다가온 기미를 알아차렸다. 문화는 크게 고급 예술로서 문화, 대중문화처럼 상품으로서 문화, 삶의 양식으로서 문화로 나뉜다. 문화 경제란 문화와 경제가 결합해 문화가 경제의 일부가 되면서 문화적인 것이 경제적 힘을 지니고 경제적 요소가 문화의 옷을 입는 현상을 뜻한다. 일상 소품에서 디자인이 포장이나 구성 요소에 그치지 않고 상품의 본질이 된 시대다. 도시 개발에서도 공공 미술, 문화 축제, 지역

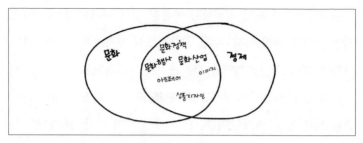

문화 경제의 정의 문화 경제란 문화와 경제가 결합해 문화가 경제의 일부가 되면서 문화적인 것이 경제적 힘을 지니고 경제적 요소가 문화의 옷을 입는 현상을 뜻한다.

특산물, 근대 역사 골목같이 문화적 요소를 쉽게 찾아볼 수 있다.

문화 경제는 문화 산업과 문화 정책으로 나눌 수 있다. 문화 산업은 문화적 요소가 핵심이 되는 산업, 이를테면 영화, 도서, 정보기술을 접목한 게임 같은 분야를 말한다. 문화 산업에서 문화와 경제의 혼합은 단순한 특징을 넘어 본질이 된다. 문화 경제는 문화 정책에서도 나타난다. 문화 예술 산업, 마이스MICE 산업, 관광 산업에 도시 정부가 발 벗고 나선다. 문화 축제나 문화 예술 증진 정책 등이 대표적이지만, 딱히 문화 정책이라 할 수 없는 도시 재생에서도 관광과 문화가 본질적 요소가 된다. 나는 그런 전반적인 문화적 접근을 문화 전략이라고 부르겠다.

왜 이 책의 주제는 문화 경제, 그리고 문화 전략의 정치인가? 사람 때문이다. 현대 도시에서 무척 자연스러워 보이는 현상인 문화 경제를 두고 정치를 말하는 이유는 문화와 경제의 통합이란 결국 사람의 통합이어야 하기 때문이다. 또한 그런 통합 과정이 전혀 자연스럽지 않기 때문이다.

현장에서 일한 사람들은 안다. 막상 문화 경제를 정책으로 실현하려는 행위자들은 이제껏 만난 적 없는 인간형을 만나야 했고, 사소한 문제부터 갈등을 겪는 바람에 합의에 도달하기가 힘들었다. 공무원과 시민단체 활동가가, 주민과 전문가가, 기업 직원과 공무원이 만나야 한다. 다른 분야가 합쳐져 새로운 뭔가를 창출하는 통섭은 정부 안의 다른 부서들이나 학계 안의 다른 전공들 사이에서도 실행하기가 힘들다.

문화 경제는 그래서 어렵다. 문화나 경제 중에서 하나를 지지하는 이데올로기적 선호의 문제뿐 아니라 일하는 방식과 협의 스타일이 다른 행위자가 참여해야 하기 때문이다. 문화 경제에서 협치는 다른 목표, 방식, 스타일을 서둘러 통합하려 할 때 깨진다. 도시 발전을 향한 열망 때문에 갈등이 쉽게 봉합되기도 하고, 일시적으로 봉합된 갈등이 사소한 계기를 만나 폭발하기도 한다.

광주는 그런 험난한 과정을 끊임없이 경험했다. 국가 지원을 받아 광주비엔날레를 유치하고 아시아문화중심도시로 지정되며 문화 전략을 추구하는 과정에서 융합, 갈등, 재협상을 거쳤다. 미디어는 사업의 성패나 전략, 주목도 같은 양적 평가에 관심이 많지만, 도시 정치 연구자는 구체적인 과정에 담긴 의미가 중요하다. 광주 사례는 다른 도시들이 비슷하게 겪거나 앞으로 겪을 일들을 보여주는 축약이자 모형이다. 도시와 국가의 관계, 협치의 형성과 발달, 발전 과정에서 드러나는 시행착오, 경제 성장과 정체성 사이의 우선순위 경합, 시민사회의 위치, 험난한 도시 재생 파트너십 같은 일들 말이다.

나는 지난 30여 년간 광주가 문화 예술 전략을 통해 도시를 발전시키는 과정에서 계속 나타난 두 집단을 구분한다. 한쪽은 여전히 경제적 이익을 중심에 놓고 문화 예술을 경제 성장의 수단으로 보는 행위자들이다. 편의상 '경제 집단'이라고 이름 짓는다. 다른 한쪽은 문화 예술 자체의 가치를 중심으로 보는 '문화 집단'이다. 왜 꼭 이렇게 한쪽에 선다고 보느냐 물을 수 있다. 문화 경제가 사회 분위기를 지배하기 때문에 대부분의 행위자는 문화와 경제를 둘 다 중요하게 생각한다. 그렇지만 의사 결정 단계에 들어가면 정책 방향, 예산, 인력, 홍보에서 어디에 우선순위를 둘지를 선택해야 한다. 수익이 덜 나더라도 도시의 역사를 강조하고 예술적 가치가 뛰어난 행사를 조직할까, 아니면 홍보 효과가 확실하고 사람들도 많이 찾을 수 있는 쪽으로 방향을 잡을까? 도시 재생에서 주민 참여를 높이고 주민 역량을 강화하는 교육에 예산을 쓸까, 아니면 낡은 교통 시설을 정비하는 데 예산을 더 돌릴까?

구체적인 문제에 들어갈수록 둘 중 하나를 선택해야 하는 상황에 놓인다. 그러니까 나는 광주를 배경으로 삼아 문화와 경제가 결합한 문화 경제가 진행되는 과정에서 결국 한쪽에 서게 되는 경제 집단 행위자와 문화 집단 행위자 사이에 일어난 긴장과 화해를 보여줄 생각이다.

나는 또한 기억 공간을 둘러싸고 벌어지는 문화 정치를 다룬다. 도시 개발에서 기억 공간이 자리하는 위치를 둘러싼 논쟁의 한가운데에 5·18이 있다. 도시 개발의 정치와 딜레마를 이야기하는 데 중요한 요소인 만큼 5·18은 논의 단계마다 등장한다. 5·18은 도시 개발을 위해 극복해야 할 과거사로 다뤄졌고, 광주의 주된 정체성을 구성하는 요소로 제시돼 문화 전략의 일부가 됐고, 도시 재생의 중요한 부분으로 자리잡는 듯했다. 그러다가 기억 공간을 다루는 방식에서 문제가 생겼다.

처음은 광주비엔날레였다. 광주 학살을 저지른 국가는 1990년 대 문민정부가 들어선 뒤 광주비엔날레에 예산을 지원했고, 지역 엘리트들은 5·18을 둘러싼 국가와 미디어의 공세 때문에 생긴 부정적 도시 이미지를 없애려 노력했다. 도시 이미지에서 5·18을 지우려는 사람들과 5·18을 간직하려는 사람들 사이에 치열한 갈등이 불거졌다. 1990년대 지역 엘리트들은 5·18이 민주화 운동으로 인정받더라도 왜곡된 이미지 탓에 오랫동안 피해를 본데다 개발도 되지 못한 만큼 이제 5·18에서 벗어나야 한다고 판단했다. 이런 맥락에서 장소 마케팅의 사례로 광주비엔날레를 살펴보겠다.

5·18은 광주라는 도시를 배경으로 삼은 문화 정치 과정에서 중심이 되는 사건이었다. 5·18을 피하고 싶어 시작한 문화 전략은 5·18 기억 공간 만들기를 논의하고, 갈등하고, 시작하는 계기가 됐다. 광주가 국가 지원을 받아 1995년에 시작한 도시 개발 전략은, 문화적 도시 개발에 더 많은 지원을 한 아시아문화중심도시 도시 재생 과정에서 국립아시아문화전당을 5·18의 중심 장소인 옛 전남도청에 세우기로 한 뒤 도청 별관을 둘러싼 거센 갈등으로 이어졌다. 5·18에서 멀어지려다가 더 엉켜버린 셈이었다.

나는 1995년부터 2021년까지 20년이 넘는 시간 동안 광주라는 도시에서 도시 정치가 변화하는 모습을 살펴려 한다. 따라서 이 책은 광주를 통해 보는 현대 도시 정치 이야기다.

장소 만들기 욕망들이 만나다

도시 정치는 장소 만들기place-making 정치의 하나다. 장소 만들기란 다양한 스케일의 공간과 장소의 성격을 규정하고 변화시키는 데 관련된 의사 결정을 하고 실행하는 활동을 모두 가리킨다. 작은 규모에서 장소 만들기는 자기 방을 어떻게 꾸밀지를 결정하고 실행하는 일부터 집 짓기, 동네 골목 바꾸기를 포함한다. 좀더 큰 규모에서는 도시 개발, 재개발, 도시 재생, 지구 단위 장소를 만드는 방식, 그런 방식이 소비적이고 자연 파괴적이라는 이유로 비판하고 대안을 내는 활동 등을 모두 가리킨다. 장소 만들기는 태생적으로 정치와 권력에 밀접히 관련된다. 공간과 장소를 만드는 일은 자기 삶을 보호하고 영역을 만들고 정체성을 확립하는 과정이며, 한정된 땅과 공간에서 벌어지기 때문이다.

나는 주요 행위자들의 말과 실천이 얽힌 관계가 진화하는 모습 속에서 각자의 다른 욕망이 불가피하게 갈등을 일으키고 자기 위치와 영토를 재확립하는 과정을 보여주려 한다. 흔히 도시 정치에서 드러나는 대립은 개발할까 아니면 보존할까, 문화 예술이 지닌 고유의 가치가 중요할까 아니면 경제 발전이 중요할까, 하향식으로 효율을 중시할까 아니면 참여를 통해 실질적 민주주의를 실현할까, 기억 공간을 만들까 아니면 다른 장소를 만들까 등으로 표현된다. 광주 현장 조사에서 들은 이야기들은 이런 대립되는 주장보다 더 복잡하고 다양한 욕망과 생각이 만나는 장이었다. 문화 경제가 원래 가치의 차이를 드러내는 두 영역이 통합되는 영역인 만큼 모순되고 대립하는 주장이 얽히고설켜 있다.

현장 조사는 주로 인터뷰 방식으로 진행했는데, 주요 행위자들은 외적 갈등을 겪는 등 여러 어려움에 시달렸다. 문화 경제를 추진하는 현장에서 일한 행위자들이 털어놓은 이야기는 생각과 주장에서 드러나는 차이보다 훨씬 더 얽혀 있었다. 문화와 경제가 통합된다는 말은 가치관과 스타일이 다른 사람들이 만나 같은 프로젝트를 짜고, 회의를 열고, 의사 결정을 해서 일을 진행한다는 뜻이다. 생각과 지향이 다른 사람들이 날마다 얼굴 보고 부대껴야 한다. 통합을 말하는 윗선은 분위기가 좋지만, 실무자들은 차이를 몸소 느끼면서 일할 수밖에 없다. 흩어진 인력을 통합해 공무원, 시민단체 활동가, 예술가가 같이 일하게 된 광주비엔날레가 그런 차이를 느낀 계기였다. 이 도시 문화 전략에 참여한 다양한 구성원들은 협치 실무 단계를 거치면서 비로소 단련됐다.

2004년에 국가가 광주를 아시아문화중심도시로 선정하면서 도시 재생 프로젝트라는 새로운 도시 개발의 기회가 시작됐다. 인구 감소, 산업 구조 변화, 낡은 주거 환경 때문에 쇠퇴하는 도시를 되살린다는 뜻을 지닌 도시 재생은 경제적, 사회적, 문화적, 물리적, 환경적 측면을 아우르는 종합적 도시 발전을 추구한다. 전세계가 도시 재생에 주목하는 이유는 국가와 자본이 일방적으로 주도하는 물리적 개발이 아니라 사회와 문화를 아우르는 총체적 발전을 꾀하기 때문이다. 물론 현실에서는 경제 발전이 필요한 도시에 맞는 국가 의존적 도시 성장 프로젝트를 색다르게 포장한 데지나지 않지만, 도시 재생은 도시의 고유한 역사를 바탕으로 시민이 참여하는 도시 발전 프로젝트를 지향한다.

아시아문화중심도시 프로젝트는 광주가 국가 지원에 힘입어 도시 전체의 발전을 꾀할 기회였다. 도시의 역사를 알리고 정체성을 확립할 계기이기도 했다. 그래서 다시 한 번 다양한 욕구를 지닌 참여자들을 끌어들였다. 이 단계에서 문화 경제의 정치가 더 본격적으로 나타났는데, 이때 문화란 주로 5·18의 기억화와 기억 공간 만들기를 뜻한다. 국립아시아문화전당을 건립하는 과정에서는 별관 철거와 존치를 둘러싼 갈등 때문에 협상과 타협이 이어졌다. 도시 성장을 꾀하는 경제 전략과 아픈 기억을 승화하려는 문화 전략이 새로운 문화 경제의 모습을 만들어냈다. 문화 경제 속에 아직 잘 융합되지 않은 문화 집단과 경제 집단은 자기 영토를 지키고 확대하려는 영역 투쟁을 벌이면서 공존했다.

5·18의 기억을 소중히 여기는 민중 미술가 집단과 시민사회 구성원이라고 해서 생각이 똑같지는 않았다. 더 정확히 말하면 생각이 대충 비슷하다고 알고 있다가 막상 구체적인 일에 들어가면서 차이가 드러났다. 정부가 주도한 문화 중심 도시 개발 프로젝트를 둘러싸고 반대 의견을 유지하는 사람과 적극적으로 들어가 일하는 사람이 나뉘었다. 떠나는 사람들은 큰 권력 앞에서 무력감에 빠진다고 말했다. 어떤 이들은 참여할 가치가 없는 졸속 행정의 결과물이라 비난했지만, 다른 이들은 그래도 그 안에 들어가 뭔가를 하는 데 의의가 있다고 반박했다.

흔히 갈등이라고 하면 의견이 다르거나 협력이 깨져 큰 문제가 될 듯하지만, 실제 사례를 보면 상황은 달라진다. 외부 갈등이 일어난다고 해서 참여자들이 내부 문제는 없이 바깥에만 신경을 쓰지도 않고, 갈등 없이 지나간다고 해서 모든 참여자가 만족하거나 동의하지도 않는다. 행정 영역과 미디어는 '갈등이 일어났으니 협력을 잘해야 한다'거나 '모두 협력하는 바람직한 거버넌스였다'고 단순화한다. 그래야 선명한 함의를 찾을 수 있고 다음에 도움이 된다고 보기 때문이다. 반면 연구자는 현장 조사를 통해 관찰한 뒤 이론적 개념에 기대어 그런 일이 벌어진 원인을 해석한다. 학자들은 흔히 모든 일을 인과 관계로 설명하려는 욕구와 책임 의식을 지니지만, 뚜렷한 원인을 찾을 때만큼이나 우연 또는 부산물, 부작용의 결과일 때도 많다. 다양한 형태를 띤 갈등이나 협력 또한 마찬가지여서, 여러 욕망이 만나 결과적으로, 아니면 우연히, 어쩌다 보니, 부작용으로 생길 수 있다.

개인들의 욕망뿐 아니라 도시의 욕망도 있다. 광주 이야기는 아시아에 자리한 어중간한 중소 도시의 야망에 관한 이야기이기도 하다. 상대적으로 지방 자치 권력이 강한 서구 도시에 견줘 아시아, 특히 동아시아 도시들은 발전 국가developmental state 모델로 설명되는 경제적 성장주의를 경험했다. 발전 국가는 국가 경제의 발전을 우선순위에 두고, 도시 발전을 국가 성장의 수단으로 보며, 규제와 특혜를 매개로 특정 기업이나 산업을 성장시켰다. 아직도 한국의 많은 도시가 50퍼센트를 넘는 재정을 국가에서 지원받는다. 지자체 스스로 살림을 꾸릴 수 있는 능력을 나타내는 지표인 재정자립도를 보면, 2020년 기준 서울 78퍼센트, 부산 45퍼센트, 광주 47퍼센트, 춘천 21퍼센트 정도다.

국가 주도로 발전한 한국 도시들도 지방 자치가 실시되면서 생존하고 발전하려는 욕망을 품었다. 세계화 때문에 강화된, 또는 세계화를 통해 표현된 신자유주의는 사람 사이의 경쟁뿐 아니라 도시 사이의 경쟁도 가속시켰다. 많은 도시가 세계 도시가 되겠다고 선언했다. 정책 목표라도 그렇게 잡았다.

광주는 좀 애매한 위치에 놓여 있다. 광주 같은 중소 도시는 인구, 자본, 문화 자원이 풍부하지 않아 세계 도시가 되겠다는 욕망을 품기가 좀 어렵다. 자원이 집중된 영남 지역 도시들에 견줘 역량이 부족하지만, 그렇다고 어떻게 해볼 도리가 아예 없지도 않다. 정체된 경제 현실 때문에 느끼는 아쉬움과 잘해볼 수도 있을 듯한 야망을 동시에 품는다. 국가 주도성이 아직 남아 있는 한국에서 국가가 주도하는 도시 성장을 향한 기대와 저항이 공존하는 셈이다. 한편으로는 5·18 때문에 소외받는다는 인식이 있지만, 다른 한편으로는 5·18이 민주화 운동으로 인정받으면서 뭔가 기대를 걸게 된다. 모든 도시가 그러하듯 광주는 자기 이야기를 품은 채 희망과 절망 사이에, 야망과 정체성 사이에 놓여 있다.

문화 전략을 통한 도시 성장과 도시 발전은 다른 욕망들 사이의 만남을 역동적으로 만든다. 그 지역의 역사나 정체감에 깊숙이 연관돼 있기 때문이다. 많은 이들이 기억하는 도시의 역사는 도시 발전에 직접 연관되지 않았지만, 문화 전략은 역사적 정체성을 도시 발전에 필요한 자원으로 적극 끌어들인다. 역사적 의의가 있고 사회 정의라는 가치도 느낄 만한 장소는 교육적 효과가 큰 방문지로 떠오를 가능성이 높다.

21세기 들어 기억 공간을 찾아가는 '슬픔 관광dark tourism'이 성장하면서 장소 마케팅과 도시 재생에서 실질적 성과가 나왔다. 문화 예술 중심 도시 개발에서 5·18은 다른 욕구들하고 격돌하면서 화학 작용을 일으켰다. 5·18 이미지를 벗어나려는 경제 성장 욕구와 5·18을 기념하려는 노력은 마주쳐 갈등하면서 합쳐졌다.

슬픔 관광과 도시 재생은 경제 성장과 기억, 사회 참여를 한층 가깝게 했다. 논쟁적인 장소 만들기 과정을 거치며 도시 재생이 시작되자 기억과 경제 성장이 좀더 자연스럽게 합쳐지면서 경쟁하고, 갈등하고, 재협상하고, 공존하게 됐다. 광주 사례는 도시 성장과 사회 정의가 서로 엇갈리게 공존할 수 있으며 도시 개발을 함께 구성할 수 있다는 사실을 보여준다.

광주가 보여준 문화와 경제의 강력한 연관성과 도시 성장주의에 관련한 논의에서 기억, 기억 공간, 사회 정의라는 주제는 이상할 만큼 별로 다뤄지지 않았다. 아마 한 피면담자가 한 이야기처럼 광주는 5·18이라는 상자에 갇혀 있고 5·18의 기억은 광주에 갇혀 있었다. 좀더 정확히 말하면, 많은 사람들이 광주가 이미 벗어나고 있는 틀 속에 이 도시의 이미지를 가두고 있는지도 모른다. 광주의 문화 전략과 도시 발전은 그럭저럭 미디어에 보도되기는 했다. 그다지 주목받지 못한 그 과정에서 광주와 광주의 행위자들은 많은 일을 겪었다. 광주의 도시 발전 전략이 결과적으로 거둔 성공하고는 별도로, 광주의 행위자들은 국제 행사 개최, 중앙 정부 사람들을 상대로 한 협력과 긴장, 공무원과 예술가와 시민사회 성원들이 같이 일하기, 5·18 기억 공간 만들기, 기억에 연결된 도시 재생을 경험했다. 그 과정에서 욕구가 표현되고, 모르던 욕구가 발견되고, 새로운 욕구가 나타났다. 이런 과정은 다른 여러 도시에 많은 시사점을 준다.

2장

도시 정치 이해하기

누가 도시를 통치하는가

도시 정치는 도시 연구에서 정치를 담당하는 분야다. 도시계획학, 지리학, 사회학, 정치학 등에서 분과 학문으로 여겨진다. 나는 런던 대학교^{University College London} 도시계획학과에서 '도시 정치^{Urban Politics}'와 '도시 환경 정치^{Urban and Environmental Politics}'라는 강의를 맡은 적이 있는데, 한국은 도시 정치 관련 강의가 드물다. 한국에서 도시계획학은 사회과학이 아니라 공학의 한 분야인 도시공학에 들어가는 사례가 많다. 지리학, 사회학, 정치학에서도 독립된 강의는 거의 없고, 정치지리, 도시사회학, 지방정치 같은 강의에 포함된다.

도시 정치는 구조를 말할 수 있을 정도로 크면서도 구체적 과정을 자세히 들여다볼 수 있을 만큼 작아서 매력적이다. 국가 정치에 견줘 독특한 특징이 눈에 들어오고 손에 잡힐 듯하다. 도시 정치는 그 규모 때문에 관심을 끈다. 도시 정부는 구區에 견줘 존재감도 있는 편이고, 기업이나 관광객에게는 나라보다 구체적으로 다가온다. 도시 정치는 일정한 규모 덕분에 핵심 행위자들이

누가 도시를 통치하는가 도시 정치에서 '누가 통치하는가?'라는 질문을 둘러싸고 행위자들의 위치, 관계, 구조에 관한 이론이 여럿 나왔다.

눈에 잘 띄고 행위자들 사이의 상호 작용도 쉽게 파악할 수 있다.

도시 정치에서 '누가 통치하는가Who governs?'라는 질문을 둘러싸고 행위자들의 위치, 관계, 구조에 관한 이론이 여럿 나왔다. 극소수 파워 엘리트가 커튼 뒤에서 모든 일을 조종한다는 엘리트 이론, 다양한 엘리트들이 의제에 따라 결정한다는 다원주의 이론, 정부 관료와 비정부 (민간 기업이나 시민사회) 인사들이 통치 체계를 형성한다는 성장 레짐growth regime 이론, 자본가의 이해관계를 최종적으로 대변하는 정부가 자본주의 체제를 유지하기 위해 통치한다는 마르크스주의 이론이 있다.

생각해보자. 누가 광주를 통치하는가? 누가 서울을 통치하는가? 선출된 시장이 이끄는 지방 정부인가? 시장을 둘러싼 소수 파워 엘리트인가? 중앙 정부인가? 정부 엘리트는 껍데기일 뿐이고 실제 권력을 가진 쪽은 재벌인가? 아니면 다국적 자본? 공공-민간 엘리트들이 공통의 이해관계에 따라 연합을 형성하는가?

이런 이론을 바탕으로 도시 정치 연구가 시작됐다. 미국에서 통치 행위자를 중심으로 한 도시 정치 이론이 나왔지만, 다른 나라에서는 맥락상 맞지 않는다고 보는 사람이 많았다. 이를테면 정부가 힘이 센 영국에서는 지방 정부와 중앙 권력의 관계가 핵심이기 때문에 지방 정부 이론이 중심이었다. 지방 정부의 자율성, 중앙 권력의 분권화, 지방화 이론이 큰 줄기였다. 지방 국가$^{local\ state}$라는 개념도 나왔다. 국가와 시민사회가 꽤 우호적인 관계여서 시민사회를 가리켜 그림자 정부$^{shadow\ state}$라고 부르기도 했다. 내가 런던 대학교에서 2005년에 '도시 정치'라는 과목을 가르치기 시작할 때도 선임 교수의 강의 계획서는 '지방정부론'을 중심으로 구성돼 있었다. 미국 도시 정치 이론이 도시 정치에서 주류가 될 때도 영국은 상황이 달라서 맞지 않는다는 연구들이 나왔다. 다른 나라에서도 비슷한 논문들이 발표됐다.

1990년대만 해도 파트너십을 바탕으로 한 도시 정치의 특징은 전형적인 미국 도시에서 나타난다는 견해가 지배했다. 미국에서는 중앙 정부 수준에서 체계가 짜이기 전에 개별 도시가 자생적으로 발전하면서 정부는 약한 반면 기업가가 관여하는 정도가 커졌으며, 정치 엘리트와 경제 엘리트가 자연스럽게 경쟁하고 협력했다. 다양한 이해관계자들이 다양한 관계를 맺으면서 도시 정치의 특성이 날 것으로 드러났다.

요즘에는 도시마다 상황이 다르다는 주장은 줄어들고 미국식 도시 정치 개념이 널리 쓰인다. 1990년대부터 세계 많은 곳의 도시 정치가 미국의 도시 정치처럼 복잡하고 난삽해진 때문이었다. 도시 정치에 참여하는 행위자들이 다양해지면서 미국 도시 정치 이론, 특히 공공 부문과 민간 부문의 엘리트들이 도시 성장이라는 목표를 향해 똑같은 태도를 보이는 모습하고 닮은꼴이 돼갔다. 강력한 왕실이나 정부가 유지되던 사회에서도 점점 다른 세력, 특히 기업의 입김이 세지고 시민사회도 존재감이 커지면서 통치 주체 측면에서 역동성이 나타났다. 그런 변화를 가까운 곳에서 살펴보고 분석하는 일이 도시 정치 연구의 중심이 됐다.

누가 도시를 만드는가

도시 경관을 보면 주택, 상점, 사무용 건물, 공원, 광장, 백화점, 영화관, 호텔 등 건물이 있고 이 건물을 이용하는 사람들이 있다. 보이지 않지만 중요한 요소는 이런 도시 경관을 만드는 데 관여한 사람들이다. 누가 도시라는 공간을 생산하는가? 더 넓은 의미에서, 누가 도시를 통치하는가? 이렇듯 많은 도시 정치 연구는 주요 행위자를 중심에 놓았다. 누가 통치하느냐 하는 문제는 누가 도시 경관을 만들고 누가 도시 속 삶의 형태를 형성하느냐 하는 문제이기도 하다.

물론 도시 경관에 직접 관련된 결정뿐 아니라 도시 수준의 결정을 유도하는 세금이나 인센티브 같은 국가 수준의 결정도 있다. 지금처럼 모두 연결된 시대에는 세계 경제와 문화의 동향이 도시의 사소한 일에도 영향을 끼친다. 코로나 바이러스 감염증-19[COVID-19]처럼 사람, 물자, 정보의 이동에 크게 영향을 끼친 사건은 도시 경관을 뒤흔든다.

외부 환경의 변화는 기본적으로 고려되는 돼야 한다. 그런 바탕 위에서 도시 정치 연구는 경관의 형태나 결과에 집중하기보다는 이런 곳에 이런 가게가 자리잡고, 공원이 생기고, 호텔이 들어선 이유에 관심을 둔다. 그런 장소를 만들기로 하고, 예산을 쓰고, 허가를 내주고, 제도를 마련하기로 한 사람이 누구인지가 중요하다. 또한 대개 국가 정치에 영향을 받는다고 생각하는 문제들, 곧 직장에서 어떤 형태로 얼마나 많은 시간을 보내는지, 과대광고가 얼마나 허용되고 소비를 이끄는지, 주민이 지역 사회 일에 얼마큼 참여할 수 있는지, 학생은 사교육을 얼마나 오래 받는지 등도 도시 정치에 밀접히 연관된다.

도시 정치는 도시가 지금 같은 모양새를 갖추게 된 과정, 곧 도시 경관이 형성된 역사에서 출발한다. 도시는 특정한 자연환경 위에 세워지며, 사람들이 자연의 특징을 이용하거나 극복하면서 건물, 도로, 공원을 만들려 노력한 시간이 쌓인 결과다. 그러니까 환경하고 상호 작용하면서 도시 경관을 만들었고, 그 과정에서 도시 경관을 만드는 결정을 이끈 이들이 바로 도시 통치자다. 도시 통치자들은 도시 공간의 용도 지역을 결정하고, 개발, 재개발, 재건축을 허가하고, 산업을 유치하는 데 필요한 기반 시설을 마련하고, 도시 공원을 짓기로 결정한다.

도시 정치는 사회 구조를 중심으로 보는 구조적 접근과 특정 개인의 행동을 중심으로 보는 행위적 접근이 뒤섞인 형태다. 구조 속에서 권력 관계가 움직인다지만 특정 개인을 무시하기에는 그 사람들이 지닌 특징이 일을 좌우할 때가 많은데, 이런 특성은 국가 정치보다 상대적으로 작은 스케일도 한몫한다. 국가 정치에서는 지도자가 지닌 특성이 어떻든 간에 그 나라의 지정학적 권력과 영향력이 한 사람을 통해 발현되는 양상은 비슷한 까닭에 개인의 특성도 구조의 산물로 여겨졌다.

국가 정치와 국제 정치도 이제 도시 정치하고 비슷하다. 정보 통신 기술이 발달해 국가와 세계의 규모가 좁아지면서 구조만으로 설명하는 방식에 무리가 따르고, 행위자의 특성이 과거보다 더 큰 영향력을 발휘한다. 도널드 트럼프 전 미국 대통령, 아베 신조 전 일본 총리, 로드리고 두테르테 필리핀 대통령, 김정은 조선민주주의인민공화국 국무위원장 등이 지도하는 방향에는 구조적 이유뿐 아니라 강한 개성이라는 개인적 특징이 많은 영향을 끼쳤다.

국가 단위보다 규모가 작은 도시 정치에서 볼 때 구조적 권력 관계나 행위자의 특성 말고도 중요한 요소가 인적 네트워크다. 도시 정치의 주요 행위자에는 흔히 말하는 지방 토호가 꼭 들어간다. 그곳에서 나고 자라 같은 학교에 다닌 사람이 많고, 정서적 유대가 깊거나 많은 경험을 공유하는 친밀한 관계이기 쉽다.

겉으로 보면 도시 정치는 이해관계가 달라서 경제 발전과 환경 보존 사이의 갈등으로 비치거나 사용가치와 교환가치의 대립으로 해석되기도 한다. 정작 의사 결정은 생각보다 뒤죽박죽이고 설명하거나 예측할 수 없는 의외의 지점도 많다. 다른 가치들이 갈등하지만, 갈등하는 사람들은 저녁에 만나 한잔하면서 의외의 결론을 내기도 한다. 이해관계가 같아도 한 지역 사람이 아니면 거리감이 생겨 일을 진행하는 데 영향을 미칠 때도 있다.

현실에서 무슨 일이 벌어지는지를 알아보는 과정은 도시 정치 연구에서 매우 중요하다. 개발의 결과는 겉으로 드러나는 경관의 변화를 보고 이야기할 수 있지만, 변화의 원인을 묻는 질문은 갈등이 표면화되기 전에는 미디어에 잘 나오지도 않는다. 그런 건축물이 왜 거기 세워졌는지, 왜 공원이 아니라 호텔을 지었는지, 왜 산업용 건물과 주거용 건물을 함께 지었는지, 왜 관광지로 개발됐는지 같은 질문 말이다.

건축가나 건설 회사는 이미 결정된 방향에 맞춰 정해진 지침을 따라 실행할 뿐이다. 어떤 공간이 특정한 방향으로 변화된 이유, 예술가가 그 과정에 참여한 이유, 특정 지역에 많은 예산이 들어간 이유를 설명하려면 의사 결정 과정을 살펴야 한다. 의사 결정에 직간접으로 참여하고 영향을 미치는 주요 행위자들, 그런 행위자들이 상호 작용하는 정치적 과정을 들여다봐야 도시 경관이 바뀐 원인을 알 수 있다. 공통으로 추구하는 가치, 크고 작은 이해관계의 충돌, 타협과 협력, 나눠 먹기가 드러난다. 그런 역학 관계를 살피고 나면 도시라는 공간을 바라보는 시각이 달라진다. 소비 측면이 아니라 누가 어떻게 생산하고 통치하는지에 고개를 돌리면, 도시 정치는 정말 재미있는 연구 대상이 된다.

도시 정치는 도시 경관과 그 경관을 만드는 장소 만들기 과정에 연관된 사람들을 자세히 보는 방법이기도 하다. 주요 행위자들이 도시 개발, 도시 이미지, 도시 성장, 장소 마케팅, 도시 재생, 기억 공간 같은 사안을 놓고 '우리 도시는 이래야 한다'는 목소리를 높이면서 협의하고 의사 결정을 하기 때문이다. 중앙 정부, 지방 정부(의 부처), 민간 기업, 동네 상인, 시민단체, 전문가 개인, 적극적 시민 등 행위자는 다양하다.

직업은 서로 다르지만 도시의 경제 성장에 운명이 달린 사람들이 벌이는 활동과 결과적인 협동은 도시 정치의 핵심 주제다.

집값을 담합하고 명품 아파트 이미지를 꾸미려 무리수를 쓰는 행태를 고발한 기사가 자주 눈에 띄는데, 이 문제는 도시 규모에서 이해하면 된다. 세입자는 이런 데 가담할 이유가 없고 주택 소유자만 필사적인데, 도시 수준에서도 마찬가지다. 어떤 도시에 기업, 땅, 집, 대학, 지역구가 있는 사람에게 도시 전체의 이미지는 절실한 문제다. 자기 자신과 가족의 부와 명성이 달려 있기 때문이다.

정부와 기업에서 일하는 사람들이 연대를 형성하고 도시에 경제적 이익을 가져와 결과적으로 성공과 부를 늘리는 구조를 가리키는 말은 두 가지다. 정부가 주도할 때는 성장 레짐^{growth regime}이고, 기업이 활발한 구실을 할 때는 성장 연합^{growth coalition}이다. 미국 도시에서는 성장 연합과 성장 레짐이 적극적으로 경제 성장을 도모하니까 도시 자체를 성장 기계^{growth machine}라 부르기도 한다.

한국에도 이런 성장 레짐이나 성장 연합이 있는지 살핀 연구는 많다. 지방 토호가 있고, 토호가 운영하는 사업체도 흔하다. 그런 사람들의 친지, 친구, 동창이 중요한 자리에 많기 때문에 지방 정부에서 공공 부문과 민간 부문 사이의 협력이나 결탁도 늘 나타났다. 지방 자치가 시작되면서 인적 네트워크가 성장 레짐으로 자리잡았다고 볼 만한 사례 연구도 많다. 중앙 정부와 외국 투자 회사, 개발 회사, 국제 원조 기관이 이 성장 레짐의 일부로 떠오른 사례를 분석한 연구도 늘고 있다.

어떻게 도시 정치를 연구하는가

누가 통치하는가, 그리고 누가 도시 경관을 좌우하는 의사 결정을 주도하느냐는 질문에 답하려는 연구 방법도 발전했다. 행위자 중심 연구는 말 그대로 주요 행위자인 도시 엘리트에게 가까이 다가가 각자가 하는 구실과 권력 관계를 파악하고 관찰해야 한다. 여기에서 권력이란 도시 개발처럼 뭔가를 할 수 있고 다른 행위자에게 영향을 끼치는 힘을 뜻한다. 권력은 독립적인 소유물이 아니라 관계 속에 있기 마련이라서 권력과 영향력에 관한 엘리트의 생각을 듣는 일이 중요하다.

그동안 도시 정치에서 엘리트 사이의 영향력을 가늠하는 데 쓴 연구 방법은 평판 분석^{reputation analysis}이었다. 요즘에는 소셜 네트워크 서비스^{social network service}에서 어떤 사람을 둘러싼 평판이나 도시 이미지를 살필 때 평판 분석을 많이 쓴다. 권력은 재미있다. 어떤 사람에게 권력이 있을 이유가 없다 해도 다른 사람들이 그 사람에게 권력이 있다고 생각하면 그 사람은 권력을 지니게 된다. 어떤 존재의 영향력은 평판을 매개로 행사된다. 지역 엘리트들이 권력 관계를 바라보는 관점이 권력 구조를 반영하고 권력 구조에 영향을 미치는 만큼 권력 관계를 파악하는 문제는 제도와 자본이 공식적으로 행사할 수 있는 힘을 파악하는 일만큼 중요하다.

도시 정치에서 권력 관계는 행위자들 사이의 관계를 바탕으로 파악할 수 있다. 위원회 구성원들이 누구를 접촉한 뒤 투표할 때 지지 후보를 바꾸는지를 조사해 영향력을 알아보는 식이다. 엘리트를 인터뷰하면 이런 관계를 직접 묘사하는 이야기를 들을 수도 있다. 이메일, 문자, 통화, 에스엔에스 내용을 양적이나 질적으로 분석하기도 한다. 초기에 많이 쓴 이런 방법은 사생활 보호가 중요해진 요즘에는 공개된 에스엔에스 말고는 활용하기 어렵다.

먼저 심층 인터뷰^{In-depth interview}를 거쳐 도시 개발 프로젝트를 둘러싼 권력 투쟁, 권력 구조, 개발 과정을 파악한다. 주요 행위자를 만나 각자가 한 구실을 살피는 방법이다. 대개 의사 결정 과정, 활동, 권력 관계, 네트워크에 관해 묻는다. 구술로 얻은 정보는 자료를 뒤져 확인하거나 다른 사람이 들려준 정보하고 비교한다.

행사나 회의 등에 참여해 현장에서 어떤 일들이 벌어지는지 알아보고, 분위기를 파악하고, 행위자를 살펴보는 참여 관찰^{participant observation}도 유용하다. 어떤 사람이 누구하고 얘기하고, 누가 하는 말을 적극 지지하고, 회의할 때 누구하고 눈빛을 교환하는지 보는 이 방법은 심층 인터뷰하고 결합하면 효과적이다. 영국 글래스고에서 열린 어느 위원회를 참여 관찰한 적이 있다. 그 회의에서 관찰한 내용을 심층 인터뷰 때 물어보니 적극적으로 반응한 사람들끼리 이해관계와 파트너십을 공유하고 있었다. 회의에서 말을 별로 안 하고 열의도 없는 듯하던 사람이 알고 보니 영향력이 큰 인물이었다. 다른 사람들이 저 사람은 무엇을 원할까 의식하면서 회의에 참여하기 때문에 당사자는 굳이 말을 할 필요가 없었다.

신문 기사, 공문, 회의록, 블로그, 에스엔에스 같은 아카이브 분석^{archive analysis}도 중요하다. 아카이브는 갖가지 형태의 기록을 비롯해 학술 문헌과 비학술 문헌을 모두 포함한다. 역사학에서 알려지지 않은 문서를 찾아내는 연구 방법이었지만, 도시 정치 연구에서는 신문 기사, 정부 보고서, 회의 자료, 개인 에스엔에스, 회고록 등을 조사해 사건과 관계의 전개 과정을 살펴본다. 특히 인터뷰하기 전에 진행해서 배경을 이해해야 한다. 아카이브 분석은 기본적이고 꽤 중요한 정보를 알려주지만 도시 정치의 내밀한 모습을 드러내지는 않는 탓에 심층 인터뷰하고 결합해야 한다. 아카이브에 담긴 이야기를 확인하는 방식으로 물으면 시간 낭비를 피하고 깊은 대화를 나눌 수 있기 때문이다.

지금까지 살펴본 도시 정치 연구 방법, 특히 심층 인터뷰와 참여 관찰은 사람들에게 가까이 접근해야 한다. 도시 계획에 관련된 사항은 민감한 정보일 때가 많아서 중요한 회의는 대부분 비공개로 진행된다. 인터뷰나 참여 관찰은 허락받기가 어렵고, 연락하는 데 심리적 부담도 크고, 연락 자체가 잘 안 될 때도 많다. 심층 인터뷰에서 깊은 이야기는 안 하려는 사람이 있다. 비공개된 일이 핵심 사안일 때가 흔하다. 기자가 하는 취재하고 비슷하기도 하다. 이론적 개념에 연결하고 깊이 있게 분석해야 한다는 점은 다르지만 말이다.

이런 어려움 때문에 개념과 이론을 중심으로 한 연구, 아니면 집합 자료를 써서 도시 개발 현황을 보여준 뒤 구체적인 행위자 분석은 간단히 넘기고 방향을 제시하는 규범적 주장을 담는 연구가 많다. 성과를 거둔 행사나 비리 관련 보도를 정리하는 수준을 넘어 원인과 과정을 따지는 도시 정치 연구는 그다지 많지 않다. 학위 논문을 쓸 때처럼 시간을 투자하고 끈질기게 노력해야 자료를 충실히 수집할 수 있다.

현장 조사는 늘 쉽지 않았다. 대학원생 때보다는 교수가 된 뒤에 주요 행위자에게 다가가기가 쉬워졌고, 어느 정도 연륜이 쌓이면서 분석이 자연스러워졌다. 그렇지만 집중해서 현장 조사를 하기는 더 어려워졌다. 자료를 뒤지고, 이런저런 낯선 사람을 만나 질문을 던지고, 회의에 들어가려 노력하고, 도시 정치 과정을 이해하는 일은 여전히 품이 많이 든다.

　문서, 면담, 관찰 같은 연구 자료는 해석학적 방법을 써서 종합적으로 이해하고 분석한다. 인터뷰는 반구조화된 형태, 곧 물어볼 질문을 미리 추린 뒤 흐름에 따라 피면담자가 하는 말을 존중하는 형태로 진행해야 효과적이다. 심층 인터뷰와 참여 관찰을 중심으로 한 질적 연구를 바탕으로 도시 개발의 과정과 역학을 살피면, 도시 개발은 재미있는 정치 이야기가 된다.

3장

도시 쇠퇴와 문화 전략

문화로 도시 마케팅하기

시작은 광주에서 국제 예술 행사인 광주비엔날레를 연다는 소식이었다. 문화 예술 행사는 서울에 몰리기 마련이고, 특히 국제 행사라면 당연히 서울에서 열려야 하기 때문에 이 소식을 들은 서울 사람들은 놀랐다. 광주만이 아니었다. 부산국제영화제 소식도 들렸다. "좋은 영화를 보러 부산에 가야 한다는 말이야? 서울로 오는 게 아니고?" 한 친구는 이런 말을 했다. 여러 도시에서 국제 행사는 아니더라도 그전보다 꽤 큰 규모로 문화 행사를 시작했다.

문화 예술 행사를 열어 도시 이미지를 바꾸려는 움직임은 1990년대부터 유행했다. '김천 포도아가씨 선발대회'나 '영양 고추아가씨 선발대회'처럼 지방색을 띤 미인 대회도 늘어났다. 미인 대회에 입상한 여성들이 오픈카를 타고 가는 행진은 연례 행사였다. 2002년에 한 조사를 보면 기초 지자체에서 여는 미인 대회만 100여 개였고, 소규모 행사까지 합치면 해마다 200개에 이르렀다.

이런 도시 문화 전략은 1980년대부터 서구에서 대세를 차지한

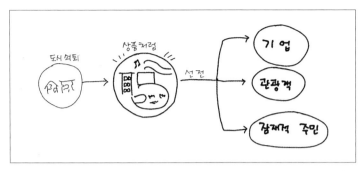

장소 마케팅 도시를 마치 상품처럼 마케팅하는 도시 개발 전략. 도시를 안착, 방문, 거주하기 좋은 장소로 바꾸고 포장해 고객을 적극 유치한다는 의미를 담고 있다.

장소 마케팅place marketing하고 맥을 같이한다. 장소 마케팅은 도시 마케팅city marketing으로 불리기도 하는데, 도시를 마치 상품처럼 마케팅하는 도시 개발 전략이다. 이 용어는 도시를 사업, 방문, 거주하기 좋은 장소로 바꾸고 포장해 고객을 적극 유치한다는 의미를 담고 있다. 주요 고객은 기업, 관광객, 잠재적 주민이다.

장소 마케팅은 산업 구조 조정을 거치며 도시 쇠퇴에 직면한 산업 도시를 문화 예술을 매개로 해 다시 알리는 전략으로 등장하고 유행했다. 도시 쇠퇴urban decline란 공장이 많아 호황을 누린 산업 도시에서 제조업이 몰락하고 경기가 나빠져 인구까지 빠져나가는 상황을 말한다. 이런 현상은 전세계적으로 제조업 자동화 때문에 일자리가 줄고 기업이 낮은 임금을 찾아 옮기기가 쉬워지면서 속도가 빨라졌다.

도시 쇠퇴는 도시 정치에서 주요 산업과 주요 행위자를 바꾼 전환점이었다. 많은 도시에서 산업 구조 변화, 도시 쇠퇴, 장소 마케팅 전략으로 이어지는 변화가 일어나면서 도시 정치도 활발해졌다. 경찰, 상수도, 학교 같은 사업을 관리하는 데 그치던 지자체들이 낡은 이미지를 바꿔 기업과 주민에게 호소하는 적극적이고 공격적인 전략을 쓰기 시작했다. 지자체의 성격도 바뀌고 지자체와 기업의 파트너십도 강화될 수밖에 없었다.

일찌감치 산업혁명이 일어난 서구는 도시 쇠퇴도 빨리 맞이했다. 제조업 규모가 전반적으로 줄어들고 서비스업과 지식 기반 산업이 커진데다가 세계화가 진전돼 산업이 값싼 노동력을 찾아 다른 나라로 옮긴 때문이었다. 영국 글래스고Glasgow, 셰필드Sheffield, 맨체스터Manchester는 장기 불황에 시달린 대표 도시다. 큰 기업과 공장이 갑자기 문을 닫자 실업률이 올라갔다. 셰필드는 1970년대 말부터 실업이 늘었다. 1979년 5퍼센트를 기록한 실업률이 1981년에 11.3퍼센트가 되고, 마침내 16.2퍼센트까지 치솟았다. 1971년에 경제 활동 인구의 50퍼센트를 책임진 제조업은 1984년 들어 겨우 24퍼센트만 떠안았다.

〈풀 몬티The Full Monty〉(1997)라는 영화가 있다. 1970년대 초반 구조 조정 때문에 제철소가 갑자기 문을 닫으면서 쫓겨난 철강 노동자들이 주인공이다. 산업 도시에서 핵심 산업이 떠나면 주민들이 어떤 고통을 받는지, 대안으로 어떤 선택을 하게 되는지를 보여준다. 실직 때문에 삶이 엉망이 된 중년 남성들이 생계를 꾸리려 선택한 대안은 스트립쇼였다. 우스꽝스럽게 그려지기는 하지만 스트립쇼는 문화 행사, 곧 관광을 상징했다.

기술 발전 덕분에 기반 시설 규모가 작아지고 규제도 느슨해지면서 기업이 이동하기가 쉬워졌다. 전세계 도시들이 기업을 유치 경쟁에 들어갔다. 1980년에 셰필드 주민들이 일하던 철강 기업이 갑자기 문을 닫은 이유는 공장을 울산으로 옮긴 때문이었다. 울산을 비롯한 한국 도시들은 철강업과 제조업 덕분에 전성기를 맞았고, 기업을 뺏긴 셰필드 같은 도시들은 대안을 찾아야 했다. 기업이 안착할 장소는 국가보다는 도시 단위이기 때문에 전세계적으로 도시 간 경쟁이 치열해졌다.

제조업이 쇠퇴하면서 도시 쇠퇴와 인구 감소를 겪은 많은 도시가 눈을 돌린 분야가 문화 예술이었다. 서비스 산업이 부상하고 여가가 늘어나면서 관광과 문화 분야 소비가 확대된 때문이었다. 도시가 활력을 되찾고 생존하려는 과정에서 문화 예술에 기반을 둔 도시 선전urban boosterism이 중요해졌다. 많은 도시가 갑자기 비슷한 모습으로 문화와 관광을 좇기 시작한 이유도 산업 구조 변화였다. 더는 제조업에 기대어 도시 경쟁력을 유지할 수 없었다. 글래스고, 셰필드, 맨체스터는 다문화 축제, 스포츠 행사, 도시 구호 공모 등으로 문화 관광 도시가 되려 노력했고, 성과도 꽤 거뒀다.

문화 예술에 기반한 도시 선전과 장소 마케팅에서는 도시 이미지가 중요하다. 기업, 관광객, 주민이 오게 하는 데 도시 이미지는 큰 구실을 한다. 도시 이미지는 기업 이미지도 좌우한다. 도시 이미지를 긍정적으로 바꾸는 유일한 선택지로 받아들여지면서 문화 예술은 도시 발전에서 상식적 접근이 된다. 공장으로 가득한 산업 도시는 새로운 시대에 맞는 좋은 이미지하고는 거리가 멀다. 사실 도시 이미지를 바꾸는 일은 무척이나 힘들다. 특정한 도시를 생각할 때 사람들이 떠올리는 이미지는 역사적 산물이기 때문에 경관이 좀 바뀐다고 해서 쉽게 달라지지 않는다. 이런 사람들에게 매력적인 이미지로 도시를 광고하는 일이 장소 마케팅이다.

장소 마케팅에서는 도시 마케팅 캠페인이 중요하다. 이를테면 뉴욕을 상징하는 'I ♥ New York'이라는 문구는 티셔츠, 컵, 광고판에 나와 익숙해졌다. '글래스고는 훨씬 좋다Glasgow's Miles Better'(언뜻 'Glasgow smiles better'로 보이게 한 문구)나 '피츠버그로 오세요Come to Pittsburgh!' 같은 도시 강령도 인기를 얻었다. 도시 강령에는 시각적 상징도 종종 등장했다. 글래스고는 그림책 작가 찰스 로저 하그리브스Charles Roger Hargreaves가 만든 인기 캐릭터 '미스터 해피Mr. Happy' 덕분에 관광업이 잘나가고 전세계의 이목을 끌었다.

한국에는 산업 도시가 쇠퇴하는 현상은 없었지만, 1990년대 들어 지방 자치가 부활하면서 등장한 지방 정치인들에게 장소 마케팅이 인기를 끌었다. 선거에서 자기만의 비전을 알리는 데 효과가 좋았다. 이제는 문화 예술을 매개로 한 도시 개발이 익숙한 방식으로 자리잡았다. 랜드마크 건축물 같은 대표 경관뿐 아니라 카페 골목, 역사성 있는 동네, 집단적 상처가 된 사건에 관련된 기억 공간 등이 관광지가 됐다. 이런 장소들은 멋진 외관이나 독특한 스타일이라는 공통점을 지녔다.

도시 재생, 다른 듯 비슷한 듯

장소 마케팅식 개발은 재개발처럼 공격적 접근이 뒤따르는 탓에 젠트리피케이션gentrification 같은 고급화가 가져오는 문제가 생겨났다. 그래서 도시 재생이라는 종합적 개발 방식이 제시됐다. 도시 재생은 경제, 문화, 환경을 아우르면서 도시를 통합적으로 개선하는 목표를 추구했다. 장소 마케팅과 도시 재생은 낙후된 장소를 바꿔 경제, 경관, 삶을 나아지게 한다는 점에서 비슷하다. 장소가 지닌 매력을 알려 잠재적 투자자와 주민을 끌어들이려는 장소 마케팅은 대체로 기업을 파트너로 한 탓에 주민을 고려하지 않는 상업적 접근을 한다고 비판받았다. 대안으로 나온 도시 재생은 주민 참여와 협치를 중시하고 고유한 문화에 가치를 두는 접근으로, 도시 경제의 부흥을 고민하는 여러 나라에서 인기를 얻었다.

재개발, 장소 마케팅, 도시 재생은 시행하는 주체나 지켜보는 사람들이 붙인 이름이지만, 현실에서는 명확히 구별되지 않는다. 장소 마케팅으로 널리 알려진 지역이 도시 재생의 대표 사례로 뒤바뀌기도 한다. 영국 런던의 도크랜즈Docklands가 그런 곳이다. 전통적 항만 도시인 이곳은 트럭이 새로운 운송 수단으로 등장하면서 어려움을 겪었다. 도크랜즈를 금융 도시로 탈바꿈시키는 장소 마케팅 전략이 많은 관심을 끌지만 과정은 순조롭지 않았다. 쫓겨나게 된 주민들이 소를 끌고 와 저항할 정도로 갈등이 컸고, 처음에는 건물 공실률도 꽤 높았다. 비인간적이고 성과도 없는 시도라며 비판하는 연구가 많이 나왔지만, 런던이 금융 중심지로 부활하면서 장소 마케팅 성공 사례로 자주 제시됐다. 요즘은 상황이 바뀌어 미디어에 도시 재생 성공 사례로 많이 등장한다. 주민 참여와 협치 측면에서 도시 재생으로 보기 힘든데도 말이다.

한국에는 도시 재생이 주민 참여를 중심으로 마을을 활기차게 만드는 프로젝트라고 알려져 있다. 도시 재생에는 다양한 사람이 참여하는데, 바로 이 점이 가장 큰 강점이자 어려움의 근원이다. 내가 주로 다루는 파트너십 문제가 첨예하게 드러나기 때문이다. 참여자들은 정책과 프로그램의 방향을 둘러싸고 대립하기 마련이다. 경제 성장을 우선시하는 태도가 몸에 배인 사람이 있고, 이제는 그런 데에서 벗어나 도시 재생을 해야 한다는 사람이 있다. 도시 정책과 도시 정치에 점점 더 많은 사람이 개입하면서 경쟁, 갈등, 논란이 벌어지자 합의를 끌어내는 일이 무엇보다 중요한 과제로 떠올랐다. 굳이 이렇게 다양한 사람들이 같이 일을 도모해야 하는 이유는 도시 재생이 지닌 통합적 성격 때문이다.

시민 참여도 도시 재생을 비롯한 도시 정책이 형성되는 과정에서 당연한 요소가 됐다. 참여를 중요하게 보는 관점이 직장, 정부, 집, 학교에 자연스럽게 스며들었다. 시민 참여는 상식적이고 지향할 만한 목표이지만, 그 목표를 추구하는 구체적인 과정은 골치아픈 상황에 직면하기 쉽다. 각자 다른 생각을 품고 자기 목표를 추구하기 때문이다. 참여자들은 자동으로 모이지 않는다. 뭔가 결정할 때 똑같이 도시 문화만 중시하거나 경제 성장만 추구하지도 않는다. 서로 다른 논리와 근거, 수사, 방법을 동원해 비판하고 반대한다. 모순되는 의제와 관심사를 지닌 행위자들을 모은다는 점이 도시 재생이 지닌 매력이다.

아시아 개발 국가 도시의 문화 전략

1990년대에 한국 도시들이 빠른 속도로 지역 문화 축제를 열기 시작할 때는 도시 쇠퇴가 눈에 띄지 않았다. 일자리 소멸, 인구 감소, 빈집 증가 같은 도시 쇠퇴는 2000년대 들어 지방 도시를 중심으로 나타나기 시작했다. 그럼 왜 1990년대에 문화 전략과 장소 마케팅이 시작됐을까?

대외적으로 보면 한국의 도시 정부들은 세계화, 지역화, 도시 간 경쟁이라는 이데올로기를 받아들이면서 장소 마케팅 전략을 시작했다. 국내적으로 보면 중앙 정부가 지자체장을 임명하는 관선 체제가 1995년에 지방 자치제로 바뀌면서 국가 기능이 상대적으로 약해졌다. 지자체장과 지방 의회 의원을 뽑는 지방 선거가 시작되면서 선거에 나가는 후보들은 공약을 마련해야 했다. 이때 도시 쇠퇴라는 위기를 장기간 겪은 서구의 이데올로기를 비판 없이 받아들였다. 도시를 관리하는 데 그치지 않고 기업가처럼 적극적 성장 전략을 세워야 한다는 개념을 가져와서 자기를 최고 경영자^{CEO}로 소개하기도 했다. 동기는 다르지만 아시아와 서구의 도시가 모두 문화 전략을 쓰기 시작했다.

한국뿐 아니라 다른 아시아 도시들도 1990년대에 문화와 예술을 중심으로 한 장소 마케팅과 도시 재생 전략을 채택했다. 그렇지만 문화 전략의 동기와 성격은 서구 도시들하고 달랐다.

먼저 동기를 살펴보자. 경제 위기에 대응한 자구책으로 문화 전략을 쓴 서구 도시들이 어려움을 겪는 모습을 목격한 아시아 도시들은 한발 앞서 문화 전략을 준비했다. 이미 시작된 쇠퇴를 극복하려는 노력이 아니라 쇠퇴를 미리 막으려는 데 가까웠다. 아시아 도시들은 세계적 규모의 도시 간 경쟁도 미리 대비해야 할 상황으로 인식했다. 문화를 적극 이용한 전략, 개발, 정책은 도시를 주도하는 행위자들, 곧 국가와 도시 엘리트들이 내리는 결정과 판단에 따라 좌우됐다. 특히 빠르게 성장한 몇몇 아시아 도시는 경제 성장을 최대한 유지하려는 노력의 하나로 문화 전략을 실행했다. 싱가포르는 2000년까지 '세계 예술 도시'이자 '우아한 도시'로

발전 국가와 도시 발전 국가 주도 전략을 써 대도시를 개발하고 빠른 산업화와 도시화를 달성한 나라를 발전 국가라 불렀다.

탈바꿈한다는 목표를 세우고 '싱 싱가포르Sing Singapore'라는 음악 축제를 열어 예술 교육을 강조했다. 아시아 도시의 문화 전략을 대표하는 싱가포르 사례를 보면 문화 전략이 도시의 경제적 발전을 이어가고 명성을 유지하는 수단이라는 사실을 알 수 있었다.

서구 도시와 아시아 국가의 또 다른 차이점은 국가의 영향력이다. 아시아에서는 국가의 구실과 존재감이 도시 정치의 특징을 형성했다. 도시 성장은 국가 경제의 발전에 필요한 도구였다. 서구 복지국가하고 다르게 아시아 국가들은 국가 경제뿐 아니라 도시 성장과 지역 개발을 주도했다. 국가 주도 전략을 써 대도시를 개발하고 빠른 산업화와 도시화를 달성한 나라를 '발전 국가developmental state'라 불렀다. '아시아의 네 마리 호랑이Four Asian tigers'로 일컬어진 홍콩, 싱가포르, 한국, 대만이 대표적이었다.

발전 국가는 국가 주도 산업화에 성공한 발전 지향적 국가를 가리킨다. 일본이 먼저 발전 국가의 면모를 보였고, 동아시아 후발 주자들도 강력한 지도력, 수출 주도 성장에 맞는 대외 조건, 경제 성장을 우선하는 이념 환경 같은 비슷한 특징을 드러냈다. 한국의 1960~1970년대도 경제 성장에 맞춰 도시 개발을 수단으로 삼은 발전 국가의 특징을 잘 보여줬다. 도시와 지역의 주체인 지자체장은 임명권자인 국가가 세운 정책에 따라 도시를 개발했다.

발전 국가는 1990년대를 기점으로 해체되기 시작해 신자유주의로 전환됐다. 그렇지만 산업화와 도시 계획을 경제 성장의 도구로 삼고 국가가 적극 개입하는 특성은 아직도 남아 있다. 국가 주도로 극적인 경제 성장을 달성한 만큼 국가 주도성과 중앙 집권을 어느 정도 포기하고 나서도 국가의 강력한 지도력과 지방 정부의 국가 의존성이 습관처럼 굳어진 탓이다. 적극적 국가 개입에 기반하던 시장 경제의 관행이 갑자기 달라질 수는 없어서 변화하는 상황에 맞게 개발 전략을 조정했지만, 국가는 기술 혁신을 촉진하려는 폭넓은 합의와 정치적 의지를 여전히 지니고 있다.

경제 개발 과정에서 국가가 모든 사항을 관리하고 세부적으로 관리한 탓에 지방화와 분권화 뒤에도 아시아 도시들은 계속 국가에 지원을 요구했다. 이를테면 한국, 중국, 북한에서 외국 자본을 유치하려 특별 지정한 경제 특구, 문화 도시, 혁신 도시처럼 국가가 방향을 정하고 지원하는 모델은 발전을 꾀하는 도시에 이점이 많았다. 도시 엘리트들도 자기 도시가 선정되게 하려고 중앙 정부와 정치인들을 상대로 많은 노력을 기울였다.

지금도 남아 있는 발전 국가의 특징은 발전주의developmentalism 이데올로기다. 발전보다는 성장이라는 용어가 더 정확하기 때문에 성장주의로 옮기기도 한다. 성장주의는 국가 정책과 지역 정책뿐 아니라 일상의 사회적 규범으로 나타났다. 공식 국가 목표에서는 우선순위에서 밀려났지만, 지방 자치가 시작되면서 지방 정치인과 엘리트들은 내면화된 성장주의를 더 본격적으로 드러냈다. 국가 성장주의는 지방 도시의 성장 열풍으로 진화했다.

지난날 국가가 정책을 수단 삼아 적극 추구한 경제 성장은 이제 지역 정치인과 평범한 시민들에게 이데올로기로 스며들었다. 시민들은 스스로 나서서 국가와 도시의 경제가 무너지는 때를 대비했다. 지역 차원에서 개발주의 정책은 내재적 성장주의 형태로 정착했다. 이데올로기로, 사고방식이자 태도로 뿌리내린 이 성장주의는 세계화 시대의 상식이 됐다.

발전 국가는 복지, 사회적 배려, 균형 발전, 분배 같은 요소를 배제한 채 경제 성장만 추구한다고 비판받았다. 불평등, 도구화된 개인, 문화 종속 같은 사회 문제가 일어날 염려도 제기됐다. 성장 정책이 부른 후유증 속에서도 반성장주의 세력은 대안으로 자리 잡지 못했다. 서구에서는 환경운동의 맥락에서 반성장anti-growth 또는 저성장slow-growth 운동이 그나마 존재감을 드러낸 반면, 아시아에서는 주목을 끌지 못했다. 국가가 도시 성장을 지원한 탓에 나타난 차별은 비판하면서도 성장주의 자체를 거부하는 목소리는 작았다. 시민운동은 반독재와 민주화가 급한 목표였고, 성장주의는 민주화 세력에도 내재했다. 경제 성장을 중시하는 사회 분위기는 민주화 세력이 집권한 뒤에도 조금 누그러진 형태로 이어졌다.

발전 국가가 내세운 발전주의와 성장주의는 국가의 경제 성장을 강조한다는 점에서 자본과 개인의 끝없는 성장을 추구하는 신자유주의하고 구별된다. 국가가 자본에 개입하는 수준을 최소화하라고 요구하는 신자유주의는 국가가 개입해 성장을 가져오려는 발전주의에 대비되기도 한다. 그렇지만 이 둘은 성장을 노골적으로 추구한다는 점에서 똑같다. 기업 성장을 중시하는 신자유주의와 국가 성장을 우선하는 발전국가는 소수자의 희생을 당연하게 여기거나 개인이 겪는 고통을 개인 탓으로 돌리는 경향도 공통된다. 남아 있는 발전주의와 떠오르는 신자유주의가 결합한 결과는 무한 성장을 향한 추구다. 당연하다는 듯 쏟아지는 도시 성장 욕구를 환경 문제에 관한 인식이 약간 제어하고 있을 뿐이다.

세계 도시 열풍 속 중간 규모 도시

도시 성장과 도시 전략에서 차이를 일으키는 요소는 도시 규모다. 인구, 면적, 재정으로 파악하는 도시 규모는 여러 조건의 하나가 아니라 도시 전략의 방향과 성패에 큰 영향을 미친다. 한국에서 서울과 서울을 뺀 나머지 도시들이 놓인 형편이 다르다는 사실은 상식이다. 대구나 광주 같은 대도시와 태백이나 상주 같은 소도시를 같이 놓고 도시 전략을 이야기해도 안 된다. 순위를 매겨 한 줄로 세우는 방식은 나라뿐 아니라 도시에도 흔하게 적용되는데, 이때 도시 규모는 도시가 지닌 큰 힘이다.

도시 규모가 중요한데도 목표와 방향은 다르지 않다. 한국은 많은 지역이 강남 같은 곳이 되려 노력하듯이 전세계 도시들은 세계 도시를 지향하고 '따라 하기'를 한다. 세계화의 모범 사례이자 지향점으로 흔히 꼽히는 곳은 뉴욕, 런던, 파리, 도쿄 같은 세계 도시world city였다. 대부분 비현실적 목표일 수밖에 없는 세계 도시를 향한 경쟁은 이동하는 기업을 붙잡으려는 몸부림이었다. 개성

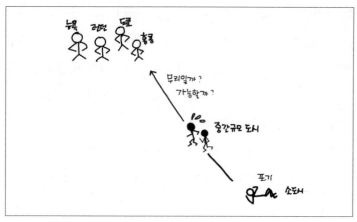

세계 도시 되기 광주 같은 중소 도시는 인구, 자본, 문화 자원이 풍부하지 않아 세계 도시가 되겠다는 욕망을 품기가 좀 어렵다.

과 정체성을 살리기보다는 따라 하기가 도시와 도시를 이끄는 엘리트들이 자리매김하는 데 효과적인 길이 되기 때문이기도 했다.

이상적 지향점을 향해 나아가려는 욕구와 현실적 위치 사이에 자리하는 틈은 도시 전략과 도시 정치의 성격을 규정하기 때문에 중요하다. 그 틈이 크다는 말은 그만큼 여러 어려움 속에서도 성장 욕구를 지니고 적극적으로 움직인다는 뜻이다. 그런 도시에서는 경제 성장을 추구하는 주요 행위자가 적극적이며, 그렇기 때문에 비판 세력이나 대안 세력도 성장한다.

중간 규모 도시를 눈여겨봐야 한다. 광주나 글래스고 같은 중간 규모 도시는 지역에서는 중요한 구실을 하지만 세계 도시라는 지위에 도달하기에는 턱없이 모자란다. 선뜻 엄두를 못 내지만 소도시나 시골에 견주면 가능성은 있는 듯한 상황에 놓인다. 중간 규모 도시는 가장자리에서 세계 무대의 중심으로 이동하는 가장 빠른 방법인 '세계 도시 되기' 경쟁으로 어정쩡하고 불안하게 들어간다. 그러고는 세계화를 향한 집착과 그 집착을 놓지 못하면서도 목표를 달성하기는 힘들어서 생기는 절망감을 함께 지닌다.

광주는 중간 규모 도시, 특히 아시아 중간 규모 도시를 대표한다. 도시 개발 측면에서 많은 아시아 중간 규모 도시가 겪는 딜레마를 잘 드러내기 때문이다. 앞으로 지방화에 따라 커지는 도시 성장 욕구, 도시 성장에 중앙 정부가 미치는 영향력, 5·18 피해를 보상하려는 중앙 정부, 도시의 문화 전략을 세계화의 도구로 쓰려는 지방 정부, 그런 욕구를 성장의 계기로 삼으려는 도시 엘리트, 도시 개발에 점점 더 깊이 참여하는 진보적 예술가와 시민사회가 등장하는 이야기가 펼쳐진다. 진보적 예술가와 시민사회 성원들도 결국 도시 성장을 추구하는 흐름에 반대하지 않았고, 성장 정책에 상호 작용을 하면서 적응하려 애썼다. 오히려 광주가 중앙 정부의 지역 차별 정책 때문에 성장이 매우 제한되고 있다는 인식이 컸다. 불균형 정책에 맞서 저항한다는 명분 아래 경제 성장 의제를 지지한 셈이었다. 그렇게 타협이 일어나면서 어느 정도 의도적으로 지워지던 5·18도 점점 도시 개발의 의제에 들어갔다.

모든 중간 규모 도시가 광주처럼 문화 전략을 추구해 위기에 대응한다고 말할 수는 없다. 그러나 광주가 특유의 정치사에 기인한 독특성 때문에 도시 개발 정치에서 예외가 되지도 않는다. 많은 도시, 특히 아시아 도시들은 광주처럼 국가가 주도해 선정하고 지원하는 성장의 혜택을 받는 동시에 문화를 성장 도구로 삼는 방식을 비판하는 도시 정치를 보여준다. 특히 문화 전략이 비극적 기억을 둘러싼 도시 정체성을 건드릴 때, 피해자의 목소리가 도시 정치에 감정적 역학을 더하면서 갈등과 협상은 더 격렬해진다.

　광주는 도시 성장을 주도하는 국가, 국가의 힘이 강하게 드러나는 중간 규모 도시, 도시 문화 전략에 관련해 참여자들이 취하는 다양한 태도를 보여주는 사례다. 5·18은 광주의 도시 성장 문화 전략이 극복하려 한 이미지였고, 국가 수준에서 선정되고 지원받은 이유였으며, 문화 경제를 둘러싼 갈등, 협상, 협력에서 핵심이 되는 주제였다. 기억은 도시 개발 과정에서 나타난 도시 정치와 문화 정치의 중요한 동력이었다. 문화 전략이 다양한 만큼 기억은 문화 전략의 장벽이 되기도 하고 핵심에 자리하기도 했다.

4장

도시에서 조우한 문화와 경제

문화 경제란 무엇인가

문화 경제cultural economy는 21세기 사회의 특징을 나타내는 강력한 개념이 됐다. 다른 영역으로 받아들여지던 문화와 경제가 융합한다는 뜻인데, 특히 경제 영역에서 문화가 하는 구실이 커지면서 나온 말이다. 문화 경제는 문화적 감각, 예술, 디자인이 상품의 핵심 요소가 되는 현상, 관광과 전시를 통해 문화가 경제화되는 동시에 경제가 문화화되는 현상에서 잘 드러난다. 도시 정책에서도 문화 경제가 나타난다. 도시 쇠퇴를 극복하려는 문화 도시 개발 전략이 대표적이다.

문화 경제는 세 흐름으로 나눌 수 있다. 첫째, 스마트폰, 신발, 가구 같은 상품 디자인이다. 디자인은 이미 상품의 부가 가치를 창출하는 핵심이다. 요즘은 기능보다 디자인이 가격을 결정하는 사례가 많고, 디자인 자체가 기능이 되기도 한다. 기술이 발달한 덕분에 상품 기능이 어느 정도 보장되면서 디자인과 스타일이 더 중요해지고 있다.

둘째, 산업 구조가 변하고 여가가 늘고 문화 예술을 누리는 진입 문턱이 낮아지면서 발달한 문화 산업이다. 도시 개발 수단으로 활용되는 문화 산업은 관광 같은 여가 산업과 문화 콘텐츠 산업으로 나뉜다. 여가 산업은 도시 공간에 밀접히 관련되며, 영화, 음악, 도서, 게임 등 문화 콘텐츠 산업은 산업 클러스터를 형성해 도시 공간을 바꾼다.

셋째, 앞의 두 변화를 반영하는 흐름으로 도시 정책과 지역 정책에서 문화에 의존하는 정책의 비중이 점점 더 커진다. 원래 독립적으로 발전하던 문화 산업이 이제 도시 개발 프로젝트에 필수 요소로 자리잡는다. 문화와 경제가 자연스럽게 만나는 관광 산업이 점점 더 중요해지고, 볼거리가 확실한 관광지뿐 아니라 골목, 주택, 작은 가게 같은 평범한 일상이나 현지인하고 함께 요리를 하는 등 삶을 체험하는 문화, 곧 삶의 형태로서 문화도 관광 상품이 된다.

도시 개발 전략으로서 문화 산업이 본격적으로 시작된 계기는 장소 마케팅이다. 장소와 도시를 마케팅하는 상품을 만들자 도시에 상품이라는 이미지와 정체성을 부여해 명명하는 방식이 인기를 끌었다. '문화 도시', '예술 도시', '창조 도시', '문화 수도' 같은 도시 브랜딩은 쇠퇴한 도시를 재건하는 데 이바지했다. 도시 정책과 지역 정책에서 문화 산업, 문화 축제, 도시 브랜딩, 문화 주도 도시 재생, 기억화와 기억 공간이 주요한 내용이 됐다. 지역을 대표하는 인물과 문화유산을 활용해 새로운 지역성과 장소성을 창출하는 형태의 브랜딩은 문화와 경제가 만나는 사례였다. 아시아 국가에는 도시 브랜드가 이미 역사성을 지니고 있다. 특정 기능을 특정

도시에 부여해 선별적으로 성장시키는 도시 개발 전략 말이다.

도시의 문화 경제, 곧 도시 성장 문화 전략에서는 관광을 통해 외부 자본을 유치하는 미래가 궁극적 목표가 되는 경우가 많다. 도시 쇠퇴가 진행될 때는 제조업에 견줘 기반 시설이나 토지, 인력, 자본이 들지 않고 부가 가치도 손쉽게 창출할 수 있는 문화 전략이 불가피하게 대안이 되기도 한다. 도시 성장주의 전략인 장소 마케팅은 도시, 지역, 국가의 자원을 활용해 관광객을 유치하고, 관광객은 현금이 돌게 해 경제를 활성화한다.

궁극적 목표는 살기 좋은 도시다. 이런 자각에서 나온 도시 재생에는 자연스럽게 문화적 요소가 들어갔다. 이때 문화란 단순한 관광을 넘어 사람과 기업이 도시에 정착하게 하는 데 목적을 뒀다. 살기 좋고 매력적인 도시 환경을 만들려면 물리적 환경 변화뿐 아니라 사회적 혁신을 포괄하는 접근이 필요하다. 관광객 유치가 목표로 보이지만 결국 지역 주민에게 가장 이익이 된다.

문화 경제의 정치

불가피하면서도 장점이 많은 문화 경제가 왜 도시 정치 연구의 대상이 될까? 문화와 경제가 생각 속에서는 조화롭게 결합되지만 참여하는 사람들이 모두 그런 결합을 동의하지는 않기 때문이다. 도시 정책이자 도시 전략으로서 문화 경제는 경제도 살리고 문화적 색채도 더하는 이상적인 접근인 듯한데, 현실화 과정은 꽤 복잡해지기 쉽다.

문화 경제는 융합적 개념이라서 많은 사람이 공감하지만, 막

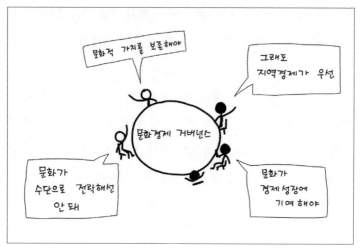

문화 경제 거버넌스 주요 행위자들이 내놓는 의견은 엇갈리지만 대체로 문화와 경제 사이에 무엇을 우선하느냐로 나눌 수 있다.

상 정책 입안자, 정치인, 전문가들이 만나면 생각은 하나로 모이지 않는다. 주요 행위자들이 내놓는 의견은 엇갈리지만 대체로 문화와 경제 사이에서 무엇을 우선하느냐로 나눌 수 있다. 국가적이거나 국제적인 의제를 비판적이고 예술적으로 승화해 질문하는 데 목적을 두느냐, 아니면 도시의 발전, 곧 경제 성장을 중시하느냐 하는 식으로 말이다.

왜 꼭 그렇게 갈리느냐고 물을 수 있는데, 현장에서 드러나는 전형적인 갈등을 반영하기 때문이다. 도시 개발 프로젝트에 참여하는 주요 행위자는 전문가나 행정가, 기업인, 시민단체 활동가인데, 다들 자기 분야에서 다진 확신이 많다. 그냥 논의하는 데 그치지 않고 구체적인 결정을 해야 하기 때문에 차이가 더욱 두드러진다. 차이는 예결산과 협치 문제를 둘러싸고 확연히 드러난다. 어느 항목에 어느 정도 예산을 더 책정할지, 문화 시설 입장료는 얼마로 할지, 예술가와 건축가의 인건비를 어떤 기준으로 정할지, 공무원을 늘릴지, 시민단체를 자문단에 넣을지 프로젝트 형식으로 외주를 줄지 등을 결정해야 한다.

예결산 결정 과정이나 위원회 구성 단계에서는 대개 하던 방식을 유지한다. 변화는 힘겹고 관행은 쉽기 마련이라 관계가 지닌 힘이 꽤 크다. 한국전쟁 뒤에 경제 성장을 명분으로 일관되게 적용한 비용-편익 분석에 기반한 관행이 많다. 문화 경제로 나아가는 변화와 파트너십의 확장은 관행을 깨야 한다는 요구로 이어진다. 문제는 이제껏 잘 일한 공무원이나 돈 잘 번 기업은 전환이 잘 안 된다는 데 있다. 공무원은 잘 돌아가던 방식을 바꾸려는 이유를 이해할 수 없고, 기업은 그런 공무원을 받아들이기 힘들다.

문화 경제의 정치 안에서는 개개인이 지닌 스타일 때문에 마찰과 긴장이 나타나기도 한다. 좁힐 수 없는 차이가 쉽게 눈에 띄는데, 공무원과 예술가 사례를 흔히 떠올릴 수 있다. 문화와 경제의 통합은 관광을 비롯한 다양한 도시 개발 프로젝트에 연관된 복잡한 과정이며, 이때 도시 개발은 주요 담론과 가치를 지속적으로 협상하고 재협상하는 논쟁의 장이 된다.

문화 경제라는 이데올로기 자체는 많은 사람이 이해할 수 있지만 정책을 실현하는 구체적 과정은 복잡할 수밖에 없다. 문화 경제 전략에 원칙적으로 수긍하는 주요 행위자들도 구체적 과정에 들어가면 충돌한다. 큰 결정을 내리는 책임자들은 통합과 협치에 만족하더라도 현장에서 뛰는 이들은 불만을 품을 때가 많다. 참여자들 사이에 갈등이 일어나더라도 어쨌든 결정은 해야 하니까 수정, 조정, 통합 과정을 거친다. 가까스로 통합돼도 일시적 봉합에 그치고 다른 데에서 갈등이 또 불거지기 쉽다. 문화 경제의 정치에 관련해 나는 다음 같은 질문에 주목한다.

문화 경제의 정치는 어떻게 도시 만들기 과정을 형성하는가? 문화를 우선순위로 생각하는 문화 집단과 경제적 이해관계를 중시하는 경제 집단은 어떤 방식으로 경합, 갈등, 협동하면서 상호 작용하는가? 이런 상호 작용을 통해 문화 집단과 경제 집단이 각각 도시 개발을 선점하려 노력하면서 갈등과 경쟁을 계속하는 구체적인 과정은 무엇인가?

지방자치제가 시작된 뒤 중앙 정부의 통제에서 어느 정도 벗어난 지자체장은 지역 발전에 적극적으로 나서기 시작했다. 도시가 국가의 단순한 하위 단위일 때는 도시 정치도 상대적으로 단순했다. 중앙에서 임명한 시장과 파견 공무원들, 도시 토박이인 공무원과 토호들의 관계가 중요했다. 예술 행사, 문화 이벤트, 역사 탐방 같은 문화 요소를 도시 정책에 들여오고 문화와 경제의 경계가 허물어지는 요즘에는 민주적 과정과 협치가 중요해졌다.

모든 사람들이 비슷하게 생각한다면 뜻을 모아 지역을 잘 개발할 수 있을 텐데, 막상 뚜껑을 열면 그렇지 않다. 융합, 사라지는 경계, 협치 같은 용어들은 생각이 다른 사람들이 끊임없이 협력해야 한다는 뜻을 담고 있다. 대개 한쪽이 포기하면서 갈등이 봉합되는데, 그렇다고 상대적으로 뜻을 관철한 쪽도 만족하지는 못한다. 현실에서는 모두 찜찜한 결과가 최선의 형태가 되기 쉽다.

이해관계자들 사이에 일어나는 실랑이나 주도권 다툼이 바로 구체적인 '문화 경제의 정치'다. 광주비엔날레와 국립아시아문화

협력적 갈등 무기를 든 한 손은 뒤로한 채 다른 손으로 악수를 한다.

전당 같은 사례에서 문화 경제의 정치가 잘 드러난다. 구체적 현장에 관한 이해, 그런 이해를 설명하는 개념과 이론을 같이 살펴볼 수 있기 때문이다.

협력적 갈등

문화 경제는 '협력적 갈등'이 일어나는 장이다. 협력적 갈등이란 이해관계가 다른 참여자들이 공동 목표 아래 협력해야 하는 상황을 가리킨다. 무기를 든 한 손은 뒤로한 채 다른 손으로 악수를 하는 꼴인데, 직장, 정부, 집, 학교 등 어느 곳에서나 종종 벌어진다. 도시 정책 참여자들이 서로 다른 꿈을 꾸는 '동상이몽'은 광주 사례에서도 연거푸 나타난다. 도시 발전이라는 공동 목표 아래 중앙 정부에서 지원을 끌어내 최대 효과를 내려 했지만, 광주비엔날레나 옛 도청 별관을 둘러싸고 주변 상인, 문화 전문가, 시민단체, 5·18 단체는 생각이 다 달랐다.

문화 경제가 떠오르고 가치가 융복합되는 사례가 많아지면서 파트너십을 가르는 경계가 무너졌다. 파트너십이 점점 복잡해지면서 협력적 갈등은 도시 정책의 핵심 패턴이 됐다. 협력적 갈등을 풀려면 이질적인 부서들 사이의 협조와 시민 참여를 끌어낼 제도적 기반이 필요했다.

이데올로기 차원에서는 문화 경제적 도시 개발이라는 통합적 접근 방식을 지지하는 행위자들이 문화 측면이나 경제 측면만 배타적으로 선호하는 이들보다 훨씬 많다. 문화적 가치를 찾아내면서 경제도 발전시키자는 데 반대할 이유가 없기 때문이다. 그런데 현장에서 협치가 작동하면 통합에 맞선 저항과 도전이 뒤섞인 역동적 과정이 연출된다. 이를테면 중앙 정부가 도시 재생 지원금을 줄 때 형성된 갈등 구조는 시 정부가 지역 사회 도시 재생을 지원할 때 다시 바뀐다. 행위자들의 선호가 권력 구조에 따라 변화할 수 있기 때문이다. 새로운 갈등이 나타나기도 하고, 협상과 타협이 이어지기도 한다.

갈등은 도시 정치의 핵심 특성이다. 충돌이 생기면 안 된다고 염려하는 이들이 많지만, 다양한 사람이 모여 뭔가를 하는 도시 정치에서 갈등은 본질에 가깝다. 왜 갈등이 일어나는지를 묻는 대신 다양한 이해관계를 지닌 행위자들이 협력하는 이유를 살펴야 한다. 현실에서는 협력이 더 신기한 일이기 때문이다. 갈등 속에서도 타협하고 협력하는 덕분에 협력과 협치가 그럭저럭 나아간다. 갈등 아니면 협력이라고 딱 자르면 결정적인 세부 사항을 놓친다. 협력적 갈등 상황이 불러오는 역동성을 잡아내야 다양한 이해관계자가 참여하는 장소 만들기와 도시 정치를 파악할 수 있다.

경제 집단과 문화 집단이 벌이는 갈등과 경쟁을 다룬 연구는 많다. 도시 브랜딩 과정에서 보수적 정치 성향을 띤 기업인과 정책 입안자들은 도시 성장에 관심이 많았다. 문화를 경제에 필요한 도구로 여기는 경향이 강한데다가 도시 정치를 주도할 만한 자원도 많아 문화 행사를 단기적으로 활용하려는 경향을 보였다. 반면 시민사회는 문화가 지닌 비가시적 가치와 장기적 효과를 중시했다. 이런 차이 때문에 시민사회 구성원들이 참여하려 노력해도 국가와 기업은 배제하는 사례가 많았다.

평범한 주민의 일상을 바꾸는 도시 프로젝트가 지닌 가치에 주목하는 몇몇 사례 연구가 있지만, 많은 비판적 학자들이 보여준 사례에서 비관적인 모습이 많았다. 시민 참여가 부족하고, 문화가 도구화되고, 도시의 문화 전략이 공동체를 소외시키고, 독창적 문화 활동을 인정하지 않았다. 장소 마케팅 전략은 표준화돼 각 도시의 고유한 특징이 사라지고 지역 축제도 홍보 수단으로 전락한다. 살 만한 도시가 된다고 해서 그런 변화가 평범한 주민들의 사회 참여를 촉진하고 삶의 질을 고양한다는 보장은 없다. 도시 재생을 거쳐 살 만하고 고급스러운 도시 환경이 만들어지면 땅값은 올라가고 임대료도 높아진다. 주민이 불만을 터트려도 투자자 눈치를 보는 정책 책임자가 적당히 무시하고 넘어가면 그만이다.

다른 꿈을 꾸는 사람들이 어떻게 협력할 수 있을까? 흔히 권력 관계에서 다른 위치에 놓여 있는 사람들을 갑을 관계로 설명한다. 힘이 센 갑이 이끄는 대로 을이 마지못해 따라간다는 말이다. 공동 목표가 생기면 당연히 협력해야 한다고 보는 규범적 시각도 있다. 또는 파트너십이 깨질 때 얻을 이득에 견줘 협력에서 얻을 이득이 커서 그렇다고 이해관계 중심으로 해석할 수도 있다.

이런 설명들은 서로 충돌하는데, 다양한 행위자들이 결국 협력하게 되는 윤활제는 심리적 이유에 따라 선호를 조정하는 현상, 곧 적응적 선호adaptive preferences다. 다양한 권력 관계에 놓인 행위자들은 다양한 요구를 품고 있다가 선호를 표현하는 과정에서 적응한다. 다른 사람의 선호를 눈치채고는 자기의 선호를 바꾸는 사례가 많다. 권력이 약해 선택의 여지가 적은 사람은 선호를 바꿀 가능성이 크다. 이런 적응은 의식적이기보다는 문화적이고 심리적인 의사 결정 과정인데, 신화, 이데올로기, 정보 통제를 거쳐 스스로 인식하지 못한 채 벌어진다. 또한 이해관계는 경제적 지위와 사회적 위치에 따라 결정되지만, 다양한 선호로 표현될 수 있고 심지어 변화할 가능성도 많다. 이를테면 집주인이라는 이해관계를 지닌 사람은 집값을 올리는 고급화 도시 개발을 선호할 수도 있지만 당장 월세를 올리는 쪽을 선호할 수도 있다.

적응적 선호는 우리 삶의 일부다. 그래서 정책적 의사 결정, 특히 타협과 적응의 산물인 통합적 문화 경제에서도 중요한 구실을 한다. 도시 개발에 관여하는 행위자들은 상황이 나빠지지 않게 타협하고 양보한다. 이를테면 문화 예술 주도 도시 재생에서 시민 참여형 문화 행사를 선호하는 쪽도 화려한 이벤트를 열어 돈을 벌자는 쪽을 상대로 협상할 수 있다. 협상 테이블에서 자기 의견을 말하는 행위가 대놓고 금지되지 않지만, 분위기상 알아서 포기하게 이끌어 뭔가를 말하려던 사실을 아예 깨닫지 못한다. 적응된 선호가 본래 자기 생각이라는 느낌이 들게 하는 심리적 적응이다. 나중에 계기가 생기면 후회도 하지만 아주 자연스러운 과정이다.

협상과 적응적 선호는 공적 관계나 공식적 자리에서만 형성되지는 않는다. 개인적 관계나 대면 접촉도 중요한 구실을 한다. 직

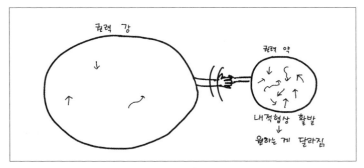

협력적 갈등 속 협상 권력 관계를 고려하고, 협력이 좋은 태도라 믿고, 내가 힘이 약하니 어느 정도 포기하고, 파트너십을 유지해야 장기적으로 이득이라고 본다.

접 대면하는 자리가 마련되거나 개인적으로 알던 사이일 때는 각 개인이 속한 기관들 사이에 통합이 잘 진행된다. 공식 논의가 비공식 인간관계와 대면 의사소통으로 뒷받침될 때 문화 경제의 상징적 의미가 공유되고 문화와 경제도 통합된다. 서로 아는 사이이니까, 상대방을 배려해야 하니까 타협하게 된다는 뜻이기도 하다. 또한 공간적 근접성도 타협에 필요한 적응적 선호가 생기는 데 중요한 대면 접촉에 도움이 된다.

그러니까 선호 적응 과정에는 협력할 수 있는 이유에 관한 설명이 다 섞여 나타난다. 권력 관계를 고려하고, 협력이 좋은 태도라 믿고, 내가 힘이 약하니 대충 이렇게 할 수밖에 없다며 포기하고, 파트너십을 유지해야 장기적으로 이득이라고 본다. 협력하지 않고 자기주장을 끝까지 밀어붙일 때 생기는 답답함과 부담을 덜고 싶은 심리도 바탕에 깔려 있다. 말하자면 여우의 신 포도다. 손이 닿지 않는 포도를 시다고 여기고 마는 여우가 하는 타협인 셈이다. 인터뷰에서 이런저런 비판과 분노를 쏟아낸 사람이 끝에 한

마디 덧붙인다. "그래도 광주에서 성공해야 하니까……." 여기에는 포기, 공공의 이익, 심리적 편안함이 뒤섞여 있다.

신 포도 같은 태도를 비겁하다며 욕할 수도 있고 권력 관계가 불러오는 비극적 결과라 볼 수도 있지만, 이런 선호의 적용이 없으면 협치, 시민참여, 파트너십이 애당초 불가능했다. 정부가 모든 일을 할 때도 중앙 정부를 향한 지방 정부의 신 포도가 늘 있었고, 권력이 센 사람이나 기구도 어느 정도 포기와 타협을 하지 않고는 일을 진행할 수 없었다. 신 포도는 생존 메커니즘이면서 서로 다른 이해관계자들이 모여 사는 도시가 붕괴하지 않게 하는 기제이기도 하다. 광주에서는 그런 태도 덕분에 중앙 정부가 지원한 문화 경제와 도시 재생 프로젝트들이 처참한 결과를 불러오지 않을 수 있었다.

다른 한편 마음의 안정을 위한 적응과 타협이 너무 오래 지속되면 다른 문제를 불러일으킨다. 문제가 해결되지 않고, 문제의 원인이 된 권력 관계는 고착된다. 광주비엔날레에 불만을 느껴도 비판하지 않고 아시아문화전당에 모순이 보여도 말한들 내 마음만 상하지 하면서 포기한다면, 건강한 상호 작용은 사라지고 불공정하거나 불평등한 관계만 더 단단해진다. 도시 정치에서 적응과 타협이란 없으면 일이 진척되지 않지만 너무 강조하면 오히려 해롭다. 영원한 딜레마다.

2부

광주와
5·18

어느 문화 도시에서 만난
문화 경제와 도시 정치

공공의 기억과 문화 경제
5·18과 광주 문화 전략

추모와 관광이 결합하다

경제 집단에 대립하는 우선순위와 정서를 지닌다는 점에서 한 집단으로 묶기는 하지만, 문화 집단은 무척 다양한 특성과 내용이 섞인 집합이다. 여기에서 문화란 맥락에 따라 순수 창작 예술, 대중문화, 문명 전체, 삶의 방식을 각각 뜻할 수 있다. 도시의 문화 정책이라 하면 어떤 사람은 현대 미술 전시회를 떠올리고 누군가는 화려한 볼거리가 많은 지역 문화 축제를 생각한다. 도시의 역사를 핵심으로 해야 한다고 생각하는 사람도 있고, 삶의 모습을 담는 문화 콘텐츠가 중요하다고 주장할지도 모른다. 광주에서도 이런 동상이몽이 나타났다.

5·18과 광주는 떼려야 뗄 수 없는 사이가 됐다. 5·18을 왜곡한 편견에 시달린 사람들은 이런 이미지가 도시 발전에 큰 걸림돌이라고 생각했다. 마침 정부가 현대 미술전인 비엔날레를 개최할 도시를 결정하려는 참이었다. 도시 이미지를 바꾸려는 광주 사람들은 정부를 설득했다. 대중이 참여하는 예술을 지향하는 이들은

비엔날레가 국제적 권위는 있지만 대중적이지는 않다면서 비판적이었고, 조금 다른 형태를 띤 문화 축제나 문화적 도시 재생이 필요하다는 사람들은 이 프로젝트를 반겼다. 안티비엔날레 사례에서 알 수 있듯 5·18이야말로 광주의 자랑스러운 유산이니까 옛 전남도청 등 관련 장소를 보존해야 한다고 생각한 이들도 많았다. 5·18을 광주에 가두지 말고 시민들의 삶에 연관된 종합적 가치로 승화시켜야 한다고 주장하는 이들은 문화 예술 장소로서 아시아문화전당을 지지했다.

광주뿐 아니라 슬픈 이야기, 후대에 전해야 할 아픈 역사를 겪은 도시는 문화 경제를 실현하는 과정에서 진통을 겪는 사례가 많다. 논란을 더욱 다채롭게 만드는 요인은 슬픔 관광이 누리는 인기다. 어두운 기억을 콘텐츠로 삼는 슬픔 관광은 현대판 순례 여행이다. 재해, 재난, 전쟁 등에 따른 죽음이나 슬픔이 대상인 관광이고, 비극을 기념하는 방문이다. 관광에서 도시 또는 지역의 역사와 기억은 늘 중요했는데, 학자들은 변화하는 관광의 동기와 후속 경험을 중심으로 현대 사회에서 슬픔 관광이 증가한 이유를 살폈다. 먼저 위험 의식이 커지고 타인의 고통을 관음하는 경향이 증가했다. 또한 고대부터 사람들은 죽음이나 고통에 관련된 곳을 여행했다. 그랜드 투어 사례처럼 관광은 본래 교육적 측면이 강했고, 죽음이나 고통을 직면하는 체험을 통해 깨달음도 얻을 수 있었다. 먼 곳에서 일어난 비극을 쉽고 빠르게 접할 수 있는 통신 기술도 한몫했다.

1970년대에 이른바 '기억 공간 붐'이 일어나면서 어두운 기억이 관광 자원으로 쓰이기 시작했다. 많은 사람이 대량 학살 현장,

전장, 교도소, 정신 병원 등을 찾았다. 관광객은 멋있는 경관을 좋아한다는 공식이 깨졌다. 슬픔을 기억하는 공간이 관광객을 끌어들이는 문화 전략의 자원이자 목표로 바뀌면서 아시아에 슬픔 관광 현장이 꽤 늘어났다. 일본 곳곳에 세운 전쟁박물관과 평화기념관, 히로시마 원폭 돔, 싱가포르 군사 요새 포트 실로소Fort Siloso, 중국 톈안먼 광장, 캄보디아 대량 학살 현장 같은 기억 공간에는 이미 많은 관광객이 몰린다.

현대 도시 개발에서는 어두운 기억에 관련된 공간을 찾아내고 재해석하는 기억 공간 만들기가 중요하다. 도시 재생 같은 종합적 도시 개발 프로젝트에서 장소에 연관된 핵심적 맥락과 독특한 역사, 스토리텔링, 이미지를 제공하기 때문이다. 문화적 감수성이 필수 요소로 자리잡고, 주민과 관광객, 심지어 개발 사업자도 슬프고 비극적인 이야기에 끌리는 현상이 나타난다. 슬픔 관광은 비극적 기억(문화)과 관광 사업(경제)을 자연스럽게 이어준다.

한국은 2000년대 들어 고도성장 궤도를 벗어나면서 기억 공간이 더 주목받았다. 어두운 기억을 돌아보는 여유는 더 풍요로운 미래를 향해 내달릴 때는 중요한 고려 사항이 아니었다. 냉전, 산업화 시대에 국가는 애국과 경쟁이라는 가치를 강조했다. 경제가 어느 정도 성숙하고 경제 발전이 더뎌지면서 삶이 안정되자 어두운 기억을 돌아볼 여유가 생기면서 도시 개발과 공간 조성도 방향이 달라졌다. 5·18은 줄곧 중요한 주제였지만, 2000년대가 돼서야 기억 공간을 조성하고 기억과 도시 개발을 연관 짓게 됐다.

미래 관광에 끼칠 잠재적 영향을 생각하면 기억 공간을 위한 장소 만들기는 지역 사회의 경제적 이익에 직결된 도시 개발하고 떼려야 뗄 수 없다. 기억 공간 만들기를 시작하는 방식과 도시 개발 프로젝트를 추진하는 방식도 크게 다르지 않다. 문화 경제 개념에서 알 수 있듯 기억 공간은 장소에 의미와 가치를 더해 관광 명소로 탈바꿈시킨다. 먼저 박물관이나 기념관이 도시 개발 프로젝트의 엔진이 되면, 그다음에 관광객을 끌어들이는 랜드마크나 경관을 만드는 식이다.

기억 공간은 점점 진화하고 있다. 아무 계획 없이 자발적으로 만들어지거나 일시적으로 운영되다가 사라진다. 2014년 세월호 참사 같은 사건이 일어나면 사람들은 형식에 얽매이지 않고 창의적 방식으로 애도한다. 꽃으로 임시 분향소를 꾸미거나 애도 메시지를 담은 포스트잇을 붙여 기억 공간을 만든다. 여론이 지지하고 언론의 관심을 끌면 영구적인 기억 공간으로 발전한다. 개인, 집단, 도시, 국가 수준에서 일어난 비극적 사건이 많은 사람에게 감동이나 분노를 안기고, 그런 감성이 공간을 통해 표현되면, 기억은 집단적 경험이 된다.

슬픔 관광을 회의적으로 보는 시각은 늘 있었다. 죽음과 비극을 상품처럼 다루는 방식이 윤리적이냐는 의문이 제기됐고, 고통의 진정성을 보존하는 방법을 찾기도 어려웠다. 비극적 이야기와 잘 꾸민 전시장을 갖춰도 기억과 도시 개발이 자연스럽게 녹아들지 않은 채 일시적 연결에 그치는 사례도 많다. 기억과 개발의 통합이란 이익이 될 때만 유지될 수 있기 때문이다. 이를테면 기억을 옹호하는 행위자들은 더 많은 사람에게 장소에 담긴 의미를 알리고 싶어 기억 공간을 만드는 도시 개발 프로젝트에 동의하고, 성장을 추구하는 행위자들은 개발 프로젝트를 지지하는 여론을 형성하는 기억의 힘을 인정한다.

　주요 관심사와 궁극적 목표가 달라서 마찰이 빚어지고 상황이 불안정해질 가능성은 늘 있다. 상처를 대하는 일이기 때문에 기억의 의미를 강조하는 행위자와 성장과 개발의 가치를 강조하는 행위자 사이의 갈등이 첨예하게 드러난다. 정치적 논쟁이 벌어질 여지가 큰 사건일 때는 더욱 그렇다. 또한 기억 공간 만들기의 경계가 흐려지고 타협이 일어나는 사례도 늘어난다. 기억 보존과 도시 개발은 겹치는 구석도 많고 서로 도움이 되기 때문에 타협과 양보를 할 동기도 충분하다. 슬픔 관광은 문화 경제에서 가장 높은 수준의 협력적 갈등을 보여준다.

도시 이미지와 5·18

기업과 사람이 국경을 넘어 더 많이 이동하기 시작하자 도시들이 기업과 관광객을 유치하려 경쟁하면서 도시 이미지가 중요해졌다. 오버투어리즘overtourism, 곧 과잉 관광 때문에 골치 아픈 도시가 늘어날 정도로 다른 나라 다른 도시에 가는 일이 흔해진 탓이다. '이미지'라는 말 때문에 실재하고 다른 겉모습일 뿐이라 생각하기 쉽지만, 도시 이미지는 도시 정체성을 인지한 결과물이다. 인지 체계를 뛰어넘는 완전히 객관적인 모습은 존재하지 않거나 알 수 없기 때문이다. 이미지를 밖으로 드러난 인상, 곧 꾸미거나 의식해서 한 광고의 결과로 여기기도 하는데, 그렇다면 안에서 생각하는 이미지와 밖에서 판단하는 이미지가 다르다는 정도로 얘기할 수 있다. 어떤 사람에 관한 인상과 판단이 잘 바뀌지 않듯 한번 자리잡은 도시 이미지도 잘 안 바뀐다. 공업 도시는 문화 도시로 탈바꿈 하기 어렵고, 역사적 사건이나 떠들썩한 범죄, 유명한 행사 때문에 각인된 도시 이미지는 꽤나 오래간다.

광주 사례는 5·18에 연관된 도시 이미지에서 시작됐다. 5·18 이라는 아픈 역사, 그 역사를 왜곡한 중앙 정부와 언론, 5·18 이 전부터 있다가 5·18을 거치며 더 강화된 지역주의에 기반한 이미 지였다. 왜곡된 5·18 때문에 형성된 부정적 이미지가 도시 발전을 가로막는다고 판단하면서 문화 경제 전략이 시작됐다. 문화 예술 이미지로 정치적 이미지를 대체하거나 순화하려 했다.

광주시는 1992년에 광주가 지닌 도시 이미지를 조사했다. 전 남대학교, 서울대학교, 부산대학교 사회과학연구소가 공동으로 설문 조사를 벌여 광주 안팎에서 무작위로 1003명을 인터뷰했다. 광주 외부에 사는 사람들에게 '광주'가 어떤 단어를 연상시키는지 물으니 '피의 도시', '5·18 민주화 항쟁', '김대중'이라는 답이 가장 많이 나왔다. 셋 다 5·18에 관련된 단어로 묶일 수 있다. 5·18 민 주화 운동은 평화롭게 시작되지만 유혈과 죽음으로 끝났다. 군사 독재 정부의 탄압 때문이지만, 어쨌든 피의 도시라는 광주 이미지 가 만들어졌다.

광주와 전남 주민들은 광주를 '민주주의 도시'와 '예술 도시' 라는 긍정적 단어에 연결시켰다. 다음으로 눈에 띄는 요소는 피해 의식이었다. 광주 시민 86.6퍼센트가 30년 동안 중앙 정치 권력에 서 의도적으로 고립돼 투자하는 기업이 없어 먹고살기 힘들다고 생각했다. 광주에서 사업한 기업들도 회사 이름에 '광주'나 '전라' 를 쓰지 않는 사실은 공공연한 비밀이었다. 외부에서는 5·18에 연관해 광주와 전남 지역을 봤고, 내부에서는 '경상도 정부' 때문에 못산다고 생각했다. 부정적 지역주의, 정부 개입, 부정적 도시 이미지는 광주를 경제적, 정치적, 문화적으로 고립시켰다.

1995년 3월에 '시민연대모임'과 '균형사회를 여는 모임'이 '21세기 광주·전남의 미래 — 활로 개척 시민 대토론회'를 여섯 차례 열었다. 다양한 정치적 시각을 지닌 다양한 세대가 모여 지방자치 시대에 지역이 직면한 어려움을 짚어본 자리였다. 설문 조사 결과와 토론 내용을 바탕으로 광주시는 부정적 도시 이미지를 벗어나야 경제가 성장하고 도시도 살아남을 수 있다고 판단했다. 그렇게 해서 한국 사회의 큰 흐름인 문화 전략과 지방 정부의 기업가적 적극성이 실천으로 옮겨질 동력이 생겼다.

광주의 문화 전략에서 5·18은 무엇인가

1990년대에 5·18은 광주가 문화 전략을 통해 극복하려는 대상이었고, 다음에는 문화 전략을 반대하는 이유였다가, 나중에는 문화 전략의 중심이 됐다. 그 사이 한국 사회와 광주는 많은 변화를 겪었고, 광주의 문화 전략과 5·18의 관계도 역동적으로 바뀌었다.

1980년 5·18 민주화운동은 한국 현대사에서 분수령이 된 정치적 사건이다. 전두환 보안사령부 사령관을 중심으로 한 신군부가 5월 17일 24시를 기준으로 비상계엄을 전국으로 확대하자 광주에 자리한 전남대학교 학생 200여 명이 반독재 시위를 벌였다. 1979년에 박정희 전 대통령이 암살당하고 전두환 보안사 사령관 겸 중앙정보부장 서리가 군사 쿠데타를 이끌 때였다. 대학생 중심인 시위대가 평화로운 방식으로 항의하면서 헌법을 개정해 직접 선거로 대통령을 뽑으라고 요구했다. 계엄군은 민간인을 학살했고, 광주를 봉쇄했다. 도시 전체가 철저히 고립됐다. 계엄군이 잠시 외곽으로 후퇴한 사실을 안 광주 시민들은 다가올 공격에 대비해 스스로 무장했다.

5·18은 단지 독재와 불의에 맞선 저항이 아니라 민주주의와 인간 존엄성, 평화 의식을 보여준 경험이었다. 계엄군이 잠시 사라진 5월 21일부터 일주일 동안 시민들은 도시를 해방했으며, 평화롭고 조화로운 공동체를 만들었다. '해방 광주'라 불리는 이 기간은 광주에 자부심을 안겨준 경험이 됐다. 5월 27일, 계엄군이 다시 도시로 들어오면서 시민과 군은 두 차례 크게 부딪친다. 공식적으로 161명이 사망하고, 64명이 실종되고, 2948명이 다치고, 1364명이 체포되거나 구금됐다. 망월동 구묘역에 묻힌 희생자 중에서 공식 확인된 피해자는 137명이다.

5·18을 폭력 진압한 그해 8월 최규하 대통령을 사임시키고 대통령이 된 전두환은 1980년 9월 1일부터 1988년 2월 24일까지 대한민국을 통치했다. 광주 시민은 5·18을 둘러싼 괴소문과 왜곡된 정보 때문에 더 큰 후유증을 겪었다. 중앙 정부는 폭력 진압은 쏙 빼고 '광주 사태'로 보도하게 했다. 몇몇 해외 언론이 찍은 사진과 비디오 등으로 진상이 알려지면서 '광주'는 많은 사람이 사회 문제에 눈뜨는 계기가 됐다. 광주를 반역자나 기회주의자의 도시로 만드는 프레임이 이어지지만, 5·18 정신도 공감대를 넓혀갔다.

5·18 정신은 박종철과 이한열의 죽음으로 촉발된 1987년 6월 항쟁을 비롯한 민주화 운동으로 이어졌다. 1987년 6월 29일 노태

우 민주정의당 대표는 '6·29 선언'을 발표해 직선제 개헌 요구 수용, 김대중 통일민주당 상임고문 사면, 시국 사범 석방 등을 약속했고, 그해 12월 16일에는 10월 유신 뒤 15년 만에 실시한 대통령 선거에서 당선했다.

지금도 5·18의 존재감은 묵직하다. 5·18이 민주화 운동으로 인정받으면서 해마다 5월이 되면 정치인들이 광주에 몰려온다. 40주년이 된 2020년에는 정부 차원에서 '5·18민주화운동 진상규명조사위원회'가 활동을 시작했다. 그렇지만 거기까지 오는 과정은 쉽지 않았고, 도시 발전과 이미지에도 부정적인 영향을 끼쳤다. 1990년대 초만 해도 5·18 관련 영상을 대학에서 상영하려 하면 경찰이 들이닥쳤다. 정치와 경제 측면에서 소외된 지역이라는 피해 의식도 계속됐다. 지역주의는 5·18 피해자들이 지닌 상처를 덧나게 했다. 선명하게 드러나지 않던 부정적 지역주의가 5·18을 계기로 정당화된 탓이 컸다.

광주와 전라도는 낙인의 피해자가 됐다. 미디어는 '친북 빨갱이'들이 영향을 미쳐 일어난 소요라는 정부 발표를 반복했다. 지금은 민주화 운동으로 인정받지만 피해자들은 반역자 낙인 속에 살았다. 빨갱이 낙인은 가장 효과적인 정치적 진압책이었다. 군사독재 정부는 미디어를 활용해 이미지를 조작하는 수준을 넘어 관련자를 반역죄로 기소하고 피해자와 가족을 감시했다. 극우 반공 체제에서 '북한'은 노동조합 운동이나 반정부 집단을 통제하고 저항을 억누르는 주문이었다.

5·18은 광주의 문화 전략에 관련해 세 가지 변화를 겪었다.

첫째, 5·18 때문에 왜곡된 도시 이미지가 문화 전략을 추진한 동기가 됐다. 1990년대 지방 자치가 부활하면서 광주의 엘리트 집단은 뭔가 해야 한다는 뜻을 모았다. 엘리트들은 광주와 전남을 옭아맨 부정적 지역주의란 단순한 정서 문제를 넘어 지역 발전과 도시 개발에 얽혀 있다고 믿었다. 5·18을 저지른 국가가 도시 개발을 주도하기 때문이었다. 한편에는 정치적으로 소외되고 기업도 외면한다는 피해의식이 자리했고, 다른 한편에는 이제는 상식이 된 성장주의가 똬리를 틀고 있었다.

외국 학자들은 이해가 안 된다며 연거푸 물었다. 민주화에 이바지한 광주가 부정적 이미지를 얻고 희생자들이 부정적 지역주의의 대상이 된 현실을 한국에 살지 않은 사람들은 이해하기 힘들어했다. 한국인들은 광주와 전라도를 5·18에 연결해 파괴적, 기회주의적, 폭력적이라고 보는 편견을 상식처럼 받아들였다.

자기가 사는 도시가 잘되기를 바라는 마음이야 엇비슷할 테지만, 광주가 세운 문화 전략은 더 절실했다. 5·18 뒤에 권력에서 더 멀어지고, 재정이 어려워지고, 폭도라는 편견에 시달리고, 일상에서 부정적 지역주의 때문에 손해를 입은 광주 사람들에게 광주비엔날레 유치 기회는 의미가 컸다. 도시 개발의 출발점이자 문화예술로 도시 이미지를 전환하는 계기가 될 수 있기 때문이었다.

둘째, 문화 전략이 5·18을 잊게 하려 한다는 비판과 저항이 거세졌다. 5·18을 보상하는 차원에서 시작된 광주비엔날레가 5·18의 기억을 지우려는 시도라고 본 문화 집단은 반대했다. 옛 전남도청 별관을 철거하는 아시아문화전당 설계안이 나오자 5·18 단체들이 강하게 반발하기도 했다. 군대를 동원해 국민을 학살한 정부를 향한 분노는 1990년대에도 여전했고, 5·18의 기억이 문화 전략에 가려지는 현실은 충격을 줬다.

첫째 의미와 둘째 의미가 상충하는 이유는 5·18이 자랑스러우면서도 결과적으로 개발과 성장에 걸림돌이 되면서 생긴 딜레마였다. 5·18은 쉽게 떼어낼 수 없는 정체성이지만 발전을 가로막는 장벽이었다. 이 모순된 중첩은 광주 사람들이 공유한 현실이었지만, 굳이 나누자면 문화 집단은 5·18이라는 자랑스러운 정체성에 더 큰 의의를 두고 경제 집단은 문화 전략을 통한 경제적 성공을 우선순위로 삼았다.

셋째, 5·18이 문화 전략의 일부가 됐다. 이 변화는 첫째 변화와 둘째 변화의 모순된 중첩에 기반한 실천들이 만든 성과이기도 하다. 광주비엔날레와 도시 재생에 5·18이 주요 내용으로 들어가고, 5·18 관련 장소가 문화적 도시 개발에서 중요한 장소가 된다.

지역주의, 지역 소외, 지역 정치

요즘은 특정 집단을 무턱대고 혐오하는 현상이 다양한 집단을 대상으로 나타나지만, 1990년대에는 호남을 향한 부정적 지역주의가 사회 문제가 됐다. 한국 사회는 인종이나 민족 문제가 심각한 갈등 요소가 아니라서 지역 중심 낙인찍기가 활발했다. 대개 경상도와 전라도의 지역화된 감정과 편견을 일컫은 지역주의는 평등한 관계에서 서로 편견을 가지는 상황이 아니라 주로 경상도에 유리하고 전라도, 특히 광주와 전남에 불리한 지형을 뜻했다.

요즘 서울 집중과 지방 소멸이 문제가 되지만, 1990년대에도 대통령을 비롯해 경상도 출신이 정부와 기업에 많이 자리잡은 현실이 지역주의를 구성하는 주요 내용이었다. 특정 집단을 부정적으로 낙인찍는 지역주의는 도시 발전과 지역 개발에도 영향을 미쳤다. 박정희 정부에 이어 전두환 정부에서도 산업화가 경상도에 집중되면서 광주와 전라도는 소외됐다. 부정적 지역주의 때문에 광주와 광주 시민들은 기회를 빼앗기고 손해를 봤다.

지역주의의 기원을 삼국 시대까지 거슬러 올라가 설명하기도 하지만, 30여 년 동안 군사 독재가 이어지며 경상도가 권력과 부와 사회적 지위를 독점한 현실은 전라도 사람들에게 큰 박탈감을 안겼다. 독재 정부와 미디어는 부당한 권력에 저항한 광주와 전라도에 지역주의 낙인을 찍었고, 5·18의 진실을 은폐하는 수준을 넘어 빨갱이에 휘둘린 폭도들이 일으킨 반란으로 왜곡했다.

지역주의는 일상에도 영향을 미쳤다. 전라도 사람은 기회주의적이고 감정적이고 이기적이고 믿을 수 없다는 선입견이 있었다. 취직이나 승진에서 불리하거나 결혼할 때 출신 지역 때문에 곤란을 겪었다. 출신 지역을 마음대로 선택할 수 없는 만큼 지역주의는 다인종 사회에서 특정 인종이 겪는 인종 차별하고 비슷했다.

광주는 국가는 물론 기업, 특히 삼성이 광주를 외면한다고 확신했다. 삼성그룹 내부 상황도 그런 주장을 뒷받침했다. 2018년을 기준으로 보면 삼성그룹 최고 경영자의 7.5퍼센트가 호남 출신인데, 서울 출신 47.5퍼센트, 영남 출신 27.5퍼센트에 견줘 낮다 (Data News, 2018년 4월 24일). 다른 기업들도 광주와 전라도를 외면했다. 기술이 발전해 산업 시설 규모가 줄어들고 입지 규제도 풀리면서 몸집이 가벼워진 기업은 한 도시에서 다른 도시로 쉽게 옮길 수 있게 됐다. 기업이 자유롭게 이동하면서 도시 단위가 중요해지지만 광주는 여전히 기업을 유치하기 어려웠다. 광주와 전라도 사람들에게는 지역주의가 지역 소외로 이어진다는 생각이 강했다.

지역 정치에서도 지역주의가 두드러졌다. 지역주의가 정치의 산물이라지만, 정치인과 유권자 사이에서 오고간 역동적 상호 작용이 지역주의를 강화하기도 했다. 지역주의는 지역 감정으로 표현됐고, 지역 기반 정당은 특정 정치인을 지지하거나 비난할 때 극대화되는 지역 감정을 정치에 활용했다. 광주가 지닌 도시 이미지와 저항 정신뿐 아니라 지역 감정이 선거에 영향을 미쳤고, 전국 수준에서 투표 양상이 동과 서로 뚜렷이 분할됐다.

투표율이 89.2퍼센트에 이른 1987년 13대 대통령 선거에서는 지역주의가 뚜렷해졌다. 유권자들은 전략적 투표를 통해 정치에 적극 참여했다. 후보들은 출신 지역에서 가장 큰 지지를 받았다. 광주 지역 투표자는 94.4퍼센트가 호남 출신 김대중 후보에 투표했다. 호남 출신 후보라서 압도적으로 지지한다기보다는 군사 정부를 계승하는 보수 정당 후보를 이길 후보라는 점이 중요했다.

광주와 전라도는 인구가 상대적으로 적었다. 경상도 유권자 수(737만 3940명)는 전라도 유권자 수(334만 3247명)의 2.2배였다. 1987년 서울에서 김대중 후보(183만 3010명)는 노태우 후보(168만 2824명)보다 더 많이 득표했지만, 충청도와 경상도를 비롯한 다른 지역에서 선전한 노태우 후보가 승리했다. 10년이 지난 1997년 대통령 선거에서는 김대중 후보가 당선하는데, 김대중-김종필DJP 연합 덕분이었다.

지역주의와 발전주의가 만나다

지역주의 때문에 입은 손해와 더 단단해진 애향심만으로 광주가 품은 성장 욕구를 설명할 수는 없다. 동아시아 맥락, 특히 한국 발전국가와 발전주의를 빠트리면 안 된다. 다른 지역 여러 도시가 국가 지원을 받아 기반 시설을 닦고 기업을 유치하면서 빠르게 발전한 현실도 큰 영향을 미친다. 여기에 더해 어느 지역이나 성장 이데올로기가 작동한다. 지역주의가 정책과 정서 측면에서 도시 개발을 막고 있었다면, 성장 이데올로기, 곧 발전주의는 더딘 발전을 원망하는 마음을 더 키웠다.

한국전쟁 뒤 경제를 복구해야 한다는 요구는 압축 성장을 향한 공간 전략에 정당성을 부여했다. 군사 정부가 들어서면서 지방 자치제가 사라진 30년간 도시 개발은 국가 경제가 거둔 성과를 보여주는 지표일 뿐이었다. 경제 성장을 최우선 목표로 삼은 박정희 정부는 인구 증가 덕에 늘어난 값싼 노동력을 활용했다.

1960년대부터 1980년대까지 이어진 산업화 시기에 국가는 개인의 일상을 통제했고 개발은 합리화됐다. 성장 이데올로기인 발전주의는 도시 개발의 전형이자 상식이 됐다. 빠른 개발과 끝없는 발전이 당연한 규칙처럼 뿌리박혔다. 국가가 공격적으로 주도한 경쟁주의는 평범한 사람의 일상에도 자리잡았다. 이 경쟁주의는 개인 경쟁력을 우선시하는 신자유주의하고 다르게 국가 경쟁력을 중시하는 발전주의에 연관됐다.

1990년대 접어들면서 국가가 차지하는 위상은 점차 달라졌다. 1993년에 지방 선거를 다시 시작한 뒤 분권화와 지방화가 시작됐다. 그전까지 중앙 정부가 임명하는 지역 정치인은 중앙 집중식 계획의 보조자였지만, 지방 선거를 거쳐 어느 정도 전문성을 갖춘 도시 엘리트들이 정치와 행정에 진출했다. 선출직은 임명직보다 개발과 성장에 관심이 많고 기업가적 성공에 더 적극적이었다.

도시는 미처 중앙 정부의 그늘을 벗어나지 못했다. 국가 주도형 경제 체제가 만든 습관적 수동성과 국가 의존성 때문이었다. 발전 국가는 더는 없고 도시 개발에서 국가의 지배가 대부분 중단됐지만, 이제껏 익숙해진 논리와 문화는 남았다. 경로 의존path-dependent 관계는 예산 편성에, 의사 결정 제도에, 조직 문화에 관행으로 자리잡았다.

아시아 발전 국가는 특정한 도시와 기업에 자원을 집중해 키우는 전략을 썼다. 이런 방식은 줄 세우기로 이어진다. 광주비엔날레나 아시아문화중심도시 같은 국가 지원 대형 프로젝트가 기획되면 한국 도시들은 세계 도시가 아니라 국내 도시를 경쟁 상대로 삼는다. 지원 체계와 내용은 정부가 바뀔 때마다 또는 한 정부에서도 큰 변화를 겪는다. 지정학적 변동에 따라 지원 방향이 달라지기도 한다. 불확실하고 예측할 수 없는 상황에 부딪힌 도시는 불안정한 삶에 놓인 개인처럼 국책 사업과 국가균형발전 특별회계 예산 지원 사업을 따내려 고군분투한다.

국가에 견줘 도시는 근본적으로 성장에 목맬 수밖에 없다는 주장도 있다. 1980년대에 큰 논쟁을 불러일으킨 도시 한계city limits 론에 따르면, 국가는 국가 예산을 사회복지와 재분배 같은 영역에 쓸 수 있는 권한과 능력이 있지만 그렇지 않은 지방 정부는 경제 성장에 초점을 두게 된다. 대통령 선거에서는 평등이나 분배 같은 가치를 둘러싸고 논쟁하지만, 지방 선거에서는 예산을 확보해 도로를 깐다거나 문화 도시를 만들겠다는 개발 정책이 주요 공약이 된다는 말이다.

광주에서 나타난 개발주의는 지역주의 때문에 발전 기회가 제한되면서 겉으로 드러나지 않은 점이 특이했다. 상식처럼 자리잡은 개발주의가 광주에 없을 리 없는데도 성장 욕구는 지역주의가 준 피해에 맞선 분노로 보였다. 잠정적으로 개발을 포기하는 상태가 돼 드러나지 않은지도 모르지만, 광주를 대표하는 도시 이미지인 5·18에 초점이 쏠린 탓에 도시 성장은 쟁점이 되지 못했다.

분명히 있지만 잘 안 보이던 개발주의는 중앙 정부가 지역주의를 극복하려 노력하면서 기회가 생기자 비로소 수면 위로 떠올랐다. 1993년 김영삼 정부가 5·18을 재평가하기 시작했고, 1997년 경제 위기 뒤에는 도시 경쟁력 강화를 앞세운 기업과 지방 정부가 규제 완화를 요구했다. 도시 이미지를 바꾸자는 이야기가 자주 나온 광주에서도 광주비엔날레를 유치하면서 문화 전략이 본격화됐다. 개발주의를 실현할 기회이기 때문이었다.

새로운 기회는 주요 행위자와 구조를 바꾼다. 모이게 만들기도 하고 흩어질 계기가 되기도 한다. 모든 사람이 같은 속도와 방향으로 반응하지는 않기 때문이다. 벌떡 일어나 달려가기도 하고, 변화가 못마땅해 멀어지기도 하고, 어정쩡하게 남아 있기도 한다.

기억 공간의 정치 — 기억 공간을 만들 자격은 누가 가지는가

오래전부터 우리는 광주 5·18이나 제주 4·3처럼 큰 상흔을 남긴 사건을 기념하고 의미를 되새겼다. 국가는 기념일을 지정하고 해마다 기념식을 연다. 전쟁은 외부에서 쳐들어온 적에 맞서 공동체를 지킨 이들을 기리고 내부 결속을 다지는 계기가 된다. 민주화 운동은 한 사회가 민주주의를 소중히 여긴다는 사실을 보여준다.

20세기에는 공공 기억을 연구할 때 심리적 접근과 신경학적 접근이 많이 쓰였다. 전쟁이나 사고 같은 특정한 사건 때문에 생긴 비극을 애도하거나 기념하면서 그 사건이 끼친 영향을 분석하는 연구들이었다. 예전에는 국가 상징이나 국민 단합을 고려해 기념관이나 박물관 등을 세우는 데 그쳤지만, 요즘에는 공공 기억이 도시 개발에 연관되는 사례가 늘어났다. 공공 기억과 도시 개발이 서로 충돌하거나 공공 기억이 도시 개발에 필수 자산으로 쓰이기 시작했다. 한국 사회에서 '기억'과 '기억 공간' 같은 개념이 널리 쓰이게 된 계기는 세월호 참사다. '잊지 않겠다'는 약속이 널리 퍼진 일을 계기로 2016년 구의역 김 군 사망 사건과 강남역 여성 혐오 살인 사건을 거치며 기억 공간은 주제와 형식이 다양해졌다.

기억 공간 만들기는 특정 기억을 해석해 기억에 관련한 물질, 곧 잔해, 상징물, 희생자가 쓴 물건으로 공간을 채워 장소를 만드는 공간적 실천이다. 기억은 표현을 통해 재구성된다. 기억이 표현되는 방식은 관련된 물건을 전시하는 행위를 통한 물리적 점유, 기억에 관한 담론과 상징적 활동, 기억에 연관된 도시 경관 등이다. 물건은 공간을 점유하면서 의미를 채워 시각적 경계를 만들고, 사회 담론은 사람들이 지닌 기억을 공식화하는 효과를 낸다. 독창적이고 창조적으로 표현한 기억은 그 장소가 독특한 정체성을 지니는 데 중요하다. 기억은 기억 공간에 놓인 사물(장소가 자리한 건물, 내부 전시 물건들)뿐 아니라 방문하는 사람들이 실행하는 물리적 점유를 거쳐, 그 장소를 매개로 해 살아남는다.

도시 개발에서 관광지는 대개 정치, 교육, 오락 효과를 의도하는데, 그런 점에서 기억 공간은 상처를 드러내어 경제적 효과를 내려는 곳이다. 베를린이나 광주처럼 상처 입은 도시는 사람들이 오랫동안 고통받는 모습이 뚜렷하게 드러난다. 국가 폭력에 따른 신체 파괴와 사회적 외상이 구조화되는 곳에서 기억 공간은 특정 사건이 지닌 의미를 되새기고 삶을 재건하려는 장소이지만 또 다른 분쟁 현장이 되기도 한다.

어느 장소 만들기든 다양한 이해관계 집단과 전문가들이 다른 의견을 내세워 충돌하기 마련이지만, 특히 아픔을 지닌 사람들이 있는 기억 공간은 진상 규명 문제까지 맞물려 매우 곤란한 상황이 자주 벌어진다. 기억이 표현되는 방식을 둘러싼 담론 전쟁이 일어날 수 있으며, 시간이 흐르면서 비극이 인식되고 기억되고 해석되는 방식도 바뀌기 때문이다. 어두운 장소를 피하고 덮으려는 도시 개발 프로젝트가 시도될 수 있으며, 이상적 문화를 꿈꾸는 정부나 도시 계획가와 희생자들 사이에 경쟁 관계가 나타나기도 한다. 대구 지하철 참사는 12년 만에 겨우 조그마한 기억 공간을 만들 수 있었다. 세월호 기억 공간도 기억 교실과 기억 공원 문제를 둘러싸고 긴 진통을 겪었다.

역사적 장소를 활용하는 장소 만들기는 역사 해석의 주체인 현재 행위자들 사이에 논란을 일으킬 수 있다. 비극적 기억을 지닌 장소를 중심으로 한 장소 만들기인 기억 공간 조성은 기억의 해석뿐 아니라 대표성 문제를 제기하기도 한다. 기억 정치에서는 '누가 과거에 관해 말할 자격이 있는가'가 중요하다. 기억은 과거에 관련되지만 사실은 현재의 힘 있는 주체가 과거를 통해 말하고 싶은 미래에 관한 이야기이기도 하다. 미래에 국가가 힘을 지속하기를 바라는 주체는 승리한 전쟁을 기억하려 하고, 국가가 개인의 안전과 안녕을 외면하지 않는 미래 사회로 나아가야 한다고 말하는 주체는 외면된 희생을 잊지 않으려는 기억 공간을 만든다. 이 중 누가 기억 공간을 만드는 과정에서 핵심 참여자여야 할까?

누가 과거에 관해 말할 자격이 있느냐고 묻는 말은 기억 공간 정치로 들어서면 '누가 기억 공간을 만들 자격이 있는가' 하는 문제로 전환된다. 애도 과정에서는 생생한 기억을 지닌 희생자와 유족들이 상처와 슬픔을 상징하는 존재이지만, 기억 공간 만들기에서는 주요 행위자가 바뀐다. 제도적 뒷받침을 하거나 예산을 지원하는 정부, 지원금을 내는 기업, 공간을 디자인하는 건축가, 도시 계획가, 기록 전문가를 비롯한 새로운 그룹이 등장한다. 주요 행위자가 바뀌면서 문화 경제 도시 개발 프로젝트에서 벌어지는 논쟁하고 비슷한 모습이 나타난다.

누가 과거에 관해 말할 자격이 있느냐는 질문은 현재와 미래를 위해 과거를 기억하는 과정에 참여하는 데 필요한 자질을 재구성한다. 시간이 지나면 관심도 줄어들기 때문이다. 기억을 도시 개발의 아이콘이자 자산으로 바꾸려면 장소를 만드는 과정에 전문 지식과 기술이 동원된다. 전문가가 개입하지 않은 자발적인 기억 공간하고 다르게 도시 개발 프로젝트는 계획과 설계 과정이 공개된다. 요란하기는 한데 정취 없이 만든 기억 공간이 종종 예산 낭비라 비난받지만 오히려 예산이 적게 든 사례가 많고, 소박하면서 자연스럽게 의미를 살린 공간은 전문가를 투입하느라 예산이 더 들어간다. 그러다 보면 기억 공간 만들기는 사건과 피해자보다 공간을 만드는 데 이바지한 전문가들이 주도하게 된다. 전문성과 자원이 부족한 피해자들은 기억 공간 정치를 둘러싼 협상에서 불리할 수밖에 없다. 재난을 직접 겪은 당사자인데도 말할 자격이 부족하다. 애도 단계에서 기억화와 기억 공간 만들기 단계로 전환하는 과정에서 주요 행위자가 바뀌는 변화가 일어난다.

광주 기억 공간 사례가 말하는 것

광주 사례는 애도 단계에서 기억화 단계로 전환하는 과정, 정부가 그 전환을 좌우하는 특성, 기억 공간 조성 전문가가 피해자 가족의 권리를 침식하기 시작하는 모습을 보여준다.

5·18 묘역을 보면 기억 공간 만들기를 이끄는 주역에 따라 기억 공간이 달라진 사실을 알 수 있다. 유족과 시민이 자발적으로 만든 소규모 기억 공간인 망월동 구묘역은 여전히 희생자들이 지닌 상징성을 잘 보여주고 있다. 그렇지만 5·18기념공원처럼 정부나 기업이 자금을 지원해 기억 공간을 만들고 문화 행사를 비롯한 기념화를 시작하면 전문가가 주도적 구실을 하게 된다. 예전처럼 정부가 드러내놓고 개입하기는 어려워진 탓에 전문 지식에 바탕한 시스템이 개입할 여지가 더 커진다.

아시아문화전당 논쟁도 이런 전환 과정을 잘 보여준다. 5·18을 상징하는 장소 중 한 곳인 옛 전남도청을 정부 지원을 받아 아시아문화전당으로 만들면서 전문성과 네트워크에 따라 권력 관계가 재정비됐다. 이 과정에 참여한 건축가, 도시 계획가, 교수 같은 전문가들은 광주의 미래를 밝힐 장소 만들기에는 5·18의 의미가 승화되는 모습을 보여줄 장소가 필요하다고 생각했고, 옛 전남도청 별관을 철거할 수도 있다고 봤다. 반면 5·18 단체들은 마지막 희생자가 사망한 별관을 남겨서 기억을 보존해야 한다고 주장했다. 두 집단은 사회 계층에서 차이가 꽤 뚜렷했고, 사안을 이해하고 주장하는 방식도 달라서 서로 이질감을 느꼈다.

문화적 도시 재생에서는 문화를 경제 성장의 수단으로 여기는 접근이 대부분을 차지한다. 도시 개발과 장소 만들기는 꽤 많은 재정이 들어가는 프로젝트여서 사업 기간이 늘어나는 만큼 더 큰 비용이 들어가기 때문에 효율성 위주의 접근이 필요한 사정은 이해할 수 있다. 그렇지만 도구적 접근을 제어할 수 있는 공동체 지향 접근도 필요하다. 장소 만들기에서 다른 지식과 접근이 연결, 협상, 통합되는 방식이 좋기는 하지만, 이 과정은 좌충우돌이 되기 쉽다.

기억 공간 장소 만들기와 기억의 재해석 장치를 이끄는 주요 행위자들이 한 영역에만 머물지는 않는다. 정부와 시민단체를 오가는 사람들도 있다. 아예 낯선 사람을 마주치기보다는 아는 사람을 약간 달라진 위치에서 만날 때가 많다. 그런 상황이 대화와 타협에 꼭 도움이 되지는 않는다. 더 난감한 처지가 되거나 타협을 해버리기도 한다.

숱하게 벌어지는 협상에서 지식과 전문성이 중요해진다. 도시 개발에서 지식과 권력은 상호 교환과 보완 관계를 맺는다. 지식이 있어 힘이 있기도 하지만, 권력이 있으면 합리적이라 여겨진다.

기억 공간을 위한 장소 만들기도 예외는 아니다. 유가족과 피해자, 기억을 아끼는 사람들은 기억 공간 만들기가 공식 인정돼 지원을 받기를 바라지만, 정작 지원을 받기 시작하면 뜻밖의 결과가 나타난다. 전문가가 등장한다. 전문가가 본격적으로 개입할 때 피해자, 생존자, 유족은 뒤로 물러나는 구조 조정이 시작된다. 전문가가 만드는 공간은 희생자와 유가족이 하는 생각하고 어긋나기 쉽다. 장소 만들기에서 비전문가 시민이 지닌 비공식적 지식이나 감성은 구체적 맥락에 관련해 포괄적 통찰과 장소감$^{sense\ of\ place}$을 제공한다는 점에서 중요하다. 구체적인 지역 상황에 뿌리내린 대중적 지식과 아이디어가 전문 지식하고 결합해 공공 기억을 재해석할 수 있기 때문이다.

소통적 지식이 중요하다는 인식이 높아지고 장소 만들기를 이해하는 사람이 늘어난다지만, 평범한 사람이 지닌 지식은 여전히 소외되고 있다. 풀뿌리 집단이 문화적 도시 재생에 참여하는 사례가 많아지지만 평범한 사람이 지식에서 소외되는 상황은 바뀌지 않는다. 기억화와 기념화 정치에 관한 연구에 견줘 그 과정에서 대중적 지식이 미치는 영향을 다룬 연구는 드물다. 기억 공간을 둘러싼 긴장과 갈등을 다룬 사람은 많지만, 갈등 내부의 권력 관계와 갈등이 벌어진 뒤 권력 관계에서 일어난 변화를 짚는 시도는 별로 없었다. 이 권력 구조에서 전문성이 중요해지는 과정, 그래서 주도하는 행위자가 달라지는 과정에 관한 연구는 더 적었다.

기억 공간 만들기에서는 두 문제에 주의를 기울여야 한다. 첫째, 갈등이 긍정적 구실을 한다는 점이다. 설득 안 되는 사람을 상대하느라 자기 의견을 말하면 흐릿하던 생각이 정리된다. 갈등은 상황을 명확하게 한다. 논쟁과 갈등은 공론장이 열릴 가능성을 높인다. 충돌은 생각을 일어나게 하며, 행위자가 자기 자신을 관찰하도록 자극한다. 창조, 반성, 독창성을 불러온다. 행위자가 스스로 정한 인식의 한계를 깨트리고 다른 사람이 제기하는 문제에 마음을 열 때 갈등은 학습과 변화를 이끄는 훌륭한 방법이 된다.

둘째, 갈등 과정에서 나타나는 타협과 적응의 메커니즘이 중요하다는 점이다. 기억 공간을 둘러싼 극적 갈등이나 규범적 협동의 중요성은 많은 관심을 받는다. 막상 갈등이 애매하게 타협으로 봉합되거나 찜찜한 상태로 해결되는 과정은 현실에서 가장 자주 일어나는데도 주목받지 못한다. 극적 갈등이나 감동적 협력이 일어나는 선명한 사례가 인기를 끌어서 그런 듯하다.

의견이 충돌할 때 자기 생각을 잘 표현할 주변머리가 없거나 질문하면 괜히 창피당할까 두려워 동의하는 셈 치고 넘어가는 사람이 많다. 지식과 교육은 권력과 지배로 나타나지만, 전문적 지식을 갖추지 못한 사람들의 적응적 선호를 발전시켜 권력 관계에 영향을 끼친다. 기억 공간에 관한 의견이 모호하거나 예상하지 못한 요인 때문에 왜곡될 때 진정한 선호와 조정된 선호 사이의 상호 작용에서 지식과 권력은 결정적 구실을 한다. 참여자들은 가능성이 적은 쪽에 도전하기보다는 원래 바란 목표에 가까운 선택지를 고르고 나중에 정당화하는 전략을 취한다.

기억 공간과 도시 선전은 갈등하면서도 적응과 타협을 거쳐 공존할 수 있다. 문화 경제에서 문화와 경제가 끊임없이 부딪치고 재배치되면서 공존하듯, 행위자들은 완전히 통합되지 않지만 정확히 분리되지도 않는다. 기억 공간과 도시 선전은 안정되고 고정된 관계가 아니다.

광주 문화 전략 들어가기

무슨 일이 벌어졌나 — 광주 문화 전략 도시 정치 개요

광주 문화 전략에 나타난 도시 정치는 열두 가지 주요 사건을 중심으로 전개된다. 시간순으로 사건 개요와 특징을 살펴보자.

1995년, 광주비엔날레 시작

산업화와 국토 개발, 경제 성장을 추구한 군사 정부하고 다르게 1993년에 임기를 시작한 김영삼 정부는 민간인 출신이 대통령인 문민 정부였다. 김영삼은 5·18이 민주주의에 이바지한 역사적 사실을 공식 인정했다. 1995년 12월 21일에는 '5·18민주화운동 등에 관한 특별법'을 제정됐는데, 5·18 관련자가 받은 내란죄와 반란죄 등의 공소 시효 정지, 관련자 보상 등이 주요 내용이었다.

국제 흐름에 맞춰 세계화와 지방화를 국정 방향으로 정한 김영삼 정부는 국제 미술 행사인 비엔날레를 열 도시를 공모했고, 1994년 11월 5일에 서울, 춘천, 광주 중에서 광주가 선정됐다. 세계화와 지방화를 동시에 보여주면서 국가가 광주에 끼친 손해를

96

보상하려는 의도가 담긴 결정이었다.

1993년 베네치아비엔날레에서 백남준이 대상인 황금사자상을 받으면서 비엔날레에 관심이 높아졌고, 1995년은 '미술의 해'였다. 김영삼 정부는 1995년 베네치아비엔날레에 한국관을 설치하고 광주비엔날레에 100억 원을 지원한다고 선언했다. 지금은 한국에 10개가 넘는 비엔날레가 운영되는데, 첫 주자가 광주비엔날레였다.

광주비엔날레는 5·18의 상처를 문화 예술로 달래려는 중앙 정부의 뜻과 바로 그 상처인 도시 이미지를 바꾸려는 지방 엘리트의 희망이 만난 결과였다. 1990년대 중반만 해도 한국에는 국제 행사가 드물었다. 뉴욕이나 파리 같은 세계 도시가 없기 때문이었다. 광주비엔날레와 부산국제영화제는 사건이나 다름없었다.

1995년, 안티비엔날레

1995년 1회 광주비엔날레를 준비하는 과정에서 관료들이 하향식으로 급하게 일을 처리했고, 전시회가 도시 정체성과 역사를 반영하지 않는다는 비판이 일었다. 광주비엔날레는 준비 기간이 10개월밖에 안 돼 군인까지 동원해 겨우 일정을 맞췄다. 광주비엔날레를 인정하지 않겠다는 의지를 밝힌 광주와 전남 지역 예술가와 시민단체 사람들은 5·18 희생자들이 잠든 망월동 묘지에서 안티비엔날레Anti-Biennale를 열었다. '주변 비엔날레fringe Biennale'로 불리는 안티비엔날레란 비엔날레를 여는 도시에서 종종 벌어지는 대안적 전시 행사다. 안티비엔날레는 화려함이나 세련미는 없는데도 공식 광주비엔날레보다 훨씬 더 인기를 끌었다.

1997년, 안티비엔날레가 광주비엔날레에 통합

안티비엔날레는 빠르게 타협했다. 안티비엔날레가 비엔날레에 통합되고, 안티비엔날레 감독 최민은 1997년 제2회 광주비엔날레 감독이 됐다. 광주비엔날레 조직자들은 광주비엔날레가 성공하려면 안티비엔날레를 흡수해야 한다고 생각했다.

1997년, 김대중 대통령 당선

1997년 12월 18일, 김대중이 첫 호남 출신 대통령으로 당선하면서 5·18이 민주화 역사에서 지닌 가치가 인정됐다. 그런데도 광주를 둘러싼 부정적 이미지는 쉽게 바뀌지 않았다.

2000년, 광주비엔날레 직원 해고 파장

3회 광주비엔날레가 열린 2000년에 광주시장이 직원 여섯 명을 해고했다. 진보적 예술가들이 삭발하는 등 강력하게 항의했고, 전시 기획자 13명이 해고된 감독에 연대하는 뜻으로 사임했다. 결국 부당 해고로 밝혀져 여섯 명이 모두 복직했다.

2000년, 5월 18일을 넣어 광주비엔날레 일정 조정(시간 조정)

2000년은 5·18 광주민주화운동 20주년이 되는 해였다. 많은 사람들이 5·18 기념행사에 맞춰 광주비엔날레를 3~6월에 열어야 한다고 주장했다. 1999년 9~11월에 열릴 예정이던 3회 광주비엔날레는 해를 넘겨 2000년 3~6월에 열렸다. 광주를 '정의의 도시'이자 '예술의 도시'로 부각하려는 의도였다.

2002년, 전시 공간과 주제에 5·18을 포함(공간 조정)

4회부터 5·18 관련 장소 등을 전시장으로 쓰면서 광주비엔날레와 5·18의 역사가 다시 이어졌다. 광주비엔날레는 문화 경제 흐름에 맞춰 도시 경제 부흥을 노리는 도구로 시작했지만, 안티비엔날레를 거쳐 대안이 제시되고 통합과 협상 과정이 진행되면서 광주 사람들이 공유하는 기억 공간 만들기에 이바지하게 됐다. 공간 생산 역학의 측면에서 광주 시민은 지배적 아이디어와 사회적 관습을 수동적으로 받아들이는 수용자가 아니라는 점이 광주비엔날레 추진 과정에서 드러나기 시작했다.

2002년, 중앙 정부가 광주를 '아시아문화중심도시'로 지정

2003년 노무현 대통령이 방문한 뒤 광주는 '아시아문화중심도시'로 지정됐다. 유럽연합EU은 1985년부터 해마다 '유럽 문화 중심 도시European Capital of Culture'를 지정한다(처음에는 'European City of Culture'였다). 이 선례를 따른 아시아문화중심도시는 중앙 정부 주도 아래 문화 예술을 중심으로 진행하는 도시 재생 사업이었다. 핵심은 옛 전남도청 건물을 아시아문화전당으로 개조하는 사업이었다. 광주비엔날레를 중심으로 한 장소 마케팅이 도시 재생 사업으로 확대되면서 도시 개발이 종합적 성격을 띠게 되고 지원 규모도 커졌다. 또한 도시 재생에 관여하는 사람들로 주요 행위자가 바뀌면서 새로운 역학 관계와 갈등이 나타났다.

2003년, '아시아문화중심도시 조성에 관한 특별법' 발의

'아시아문화중심도시 조성에 관한 특별법'이 발의돼 중앙 정부 예산을 지원받을 근거가 마련됐고, 2004년 옛 전남도청을 아시아 문화전당 부지로 확정했다. 7000억 원이 드는 대규모 사업이었다.

2008년, 옛 전남도청 별관 논쟁 시작

아시아문화전당 공사를 시작할 즈음에 반대 농성도 시작됐다. 설계 공모 당선작 때문이었다. 옛 전남도청은 5월 26일에 마지막 희생자와 생존자가 된 시민군들이 버틴 곳이었다. 계엄군이 시민군을 사살하고 체포한 도청은 5·18을 상징하는 중요한 현장이 됐다. 당선작은 옛 전남도청 별관을 철거하기로 돼 있었다. 5·18 단체가 곧장 반대하고 나섰다. 2008년 6월 23일, 5·18구속부상자회가 전남도청 밖에 천막을 치고 농성을 시작했다. 유족회, 부상자회, 구속부상자회가 중심이 돼 '옛 전남도청별관 보존을 위한 공동대책위원회'를 꾸렸다. 광주시 관계자나 문화 예술 전문가들은 합의를 거쳐 공사가 시작된 상황에서 아시아문화센터 건립을 방해하는 행동이라며 농성에 들어간 5·18 단체들을 비판했다. 결국 재협상이 벌어졌고, 별관을 일부 보존하기로 하면서 애초 계획보다 8년이 늦은 2016년에 아시아문화전당이 완공됐다.

2014년, 유네스코 미디어아트 창의도시로 광주 선정

광주시가 유네스코 미디어아트 창의도시로 선정돼 6개 특화 공간을 운영하기 시작했다. 2019년 첫 심사 뒤 재선정됐다.

2016년, 아시아문화전당 완공

완공된 아시아문화전당은 다시 논란을 불러일으켰다. 시민군 상황실을 비롯해 여러 장소가 사라지고 관련 없는 단체 사무실이 들어오는 등 오랜 논쟁을 거쳐 합의한 디자인하고 달랐다. 많은 단체가 정부를 비판하면서 다시 점거 농성이 시작됐다. 비판에 함께한 단체 목록에 광주시도 들어갔다.

2017년, 옛 전남도청 복원 결정

인권 변호사 출신 문재인 대통령과 5·18기념재단 창립 이사 윤장현 광주시장은 옛 전남도청 복원 의지를 밝혔다. 5·18 관련 단체 등이 옛 전남도청을 훼손한다며 2016년부터 벌인 농성에 화답한 셈이었다.

현장 조사와 연구 방법

나는 1997년, 2002년, 2006년, 2010년, 2021년에 집중적으로 광주비엔날레와 아시아문화전당, 유네스코 미디어아트 창의도시를 중심으로 현지 조사를 했다. 도시 연구에서 현장에 있는 사람들을 구체적으로 들여다보지 않으면 모든 과정이 그저 매끈하게 이해될 수도 있다. 이해관계자들이 소통하고 협력해야 한다는 규범적 주장이 앞서는 바람에 현실을 제대로 파악하지 못하는 사례도 많다. 나는 행위자 중심 연구 방법론을 활용해 사례 분석을 했는데, 그중 가장 핵심인 심층 인터뷰를 할 때 두 가지에 주의했다.

첫째, 문화 경제 도시 개발에 참여한 행위자들의 담론, 활동, 관계가 문화와 경제의 경계를 구성하는 과정에 초점을 맞췄다. 주요 주제는 문화 협치, 도시 성장, 기억 공간 만들기, 문화 경제 협치 내부의 역동성이었다. '누가 이 문화 전략을 결정하고, 주도하고, 형성하는가?'라는 질문에 답하려는 행위자 분석이었다. 도시 정치의 핵심 주제이자 도시 전체의 의사 결정을 지배하는 권력 구조를 묻는 '누가 도시를 통치하는가?'라는 질문을 조금 고쳤다. 구체적으로는 광주비엔날레, 문화 주도 도시 재생, 아시아문화전당 건설 과정을 주도한 주요 행위자들 사이의 역동성을 분석했다. 주요 행위자들의 이해관계, 특성, 다른 행위자들하고 맺은 관계에 중점을 두고 분석했다.

도시 개발의 문화 정치는 관계적 용어로 표현돼야 한다. 도시 정치에서 전통적으로 나타나는 도시 개발의 사용가치와 교환가치 사이의 갈등과 긴장에 견줘 문화 경제의 협치 구조 안에서 나타나는 갈등과 긴장이 더 포괄적이고 관계적이기 때문이다. 갈등과 긴장이 해결되는 과정을 이해하기 위해 서로 다른 이해와 기억을 말하는 행위자들을 만났고, 그 사람들의 소속과 주장이 바뀌는 과정도 살펴봤다.

둘째, 도시 정치 연구의 전통처럼 사회 구조 중심 접근과 행위자 중심 연구 방법을 포괄한다. 흔히 행위자 중심 연구 방법은 사회 구조 중심 접근하고 구별되며 대비된다. 그렇지만 도시 정치에서 나타나는 역동성을 이해하려 할 때 사회 구조만 보기에는 개인이 지닌 특성과 관계가 큰 힘을 가지면서 구조의 일부가 된다. 또한 행위자에만 초점을 맞추기에는 사회 구조, 국가의 존재, 세계화의 힘이 큰 구실을 한다. 그래서 나는 특정 행위자에 초점을 맞추는 동시에 거시적 상황을 포용하는 의미의 사회적 구성을 인정한다. 심층 인터뷰를 통해 구조 속에서 특정 개인이 하는 행위를 이해하고, 그 행위가 관계 속에서 영향을 끼치며 구조의 일부가 되는 과정을 보려 했다.

현지 조사는 1997년부터 2021년까지 이어졌다. 이 시간 동안 광주는 광주비엔날레를 중심으로 문화 전략을 시작하고, 아시아 문화중심도시를 핵심으로 한 문화 도시 재생을 시도하고, 광주형 일자리 도시 재생을 계획하고, 옛 전남도청 복원을 결정했고, 유네스코 미디어아트 창의도시로 선정됐다. 광주 문화 도시 개발에 관한 행위자 중심 경험 연구에 쓴 연구 방법은 심층 인터뷰였다. 광주비엔날레, 리셉션, 학술 행사, 포럼 등을 찾아 참여 관찰도 했다.

신문 기사나 공식 간행물 같은 아카이브 자료를 분석해 심층 인터뷰와 참여 관찰에서 얻은 자료하고 교차 검증했다. 아카이브에는 다른 연구에서 수행한 설문 조사, 아시아문화전당 공식 웹사이트, 신문 기사, 블로그, 정부 보고서 등이 들어갔다. 심층 인터뷰를 하더라도 피면담자가 한 말, 쓴 글, 속한 조직에 관해 알아야 쓸 만한 정보를 얻을 수 있기 때문이었다.

나는 67명을 심층 인터뷰했다. 피면담자는 행사와 프로젝트에서 일정한 직책을 맡았거나 그 과정을 잘 아는 사람들이었다. 피면담자는 평판 조사와 눈 굴리기 방식snowball method을 써 확보했다. "누가 이 프로젝트에서 중요한 역할을 했나? 누가 이 과정을 상세히 알고 있나?" 이렇게 물어서 추천받은 사람에게 연락해 인터뷰를 한 뒤, 그 피면담자에게 또 추천을 받는 식으로 인터뷰 대상을 넓히는 방식이다. 질적 연구에서 많이 쓰는 피면담자 선정 방식인데, 그 과정 자체가 평판 분석을 보여주는 근거가 된다.

인터뷰한 주요 행위자들은 광주비엔날레 직원, 아시아문화중심도시 프로젝트 직원, 지자체 공무원, 5·18 단체 회원, 시민단체 성원, 미디어 종사자, 지식인, 문화 예술 전문가, 중앙 정부 공무원, 국회의원, 행사 또는 프로젝트에 참여한 조직 구성원이다. 단체장이나 기관장, 문화재단 종사자, 총책임자는 일부러 안 만났다. 언론 기사도 많고 심층 인터뷰를 해도 더 깊은 정보를 얻기는 힘들기 때문인데, 결정 과정에서 실무에 관여한 사람들에게 단체장이 끼친 영향력 등을 묻는 식으로 보완했다. 인터뷰 질문은 광주비엔날레, 문화 도시 재생, 아시아문화전당이 진행되는 과정에 얼마나 관여했는지, 구체적으로 어떤 구실을 했는지, 옛 전남도청 별관 철거 논쟁에서 어떤 위치에 있었는지, 누가 장소 만들기에 참여하고 어떻게 주도했는지, 자기 의견을 어떤 식으로 표현했는지, 의견이 다른 사람이나 그룹하고 어떻게 협상했는지 등이었다.

도시 개발의 문화 정치에서 인간 심리 체계가 큰 구실을 하므로 주요 행위자의 심리 작용 과정을 보는 일도 중요하다. 행위자들의 살아 있는 경험과 담론의 역학은 정체성과 소속감이라는 심리적 문제다. 인간은 한 가지 이익만 합리적으로 생각하고 실천하는 기계가 아니기 때문이다. 자기 이익을 추구하더라도 다양한 심리가 작용해 결정된다. 이 경쟁에서 이기는 쪽이 이익일 수 있고, 아니면 일단 양보해서 이 관계를 장기적으로 유지하는 쪽이 이익일 수도 있다. 권력 관계 때문에 어쩔 수 없이 한 결정이라는 말을 흔히 듣지만, 현대 사회에서 권력은 직접적인 명령이나 강요로 실현되지 않는다. 권력이 미묘하고 간접적으로 작용하기 때문에 권력 구조를 알려면 먼저 심리 작용을 이해해야 한다.

문화 경제 도시 정치는 주요 행위자 사이의 지속적 상호 작용으로 문화 경제가 구성되고 발전하는 역동적 과정을 일컫는 개념이다. 광주 사례에서 나타나는 행위자들의 심리적 부담, 과거 경험에 관한 기억, 분노, 충성도, 소속감, 거부당할지 모른다는 두려움 같은 심리적 기제는 권력 관계를 구성하는 주요 요소였다. 심층 인터뷰를 하다가 이런 심리적 역동성을 자주 볼 수 있었다. 인터뷰하면서 지난 일을 자세히 이야기하기가 고통스러워 거부하는 사례도 꽤 많았고, 머뭇거리며 이야기하다가 자기 생각을 새롭게 발견하는 사례도 있었다.

엘리트 심층 인터뷰에서는 귀찮아하며 인터뷰를 거부하거나 정견 발표를 하듯 형식적인 이야기만 하는 사례가 꽤 됐는데, 내용은 같아도 말을 바꿔 여러 번 물어서 구체적 과정, 갈등, 고민, 분노, 연민 등을 들었다. 면담을 끝내고 돌아서면서 마지막에 던지는 말은 맥락에 맞지 않아 이상한 적도 있지만 핵심을 담거나 진솔할 때가 많았다.

심층 인터뷰는 쉽지 않았다. 엘리트 피면담자는 바빠서 약속을 잡기가 힘들었고, 만나더라도 신중하게 말하는 데 그치거나 급하게 처리할 일 때문에 중단되는 적이 꽤 있었다. 그래도 많은 피면담자들은 내가 아직 서툰 석사 과정 학생일 때도 기꺼이 인터뷰를 해줬다. 약속을 하러 연락하면 바로 만나자고 하거나 처음에는 경계하다가 막상 인터뷰를 시작하면 내부 문건까지 보여주면서 친절하게 설명한 사례도 있었다.

정작 문제는 낯선 연구자를 향한 경계심이 아니라 엘리트 집단 내부의 복잡한 관계였다. 중소 도시의 도시 정치 연구는 대개 엘리트 집단끼리 서로 아는 사이일 때가 많아 무척 조심스럽다. 광주는 대도시로 분류되는데도 사정이 비슷했다. 광주는 서로 다 얽혀 있어서 나쁜 짓 하면 안 된다는 말을 여러 사람이 똑같이 했다.

게다가 광주비엔날레나 아시아문화전당을 둘러싼 갈등이 한창 들끓고 있을 때였다. 나는 도시 개발과 도시 발전에서 눈에 띄는 변화와 갈등을 살펴보고 싶었고, 많은 사람이 인터뷰를 망설이거나 거부한 이유도 그런 과정에서 겪는 혼란이었다. 인터뷰를 한 사람들도 자기에게 실망감과 상처를 안긴 사건은 말하고 싶어 하지 않아 했고, 자기가 한 말이 다른 사람 귀에 들어갈까 봐 두려워했다. 인터뷰도 그런 이유 때문에 거절했다.

그나마 내가 제시한 연구 윤리 덕분에 인터뷰를 할 수 있었다. 피면담자는 실명이나 신분이 드러나지 않는 사실에 안도했다. 연구 윤리에 나온 대로 사생활 침해를 최소화하려고 네 가지를 약속했다. 첫째, 연구 목적을 이해하고 동의를 받은 뒤에만 인터뷰를 진행한다. 둘째, 피면담자가 누구인지 알 수 있는 어떤 것도 드러내지 않는다. 곧 이름, 주소, 직위, 전화번호 등을 밝히지 않는다. 셋째, 인터뷰 녹음 파일은 비밀번호를 설정한 컴퓨터에 저장하고 연구가 끝나면 모두 지운다. 넷째, 인터뷰 녹음은 명시된 연구자만 들을 수 있으며 다른 사람에게 가공 안 된 정보를 넘기지 않는다. 말투를 보고 누구인지 짐작할 가능성이 있기 때문에 녹취록도 보여주지 못한다. 이런 책임이 법적으로 정해진 사실을 알면 피면담자가 안심하기 때문에 연구 윤리는 큰 도움이 됐다.

지역 엘리트를 대상으로 한 심층 인터뷰는 유연한 대화 형식으로, 연구 대상자의 구두 진술을 수집하고 분석해 사건들을 잇는 연결점과 구체적 과정을 살핀다. 말로 표현된 피면담자의 인식을 살필 수 있는 심층 인터뷰는 피면담자가 선호하는 장소에서 한두 시간쯤 진행했다. 대개 사무실이나 행사장에서 만나 피면담자의 지위를 살피는 데에도 도움이 됐다. 자기 이야기뿐 아니라 다른 사람들 사이의 관계를 묻고 답하는 일이 불편하고 피곤할 텐데도 대부분 수고를 마다하지 않았다. 몇 년을 사이에 두고 연거푸 인터뷰한 사람들은 구태여 묻지 않아도 잘 이야기했다. 갈등 상황에 관련해 공적 활동뿐 아니라 사적 관계나 사생활도 들려줘 광주 사례를 이해하고 해석하는 데 큰 도움이 됐다.

심층 인터뷰나 참여 관찰은 연구자가 지닌 특성이 많은 영향을 미친다. 연구자가 지닌 특성에 따라 피면담자들이 강조하는 측면이 크게 달라지기 때문이다. 이런 일은 꼭 단점이나 한계라기보다는 어쩔 수 없이 벌어지기 때문에 연구자가 지닌 특성이 영향을 끼친 면을 미리 설명하면 된다. 현지 조사가 오랜 기간 진행되면서 내 지위도 한국 대학교 석사 과정 학생, 미국 대학교 박사 과정 학생, 영국 대학교 교수, 한국 대학교 교수로 계속 바뀌었다. 공통된 특징은 외부자라는 사실이었다. 한국에서 대학원생일 때는 광주 출신이 아니고 엘리트 그룹에도 들어가지 못하는 외부자였다. 미국과 영국에 있을 때는 외부자 특성이 더 강해졌다. 내가 외부자라서 내부의 약점을 애써 드러내려 하지 않은 반면, 오히려 외부자이기 때문에 내부 사정과 속내를 편하게 이야기할 수도 있었다. 속내를 털어놓고는 연구에 쓰지 말아달라고 부탁하는 피면담자도 꽤 있었다. 내가 외부자이기 때문에 광주 특유의 맥락을 이해하지 못한다고 지레짐작해 무척 세세히 이야기하는 피면담자도 많았다.

심층 인터뷰에서, 특히 도시 정치 연구에서 연구자와 피면담자의 거리는 딜레마다. 가까워지면 내부 이야기를 많이 들을 수 있지만, 연구자하고 맺는 관계가 분석 대상의 일부가 되고 필요한 정도를 넘겨 영향을 미치게 된다. 도시 정치에서 권력 관계란 구조적 위치뿐 아니라 개인적 이해관계와 인간관계까지 포함하는데, 연구자가 그 안에 적극적으로 들어가면 분석 내용에 영향을 준다.

예전에는 연구자가 중립적이고 객관적인 태도를 기본으로 갖춰야 했지만, 질적 연구가 발전하면서 연구자가 끼치는 영향을 인정하고 드러내는 쪽으로 분위기가 바뀌었다. 사회 혁신이나 변화를 목적으로 삼은 연구에서는 참여가 관찰보다 중요하기 때문에 적극적 관계를 맺는 연구 방법을 쓸 수도 있다. 나는 행사를 주로 관찰했고, 광주비엔날레 사무실 등에서 시간을 보내며 분위기를 익혀 인터뷰를 진행하기 쉽게 하는 정도에서 그쳤다. 논쟁 중인 주제를 다룰 때는 피면담자가 느낄지 모를 불안감을 최소화하려고 적극적이지만 중립적인 태도를 유지했다. 논란과 갈등이 심할 때면 자기가 배신당하고 상처받았다고 생각하는 사람이 종종 내게 의견을 물었다. 외부자이면서 이 사안을 잘 아는 관찰자가 어떤 생각을 하는지 듣고 싶다고 했다. 그 전날에 반대편을 만난 사실을 이미 알고 있을 때도 많았다. 나는 가치 판단을 하거나 어느 쪽을 편드는 말이나 신체 언어를 피해야 했다. 개인적 식사, 특히 대접받는 식사는 하지 않았다.

피면담자는 대부분 녹음을 허락했다. 연구자만 들을 수 있다는 사실이 도움이 됐다. 녹음은 정확한 기록에 중요하다. 들을 때는 다음 질문을 생각하거나 의미를 파악하려다가 자기 생각이 들어가는 바람에 나중에 녹음을 듣거나 녹취록을 보면 기억하고 다른 때가 종종 있기 때문이다. 몇몇 피면담자는 음성 녹음에 동의하지 않았는데, 이럴 때는 인터뷰할 때나 끝나고 따로 메모했다. 광주비엔날레, 안티광주비엔날레, 농성 현장, 사적 만남에서 잠깐하게 된 인터뷰도 꽤 있었는데, 이럴 때는 내가 연구 중이라는 사실을 밝히고 메모를 했다.

대개 질적 연구라 하면 인터뷰나 참여 관찰 같은 자료 수집 과정만 생각하기 쉬운데, 정작 자료를 해석하고 분석하는 과정이 가장 어렵다. 자료를 보면서 알맞은 개념을 쓰고, 논리를 맞추고, 서사를 만들어야 한다. 인터뷰 자료를 연거푸 듣고 읽고 아카이브 자료들과 맞춰보면서 사건들의 과정과 행위자들의 관계 변화, 주요 의제를 파악한다. 심층 인터뷰 녹음 자료와 그 녹음 자료를 그대로 옮긴 녹취 자료를 정리해서 논문을 쓰는 과정은 시간과 힘이 많이 든다. 심층 인터뷰를 열심히 하고는 정리하는 과정에서 지치기 때문에 분석과 글쓰기에 시간을 충분히 들여야 한다.

녹음을 그대로 풀어 쓰는 작업은 시간과 노력이 많이 드는 일이었지만, 요즘에는 인공 지능을 이용해 자동으로 풀어 쓰는 프로그램이 나와 있다. 녹취록 작성을 전문가에게 맡길 수도 있다. 10분 기준 1만 원이면 두 시간짜리 인터뷰는 20만 원 정도 든다. 학생일 때는 돈이 없어서 못했고, 교수가 돼 연구비가 있을 때는 이미 훈련이 돼 직접 하는 쪽이 편했다. 녹취 때문에 만성 손목 터널 증후군을 얻었지만, 얼마 전부터 자동 프로그램의 도움을 받고 있다. 연구자가 녹음을 직접 듣고 정리하면 분석하는 데 큰 도움이 된다. 오랫동안 도시 개발에 관여한 엘리트나 이주민을 인터뷰하다 보니 비결이 생겼다. 인터뷰가 끝나자마자 곧바로, 그럴 수 없으면 적어도 그날이 지나기 전에 핵심 내용을 논문 파일에 정리했다. 특히 녹음을 못 할 때는 수첩에 적어놓고 끝나자마자 바로 근처 카페로 들어가 생각나는 대로 기록했다.

신문 기사, 공식 간행물, 단체 내부 문건 같은 아카이브 자료는 전체 상황을 이해하고 담론 흐름을 살피는 데 도움이 됐다. 인터뷰를 시작할 때 화제로 삼기도 좋았다. 참여 관찰도 보조 연구 방법으로 활용했다. 2회, 4회, 6회 광주비엔날레를 둘러봤다. 광주비엔날레재단 내부 회의에는 못 들어갔지만, 개막 행사, 5·18과 도시 재생 관련 시민 포럼, 광주비엔날레 환영 만찬, 아시아문화전당 관련 토론에는 참여했다. 아시아문화전당에도 세 번 찾아갔다.

참여 관찰에서는 참여에 중점을 둘 수도 있고 관찰에 치중할 수도 있다. 나는 적극적 참여는 자제하면서 마치 카메라가 된 듯 행사 참여자들의 상호 작용을 관찰하는 데 중점을 뒀다. 행사를 시작하기 전에 분위기부터 살폈다. 집단을 만들어 이야기를 나누다가 가까이 자리를 잡고 앉는 사람들, 그런 집단에 참여하지 않고 따로 있는 사람들을 지켜봤다. 행사를 할 때 분위기가 어떤지, 누가 공식적으로 주도하는지, 누가 적극적으로 참여해 중요한 구실을 맡는지, 행사가 끝난 뒤에 어떤 식으로 뒤풀이에 초대하고 초대받는지 등을 관찰했다. 이런 참여 관찰 연구 방법을 통해 누가 토론에 참여하는지, 각자 어떤 구실을 하는지, 누가 소외되는지를 확인할 수 있었다.

심층 인터뷰, 아카이브 분석, 참여 관찰을 해 확보한 자료는 질적 연구 방법으로 해석했다. 인터뷰에 나온 단어 양과 특정 단어와 다른 단어의 관계를 계량적으로 측정하는 방법이 있지만, 나는 해석학적으로 분석했다. 인터뷰 내용, 아카이브에서 찾은 정보, 참여 관찰을 통해 파악한 분위기 사이를 왔다갔다하며 조율했다. 데이터를 교차 점검하면서 개별 인터뷰 대상자가 사건을 어떻게 표현하고 해석하는지를 살폈다. 사건의 전후 관계와 역동성의 변화에 초점을 둔 만큼 사건들 사이의 연관성을 파악하려 조각을 맞추는 일이 가장 중요했다. 다양한 분야의 주요 행위자들이 문화 경제의 역동성을 형성하고 변화시켜 도시 개발의 문화 정치가 나타나는 맥락을 구체적으로 제시하는 데 중점을 뒀다.

재미있는 일도 많았다. 석사 과정 학생인 1997년에 처음 한 현지 조사에서는 5·18 재현 행사 때 시민군 차에 타고 광주 시내를 다녔다. 인터뷰를 하다가 내밀한 개인사를 듣기도 했다. 광주비엔날레에서 텔레비전 뉴스에 나갈 인터뷰를 한 인연으로 내 인터뷰를 도와준 방송국 아나운서를 9년 뒤에 런던 대학교 교수 신분으로 찾은 광주비엔날레 리셉션에서 또 만난 일도 있었다. 1997년에 본 한 피면담자를 2021년에 다시 인터뷰한 적도 있다. 나는 반가운데 그분은 나를 기억하지 못했고, 광주 문화 전략에 관한 그분의 이해는 훨씬 포괄적이고 더 폭넓게 바뀌어 있었다.

이 자리를 빌려 인터뷰를 하고 소중한 정보를 나눠준 많은 분들에게 감사 인사를 전한다. 그분들이 진솔한 이야기를 해준 덕분에 내가 조금씩 나아갈 수 있었다. 개념을 대어 해석하고 이름을 붙일 뿐 보고 들은 그대로 적은 자료가 스스로 이야기할 수 있게 하려고 노력했지만, 이 책 속에 나오는 정보가 사실하고 다른 점이 있다면 다 내 잘못이니 죄송하다는 말씀도 전하고 싶다.

7장

장소 마케팅 문화 전략의 좌충우돌

광주비엔날레

이미지 바꾸기 — 광주비엔날레의 시작

국제 현대 미술 전시회인 광주비엔날레는 예술 주도 도시 성장 프로젝트로, 엘리트들이 제기한 도시 이미지 문제를 해결하려는 행사였다. 광주비엔날레는 광주 도시 개발에서 문화 경제가 나타난 첫째 단계다. 문화 경제 도시 정치를 보여주는 첫 사례이며, 도시 이미지를 주력 상품으로 발전시킨 장소 마케팅이기도 하다.

1990년대에 광주를 비롯한 여러 지자체에서 문화를 이용한 장소 마케팅 전략을 활용했다. 도시나 장소를 상품처럼 다루는 장소 마케팅은 지자체장들에게 새로운 시각과 동기를 줬다. 선거에 나갈 때나 당선한 뒤에 사업가처럼 전략을 짜고 발전 계획을 보여주는 방식은 꽤 매력 있었다. 도시 정부가 도시를 마케팅하는 대상은 기업, 관광객, 잠재적 주민이다. 이 도시에서 사업하라고, 이곳을 방문하라고, 여기가 살기 좋다고 메시지를 던진다. 한국은 국가가 지방 도시를 선정해 예산을 지원하는 사례가 많은 만큼 중앙 정부도 장소 마케팅 고객이 된다.

문화 예술 행사는 장소 마케팅에서 자주 쓰는 전략이다. 가성비가 좋다. 장소 마케팅에서 문화 예술 행사는 세 가지 구실을 한다. 첫째, 새 주민 유치에 더해 현재 주민이 자부심을 느끼고 도시 성장에 참여하도록 장려한다. 둘째, 기업 투자를 끌어내 도시 경제 발전에 도움이 된다. 셋째, 도시 성장주의에서 중요한 도시 이미지를 재구성하거나 바꿀 힘을 얻는다. 공연이나 전시회처럼 눈에 띄는 문화 축제는 도시 가치를 높인다.

모든 장소 마케팅에서 문화 예술이 도구화되지는 않지만, 문화 예술 행사를 시작하는 이유 자체가 도시 선전이었다. 많은 도시 정부가 도시 이미지를 좋게 하고 시민들이 단합할 계기가 되고 수익을 창출할 수 있다고 생각해 축제나 이벤트를 열기 시작했다. 광주시에서 일하는 어느 공무원이 한 말은 도시 정부가 문화 축제를 바라보는 일반적인 인식을 잘 보여준다.

문화 예술 행사는 다른 도시 개발 사업만큼 많은 자금이 들지는 않으면서 효과는 큽니다. 행사가 눈에 확 들어오고 사람들을 끌어들이기 때문에 사람들은 그 행사에 관해 이야기합니다. 많은 도시에서 문화 축제가 열리는 이유가 여기에 있습니다.
— 시 공무원, 1997년 10월 23일

장소 마케팅에서 도시 이미지를 바꾸려 문화 예술 행사를 하는 사례가 있는데, 바로 광주비엔날레가 여기에 들어갔다. 서구의 장소 마케팅 사례는 기업이 주도한 반면, 광주 사례는 관료들이 지닌 성장 욕구와 중앙 정부가 하는 지원이 결합한 형태다. 비

광주비엔날레와 도시 이미지 도시 엘리트들은 비엔날레를 광주로 가져와 도시 이미지를 바꾸고 싶어했다.

엔날레 주최 도시를 정할 때 중앙 정부가 딱히 광주를 염두에 두지는 않은 듯하다. 비엔날레 주최 도시는 문화체육부와 한국미술협회가 선정했다. 광주가 개최할 뜻을 밝히지만 문화체육부 장관은 부적격하다며 거부했고, 지역주의 때문이라 판단한 광주시장은 대통령에게 직접 연락했다. 처음에 광주를 거부한 이유가 지역주의인지 밝히기는 어렵다. 다만 차별은 겉으로 드러나지 않으면서 자연스럽게 스며들기 마련이다.

1994년 11월, 광주에 들른 김영삼 대통령이 광주를 비엔날레 개최 도시로 선정한다고 발표했다. 이런 결과는 5·18이라는 역사적 사건이 작용한 정황이 있었다. 5·18을 저지른 전두환 정부를 비판한 김영삼 문민정부가 보상 차원에서 광주에 준 선물로 받아들이는 시각이 많았다.

도시 엘리트들은 비엔날레를 광주로 가져와 도시 이미지를 바꾸고 싶어했다. 해외 학술회의에서 광주 사례를 발표할 때 이런 이야기를 하면 영미권 학자들은 이해하지 못했다. 칭송을 받아야 할 도시가 왜 발전하지 못하고 부정적 이미지에 시달리느냐고 물었다. 5·18과 지역주의에 관한 내용이 나오면 늘 이런 질문이 나왔다. 미디어를 장악한 중앙 정부가 뿌린 가짜 뉴스, 분단이 강제한 극우 반공 사회, 역사를 중시할 여유가 없는 군사 정부의 발전 국가식 성장주의로 대답을 대신했다.

왜 엘리트들은 도시 이미지를 바꾸고 싶어했을까. 5·18과 광주 도시 이미지는 점점 더 긍정적으로 바뀌기는 했지만, 빨갱이 낙인이 워낙 강력한데다가 미디어가 확대 재생산하는 극우적 시각이 여전히 존재감을 발휘한 탓에 변화 속도가 너무 느렸다. 그런 답답함이 다음 인터뷰에 나타난다.

물론 친구들과 저는 1980년에 광주 시민들이 한 일을 자랑스럽게 생각하지요. 그런데 우리는 너무 많이 오해를 받았습니다. 외부인들이 광주에 대해 잘못 알고 있었기 때문에 광주에 부정적인 결과를 끼쳤고요. 이제는 사람들이 당시에 일어난 일에 관해 이야기하고 그것을 민주화 활동이라고 부릅니다. 그러나 그전에는 이 나라의 민주주의에 대한 기여에 대한 논의가 많지 않았어요.
— 학자/시민단체, 1997년 10월 17일

5·18이 민주화 운동으로 불리기 전에 광주는 너무 많은 오해에 시달렸다. 도시 이미지는 결정적 사건이 없는 한 다른 이미지로 바뀌는 데 오랜 시간이 걸린다. 도시 이미지를 핵심 목표로 삼는 장소 마케팅 전략에 따라 문화 예술 행사를 열고 상징물을 만드는 등 노력을 해도 좋은 결과를 얻은 사례는 드물다.

광주 사람들이 5·18에 관련된 부정적 도시 이미지 때문에 생기는 정치적 폐해만 절실하게 생각하지는 않았다. 한국 사회가 집착한 국가 주도 경제 성장에서 광주가 제외된 현실이 더 큰 문제였다. 한국전쟁에서 살아남은 세대는 빨리 경제가 발전해야 기아와 빈곤에서 벗어날 수 있다고 믿었고, 그래서 산업화 시대에 민주주의가 아니라 성장이 강조됐다. 정치적으로 오해받고 억압당한 광주는 경제적으로 국가 지원에서 소외됐다. 노태우 정부가 끝난 1993년까지 광주는 도시 개발에 필요한 지원을 거의 받지 못했고, 광주 사람들은 중앙 정부를 강하게 불신했다.

군사 독재 시기에 중앙 정부는 민주주의를 희생하고 경제 성장에 치중했다. 민주주의란 혼란을 일으킬 뿐이고 개발도상국이 경제적 풍요로 나아가는 길을 위협하는 사치로 취급됐다. 인권과 복지는 희생해도 괜찮은 가치로 여겨졌고, 노동 착취와 이데올로기 통제는 정당화됐다. 이런 현실은 비판받아 마땅했지만, 성장 궤도에서 탈락한 광주가 느낀 소외감은 또 다른 문제였다. 광주는 성장에서 소외된 불공정에 반대할 뿐 성장주의를 비판하는 방향으로 나아가지는 않았다. 한국에서 반성장주의는 힘이 없었다.

사회 정의와 민주주의를 바라는 요구는 지배적 경제 이데올로기인 성장주의를 극복하지 못했다. 민주화 운동이 작은 변화와 균열을 일으켰지만, 성장주의는 여전히 강력한 지배력을 발휘했다. 시민사회, 지식인, 대학생, 소수자 집단이 민주주의를 위해 투쟁했고, 광주는 그런 투쟁의 중심에 있었다. 결국 광주에는 민주주의와 사회 정의 문제를 둘러싼 긴장과 불신이 강하게 남았지만, 한국 사회 전체로 보면 그런 비판 담론은 주류가 아니었다. 민주주의와 사회 정의가 경제 성장의 반대말로 여겨졌지만, 성장 자체를 비판하는 흐름은 큰 줄기로 자리잡지 못했다.

피면담자들은 광주가 경제 성장을 하지 못해 아쉬워했다.

광주는 국가로부터 혜택을 받지 못했다는 것이 너무나 명백했습니다. 우리는 국가에 의해 소외되었습니다. 대기업들은 투자하길 꺼렸어요. 이 불공평한 대우는 정말 싫었어요. 5·18과 관련이 있다고 확신하지요. 지금은 더 나아졌느냐고요? 글쎄요, 모르겠습니다.

— 시민단체, 1997년 10월 21일

시민단체에서 일한 이 피면담자에게도 광주가 국가와 기업에 외면당한 현실이 중요했다. 지금은 많이 나아진 듯하지만 산업화 시기에 다른 도시와 지역에 견줘 지원을 못 받아 생긴 격차가 계속 이어진다고 믿었다. 경제 성장에서 소외된 억울함과 아쉬움 때문에 광주 사람들 사이에 성장 욕구가 자리를 잡았다.

비엔날레 개최는 광주가 지닌 성장 잠재력을 탐색하는 계기가 됐다. 광주 행위자들은 이제 본격적인 도시 개발을 시작할 기회에 눈을 뜨고 세계화에서 주도적인 구실을 하는 문제도 생각했다. 비엔날레 이전에는 열망을 억누르고 있어도 성장 논리를 내면화한 상태였다. 늦기는 해도 도시 개발과 지역 발전을 노릴 기회를 빠르게 받아들였다.

광주시 관료들이 경제를 우선순위로 정하면서 문화체육부가 한 제안에 매우 가까운 안을 만들어냈다. 도시 정부가 내는 정책은 문화를 우선시하는 문화 담론보다는 경제적 효과를 강조하는 경제 담론이 지배적일 때가 많다. 광주도 그랬다. 문화 예술 행사도 경제적 이익을 중심에 놓고 판단했다. 일반 시민들 사이에 이런 관점이 스며들어 있었지만, 주도한 쪽은 도시 엘리트들이었다.

문화 경제와 문화 전략에서 문화 예술을 도구화하는 모습은 흔하게 나타난다. 문화 전략을 이끌 제도와 재정을 정부와 기업이 주도하며, 정부와 기업은 대개 경제를 우선하기 때문이다. 또 다른 이유는 문화 전략이 대개 도시 경제가 이미 무너진 상태에서 나오는 고육지책이기 때문이다. 경제가 어느 정도 성장하고 나서 정서적 충족감을 누리려는 수단이 아니라 도시 성장을 이끄는 주력 산업이 빠져나간 자리를 채울 대안이라서 그렇다. 그래서 문화가 경제의 도구로 쓰이는 상황을 비판하는 목소리가 큰 흐름이 되기는 힘들었다. 광주도 그랬다.

불가능을 가능하게 — 첫 광주비엔날레를 준비하다

1회 광주비엔날레는 1995년 9월 20일에 개막했다. 준비 시간이 부족한데도 광주시는 비엔날레를 열기로 했다. 도시 이미지를 바꿀 국제 행사를 열 때 필수적인 국가 지원을 놓칠 수 없었다. 1회 광주비엔날레는 개최지 결정부터 개막까지 기간이 10개월밖에 걸리지 않았다. 경험한 적 없는 대규모 국제 예술 행사를 짧은 시간에 치른 비결은 도시 정부의 강력한 통제였다. 준비 과정은 명령 수행하듯 위계 속에 진행됐다.

비엔날레 개최지가 급하게 선정된 상황이 광주 잘못은 아니었다. 그래도 서둘러 준비해서 성공적인 결과를 보여줘야 했다. 광주비엔날레가 드높인 예술적 가치는 결과 보고서와 평가에 숫자로 표시하기 힘들었다. 기준은 관람객 수였다. 시 정부는 초중고 학생들이 수업 대신 광주비엔날레를 관람하게 해 4만~5만 명을 동원했다. 또한 공무원들에게 입장권을 할당해 직접 판매하게 했다.

문화를 도구화하는 이런 모습은 드물지 않다. 너무 대놓고 동원해 문화적 가치를 소중히 여기는 사람들이 많이 비판했지만, 공무원들은 문화를 도구화하는 관점을 망설임 없이 드러냈다.

네, 관람객 수가 가장 중요했습니다. 광주비엔날레는 산업으로 취급되어야 합니다.
— 공무원, 1997년 10월 18일

광주시 공무원들은 많은 관람객을 뚜렷한 목표로 삼았다. 광주시와 광주비엔날레재단에서 일하는 사람들은 광주시가 밝힌 공식 견해를 벗어나 개인 생각을 말하기가 불편한 듯했다. 공공 기관 종사자로서 광주비엔날레가 내세운 공식 목표를 공유하는 데 그치고 싶어했다. 이런 도구적 접근은 1990년대 한국 지방 정부의 정책 입안자들 사이에서 인기를 누린 장소 마케팅 전략이자 공공 영역에서 문화 예술 행사를 할 때 나타나는 전형적 모습이었다.

광주비엔날레에서 좀더 극단적인 입장권 강매와 관람객 동원이 벌어진 이유는 광주시 정부가 전권을 행사하며 일 처리를 한 때문이었고, 그런 권위적 방식을 용인하고 지지하는 보수적 계층이 존재한 때문이었다. 장소 마케팅이 절실한 광주에 모처럼 찾아온 기회를 놓칠 수 없다는 절실함도 한몫했다.

광주비엔날레는 형식적으로는 독립 조직이었지만 구조와 자금을 시 정부에 절대적으로 의존했다. 시 정부는 광주비엔날레에서 일할 자체 직원을 직접 채용했고, 공무원들에게 입장권 할당량을 내리고 학교 등에 집단 관람을 하게 했다. 시 정부가 한 이야기가 전체 행사에 직접 영향을 미쳤고, 시장이 행사한 권한은 광주비엔날레 직원들에게 영향을 끼쳤다. 파견 공무원들은 도시 정부가 주최하는 다른 행사처럼 광주비엔날레를 관리했다. 관람객 수와 효율성을 가장 중시했다.

이런 방식이 아니면 1회 광주비엔날레를 그토록 짧은 시간에 준비할 수 없었다. 1회 광주비엔날레가 세운 관람색 163만 명이라는 기록은 동원된 인원이 꽤 되지만 전세계 비엔날레 역사상 가장 많은 수치다. 베네치아비엔날레가 32만 명 정도인 데 견주면 더욱 그렇다. 더구나 광주는 전시회 간 김에 둘러볼 바다나 산 같은 자연 환경을 갖춘 관광 도시도 아닌 곳이었다. 163만 명이라는 수치를 동원한 과정을 비판할 수 있을지 몰라도 사소한 성과는 결코 아니었다. 입장권을 판매해 마련한 자금은 전체 예산의 25퍼센트였다. 50퍼센트는 중앙 정부에서, 나머지 25퍼센트는 재단 자체 자금을 포함한 다른 출처에서 나왔다(광주비엔날레재단 2006). 광주 시민을 동원하고 도시 정부 공무원들에게 입장권을 강매한 덕분이지만, 재정 자율성을 확보하는 데 중요한 구실을 했다.

1997년 광주비엔날레에 갔다. 두 집단이 눈에 띄었다. 진지하게 작품을 보는 집단은 서울에서 온 사람이 많았다. 연구자라고 밝히면 자기도 석사 논문이나 박사 논문을 쓴 적이 있다면서 인터뷰를 해줬다. 다른 집단은 현대 미술 전시회에서 흔히 볼 수 없는, 확실히 동원된 사람들인 듯했다. 광주비엔날레에 관람객을 동원한 뉴스를 들을 때는 기괴하고 추상적인 형상을 한 현대 미술 작품 앞에서 낯설어하는 관람객을 상상했다. 광주 근처에서 전세 버스를 타고 온 노인과 청소년이 많았다. 빼어난 그림도 아니고 뭘 묘사하는지 알 수도 없는 작품을 신기한 듯 바라보고 야유회 온 양 잔디에 앉아 쉬기도 했다. 단체로 동원된 사람들은 그래도 즐거워 보였다. 잔디에서 땀을 닦던 어느 할머니는 이런 행사가 평생 처음이라고 했다. 다음 광주비엔날레에도 오겠다고 말했다. 나는 왜 다음에도 오고 싶냐고 물었다.

"광주에서 하는 거니까!"

할머니는 활짝 웃었다. 동네 친구들하고 나들이해서 좋았고, 광주에서 유명한 행사를 한다니까 자랑스러운 듯했다.

광주비엔날레는 드러내놓고 예술을 도구화하는 공무원, 영감을 주는 듯한데 여전히 어려운 현대 미술 작품, 작품 보러 서울에서 온 사람, 이해하지 못하지만 계속 광주비엔날레에 오겠다는 시골 노인하고 함께 시작했다. 여기에 광주비엔날레가 발전하는 데큰 영향을 끼친 또 다른 행사도 함께했다. 5·18 희생자들을 묻은 망월동 묘지에서 열린 안티비엔날레였다.

광주비엔날레 비판

광주에서 장소 마케팅을 통한 문화 전략을 처음 시도한 광주비엔날레는 저항에 부딪쳐 초반부터 정치적 갈등을 불러일으켰다. 시민단체 성원들과 민중 미술가들은 광주비엔날레가 광주의 정체성을 받아들이지 않은 비민주적이고 몰역사적인 행사이며 조직적으로 준비되지 않았다고 거세게 비난했다. 논란은 미디어를 거쳐 전국에 알려졌다.

광주비엔날레는 국제 미술 행사로 자리를 잡으려고 서구에 통용되는 국제 전시회 방식을 따랐다. 그러니 광주의 민주주의 역사나 5·18 정신은 낄 틈이 없었다. 시민사회 성원들과 민중 미술가들 눈에는 이런 과정은 스포츠 경기하고 비슷했다. 정부가 통치에 활용하느라 스포츠를 도구화하듯 문화도 사람들 관심을 정치에서 멀어지게 하는 수단일 뿐이라고 생각했다. 1회 광주비엔날레에 관한 시민 공개 평가에서 시민단체들은 시 당국의 과잉 지출, 준비 부족을 질타하고 전체 과정을 시 정부가 통제하면서 광주 정신을 희석한 점을 비판했다.

그 사람들[광주시 정부]이 광주비엔날레에서 무엇을 했는지 보세요.
관람객을 동원하고 입장권을 판매하는 데 집중했습니다. 이런 방식
은 예술과 문화의 가치에 반하는 거 아닙니까?
— 시민단체/예술가, 1997년 10월 24일

시 정부가 관람객 수를 늘리는 데 목표를 두고 동원에 몰두한 사실도 중요한 비판 대상이었다. 시민단체 성원과 민중 미술가들은 문화 행사가 지닌 문화적 가치를 오히려 훼손한다면서 관람객 수에 매달리면 안 된다고 힘주어 말했다. 광주비엔날레가 관심을 많이 받은 탓에 이런 비판은 미디어에도 등장했다.

광주 지역 예술가들은 광주비엔날레가 광주라는 도시나 광주

시민에게 아무 의미가 없다고 비판했다. 많은 관람객 수를 기록하는 성과를 거뒀지만, 추진 과정이 섬세하지 못한데다가 도구화되고 통제받는다는 느낌을 받은 사람이 꽤 됐다. 짧은 준비 기간 때문에 민주적 의사 결정이 부족하고 지역 인사들이 참여하기 어려웠다. 전시 작품들이 광주 정신에서 너무 동떨어져 5·18을 기리고 시민의 삶을 개선하는 데 아무 도움이 되지 못한 점도 지적됐다.

대상 수상작도 문제가 제기됐다. 대상은 전체 행사를 대표하고 행사 자체의 성격을 보여주기 때문에 미디어에 사진도 많이 실렸다. 대상을 받은 작품은 쿠바 출신 작가 크초Kcho가 출품한 〈To Forget〉(잊어버리기 위하여)이었다. 작가는 전라남도 담양군에서 구한 맥주병 2500개를 세워 쿠바 모양을 만든 뒤 그 위에 낡은 나룻배를 올린 설치 작품을 제작했다. '쿠바 보트 타고 떠도는 망명자들이 미국으로 이주해 술 마시며 과거를 잊는다'는 메시지를 담은 이 작품은 쿠바 난민이 품은 이주의 아픔을 보여준다고 했다.

시민단체 사람들은 거부감이 든다는 반응이었다. 요즘처럼 이주민이나 난민이 쟁점이라면 메시지가 잘 다가올지도 모르지만, 1990년대는 아직 낯설었다. 더욱이 5·18 이미지를 지우려 서둘러 무리하게 추진한 행사라서 술 마시고 5·18을 잊어버리자는 메시지를 전하는 듯 느껴질 수도 있었다. 2019년 2월 25일, 가수 정태춘은 한 라디오 인터뷰에서 그때 1회 광주비엔날레 대상 수상작을 보고 충격을 받아 항의하는 뜻에서 '기억하라'라는 노래 제목을 '5·18'로 바꾼 일을 회상하기도 했다.

광주비엔날레가 특별한 상황이라 예외적으로 하향식 운영이 필요하다고 보기에는 원래 시 행정이 문제가 많았다. 권위적인 준비 과정은 시 행정에서 나타난 고질병을 비판하는 계기가 됐다.

> 광주가 자유주의, 진보적인 도시로 잘 알려졌지만, 반드시 지역 문제
> 가 민주적 방식으로 진행되었다는 것은 아닙니다. 특히 광주시 정부
> 와 시장은 항상 권위적이고 하향식이었습니다. 우리는 비판도 많이
> 했지만, 아무것도 바뀌지 않았어요.
> ― 시민단체, 1997년 10월 20일

　시민사회 성원들은 거리를 두고 지켜보다가 비판과 대안을 낸
다. 광주비엔날레는 지역주의를 벗어날 대안을 찾던 도시 엘리트
들이 노력한 덕분에 논의가 시작됐고, 광주시가 5·18을 보상하
려는 중앙 정부의 의지를 읽고 설득해 개최지로 선정됐으며, 권위
적이고 강력한 행정력을 바탕으로 행사를 잘 마쳤고, 심지어 비판
세력도 성장시켰다.

도시 이미지 ― 내가 누구인가를 합의하기

엘리트들은 광주비엔날레를 통해 정치적 이미지를 예술적 브랜드
로 대체하려 했다. 마음속에 형상으로 자리잡는 도시 이미지는 정
책과 예산을 쏟아 브랜드로 만드는 대상이기도 하다. 도시 이미지
를 바꿔 지역 경제에 긍정적 영향을 끼치는 방법으로 도시 인지도
가 있다. 도시 인지도는 도시에 이미 관련된 이미지에서 만들어야
효과가 난다. 하나의 브랜드, 이미지, 로고에 자원을 집중하면 여
러 프로젝트도 단일 이미지를 높이고 영향력을 끼칠 수 있다.

도시 이미지는 회사나 제품 이미지하고 다르게 그 안에 살면서 애착을 느끼는 사람들의 생각과 이야기가 담기는 만큼 정부에서 한 가지 이미지만 내세우면 충돌과 논쟁을 일으킬 수밖에 없다. 주민들에게 도시 이미지란 내가 누구인지를 보여주는 문제일 수 있기 때문에 이상하다고 느끼면 합의가 잘 안 된다. 유행하는 이미지이지만 뜬금없다고 여겨지거나 자기의 소중한 역사가 무시당한다고 생각할 때는 더 그렇다.

문화 예술 행사가 문화 예술 중심 장소 마케팅과 도시 재생을 위한 훌륭한 마케팅 장치일 수 있을지 몰라도 많은 사례 연구에서 문화 축제를 조직하는 주요 행위자, 대개 정부는 이런저런 비판을 받았다. 시 정부는 그 도시의 생존력과 품위를 높일 이미지를 추구하고 싶어하지만 시민들은 자기 삶에 어떤 연관이 있는지 모를 때가 많았다.

광주에서 나온 주된 비판은 문화 도구화와 도시 상품화였다. 서구 사례를 보면 장소 마케팅을 이끄는 주체에 기업이 많아 상품화는 어느 정도 예견됐다. 광주 사례에서는 관료들이 문화를 도구로 여겼다. 공무원들은 광주비엔날레를 성공적으로 치러야 광주가 발전한다고 믿었고, 문화 도구화를 구태여 숨기지도 않았다. 5·18의 역사를 자랑스러워하는 진보적 시민들은 문화 도구화가 5·18이라는 도시 이미지를 벗어나는 데 목적이 있다고 의심했다.

문화 예술 행사를 하면 직접 영향을 받게 되는 시민들이 추진 과정에서 배제된 점도 비판받았다. 지역 문화 축제와 예술 행사가 공공 공간이 발전하는 데 이바지하는지, 창조적 방식으로 소통을 하게 하는지, 일상생활을 풍요롭게 하는지가 문제였다. 시민 참여는 상식적 규범이 됐지만, 대개 도시 정책을 결정하는 과정에서 지역 공동체나 개별 시민은 잘 참여하지 못하거나 무척 복잡한 과정을 겪는다. 지역 공동체 그룹이 참여하는 데 관심을 보여도 효율성 때문에 결국 제외하는 사례가 많다. 시민단체나 지역 공동체는 성장과 경제 효과에 강조점을 둔 도시 개발에 반대하고 단기적 경제 효과보다 문화적 가치와 공동체를 중시하기 때문이다. 문화 경제가 새로운 갈등을 일으켰다기보다는 시민사회와 관료의 차이를 드러낸 계기가 됐다. 관료와 시 정부가 한 결정에 시민사회는 비판만 하면 끝이었는데, 이제 도시 이미지, 예술 행사, 5·18 같은 주제들로 사업이 벌어지니 적극 참여해야 하는 상황이 됐다.

장소 마케팅에서 문화 축제가 이미지를 구축하는 도구로 쓰인다는 사실은 놀랍지 않지만, 문화가 지닌 가치를 인정한다고 여겨지는 행사와 문화를 도구화한다고 여겨지는 행사는 작은 차이 때문에 나뉘는 사례가 많다. 시민단체와 민중 미술가들은 광주에서 이런 행사가 열린다는 현실을 받아들일 시간 없이 군사 작전처럼 일 처리를 하는 비민주적인 모습에 기겁했다. 그래서 참여를 주저하며 거리를 뒀다.

준비 과정에서 드러난 문제 때문에 광주는 도시 이미지가 전환되는 효과를 보기 전에 저항과 비판에 직면했다. 많은 사례에서 볼 수 있는 갈등이다. 이런 갈등이 흔하게 나타나는 이유는 도시의 역사와 문화에 의의를 두는 사람들과 경제 효과를 우선순위에 놓는 사람들은 평행선을 달리기 때문이다. 장소 마케팅 이벤트는 도시의 역사와 정체성을 지키려는 사람들이 벌이는 저항에 부딪혔고, 경쟁과 타협의 산물이 돼야 하는 단계에 들어갔다.

이 첫 단계에서 문화적 가치를 추구하는 사람들과 경제성장을 우선시하는 사람들이 만나 도시 이미지를 바꾸는 문화 전략을 정해야 했고, 심지어 같은 공간에서 일하면서 협업해야 했다. 이 사람들은 아주 자연스럽게 당황하고 싫어하고 충돌하는 모습을 보여줬다. 서로 다른 논리, 제도, 근거, 상징, 방법을 써서 비판했다. 동시에 갈등을 재빨리 봉합하는 적응적 선호와 합의를 발전시켜 문화 경제 정치가 진전할 수 있는 중요한 결과를 가져오기도 했다.

광주비엔날레가 시작된 과정과 변화한 모습은 경제 성장과 도시의 문화적 정체성이 결합하는 문화 경제 정치에서 중요한 함의를 지닌다. 많은 사람이 공유한 슬픈 기억이 예술에 가려지고 억지로 대체되는 현실은 시민들이 지지하기 힘들다는 점, 상처받은 도시가 슬픔 관광을 발전시키는 선택은 불가피하면서 현실적인 일이라는 점 말이다. 또한 문화와 경제를 통합할 때 문화는 경제를 자극하는 동시에 고유의 가치를 유지해야 한다는 점, 집단 기억에 관련된 구성 요소는 존중받아야 한다는 점 말이다.

8장

문화 전략이 만난 저항과 대안, 타협
안티비엔날레와 5·18

안티비엔날레와 망월동

안티광주비엔날레는 도시 정부가 감행한 벼락치기 장소 마케팅에 반발하는 시민들이 대안을 제시하고 재협상하는 과정을 보여주는 사례다. 광주전남미술인공동체(광미공)를 비롯한 민중 미술가와 시민사회 성원들은 광주 정신을 상품화한 광주비엔날레에 반대한다는 의견을 내걸고 안티광주비엔날레를 조직했다. 안티광주비엔날레를 이끈 사람 중 한 명은 이런 말을 했다.

> 우리 말을 듣지 않아서 너무 좌절했습니다. 우리는 전시회뿐만 아니라 광주비엔날레가 조직된 방법에도 이바지하기를 원했어요. 그런데 우리에게는 여지가 없었습니다. 더군다나 광주이기 때문에 망월동 묘지를 외부 관람객들에게 보여주고 설명해야 한다고 생각했어요. 그래서 우리는 안티광주비엔날레를 조직했습니다.
> ― 지역 예술가, 1997년 10월 18일

안티비엔날레는 비판에 그치지 않고 대안을 제시하려는 움직임이었다. 안티비엔날레는 전시장 자체가 작품이었다. 광주의 민중 미술가와 시민사회 성원들은 외부에서 올 관람객들에게 망월동 묘지를 보여주고 설명하고 싶었다. 광주비엔날레가 예술에 기반해 새로운 도시 브랜드를 가시화한 반면, 안티비엔날레는 5·18의 기억을 기반으로 한 장소 만들기를 시작했다.

안티비엔날레는 광주 정체성에 관련된 장소를 보여주고 싶어서 망월동 묘지를 전시장으로 정했다. 망월동은 5·18 때 사망한 137명이 묻힌 곳이었다. 피해자를 제대로 묻을 수도 없어서 손수레와 쓰레기 트럭에 싣고 왔다. 망월동은 군사 독재에 맞선 저항의 상징이자 인권 탄압을 증언하는 장소였다. 안티비엔날레는 전시장 선정을 통해 망월동이라는 장소가 지닌 중요성을 부각했다.

안티비엔날레 활동이 주목받기 전에는 중앙 정부가 망월동 묘지처럼 5·18에 관련된 역사적 장소를 무시하거나 거부한 사실에 주목해야 한다. 1980년대와 1990년대에 망월동은 전두환과 노태우 군사 정부에 도전한 민주화 세력이 민주주의 순례를 하는 장소였다. 전두환 정부는 망월동이 민주주의 성지로 알려질까 염려해 반정부 성향을 지니고 있거나 극단적 반정부 성향으로 분류된 피해자 가족들을 감시했고, 다른 가족들에게는 묘지를 이장하는데 동의하라고 압력을 넣었다.

김영삼 정부는 1994년 광주광역시 북구 운정동 5만여 평 대지에 국립5·18민주묘지를 착공했다. '신묘역'으로 불리는 공식 묘지가 건립되면서 5·18의 기억을 없애려는 시도는 실패했다. 신묘역은 1997년에 완공됐고, 망월동 구묘역도 민주주의 성지로 남게

안티비엔날레 설치 미술 작품 〈만장〉 관람객을 안내하듯 묘지로 가는 길에 펄럭이는 가로 0.5미 터에 세로 3.5미터짜리 만장 1200개를 세웠다.

됐다. 정부는 마침내 5·18이 폭동이 아니라 민주화 운동이라는 역사적 사실을 인정했고, 망월동 묘지를 방치한다는 비판을 받아들여 광주, 망월동, 5·18이 밀접히 연결된 사실을 공식화했다.

안티비엔날레는 그런 사실을 분명히 강조했다. 5·18 희생자들이 묻힌 묘지에서 여는 대안적 행사는 장소성을 살린 의미 있는 발상이었다. 묘지 이미지와 안티비엔날레 이미지가 결합된 전시에서 1980년의 기억은 문화적 자산이 됐다. 무덤은 마치 전시의 일부처럼 보였고, 민주주의와 예술의 원칙이 적절히 결합한 분위기를 만들어냈다. 작품은 대부분 독재 비판, 사회적 불의에 관한 풍자, 통일을 향한 희망을 표현했다. 설치 미술 작품 〈만장〉이 특히 깊은 인상을 남겼다. 관람객을 안내하듯 묘지로 가는 길에 펄럭이는 가로 0.5미터에 세로 3.5미터짜리 만장 1200개를 세웠다.

많이 사람이 안티비엔날레에 느끼는 친근감, 5·18에 관한 자부심, 광주비엔날레에 느끼는 어색함과 뿌듯함이 교차하는 반응을 보였다. 2회 광주비엔날레에서 '통일미술제'라는 이름으로 열린 망월동 전시회를 관람한 한 피면담자는 말했다.

전 광주에서 태어났고, 이런 작품들은 저한테 아주 익숙해요. 어둡게 보일지 모르지만, 우리가 역사를 만들었다는 사실을 자랑스럽게 생각합니다. 또 광주비엔날레 전시에도 갔는데요. 솔직히 좋긴 했는데 이해하기 어려웠어요. 그래도 저는 우리 도시에서 국제 행사 하는 게 좋습니다.

— 시민단체, 1997년 10월 2일

안티비엔날레가 열리자 사람들은 내용과 관점이 다른 두 비엔날레를 비교하기도 했다. '어린이가 실수로 쓰레기라고 부르고 그것이 예술 작품임을 알 필요가 있다'(《미디어오늘》 1995년 10월 4일)는 말처럼 현대 미술이 낯선 탓에 광주비엔날레가 거둔 예술적 성과를 낮잡는 평가도 나왔다. 반면 안티비엔날레는 관람객에게 더 쉽게 다가갔다. 안티비엔날레는 현대 미술이 엘리트주의 예술이라고 생각하는 평범한 시민들을 대변했다. 안티비엔날레는 25일 동안 관람객 20만여 명을 끌어 모아 광주비엔날레에서 가장 인기를 끈 전시가 됐다(《한겨레신문》 1995년 10월 14일). 비판 정신을 핵심으로 한 현대 미술전인 비엔날레의 정신에도 맞고 관람객들도 흥미로워했으며, 시 정부가 중시한 관람객 수에서도 성공을 거둔 행사였다.

광주비엔날레와 안티비엔날레 사례는 국제 예술 행사를 열어 비극적 기억을 대체하고 도시 이미지를 바꾸려는 시도가 도시 정치에서 갈등을 일으킬 수 있다는 사실을 보여준다. 도시 정부와 지역 엘리트들은 문화와 예술을 경제 발전의 도구로 바라봤지만, 광미공을 비롯한 지역 예술가와 시민단체는 5·18의 역사적 기억에서 동떨어지지 않는 도시 정체성을 중요하게 생각했다. 경제 집단에 속한 관료, 학자, 전문가들은 문화체육부에서 공식으로 인정받고 재정을 지원받는 광주비엔날레를 준비했고, 문화 집단 행위자들은 비판과 대안을 제시하는 안티비엔날레를 열었다.

안티비엔날레가 통합된 까닭

안티비엔날레는 1회 때는 광주비엔날레 외곽에서 비판과 대안으로 자리하다가 2회 때는 광주비엔날레에 통합됐다. 안티비엔날레가 광주비엔날레보다 훨씬 더 성공하자 광주시는 안티비엔날레를 통일미술제라는 특별전 형태로 광주비엔날레에 끌어들였다. 1997년 안티비엔날레 예술감독인 최민을 2회 광주비엔날레 예술감독으로 임명하기도 했다.

광주비엔날레에 쏟아진 비판과 안티비엔날레가 누린 인기를 생각하면 통합은 놀라운 소식이었다. 광미공과 광주비엔날레 사이의 갈등은 어떻게 빠르고 쉽게 봉합됐을까?

안티비엔날레를 준비한 사람들이 비판한 광주비엔날레의 문제점은 2회 때도 계속되고 있었다. 2회 광주비엔날레에서 만난 여러 사람이 통일미술제 이야기를 기쁘게 하기보다는 안티비엔날레가 단 한 번 열리고 없어지는 상황을 안타까워했다. 그럼 왜 그렇게 빨리 안티비엔날레를 그만뒀을까? 나는 궁금했다.

다양한 생각들 속에 공통된 목표가 있었다. 광주비엔날레를 찬성하거나 반대하거나 상관없이, 시민단체 사람들이나 시 정부 사람들은 '광주를 위해 광주비엔날레가 성공해야 한다'는 열망을 공유했다. 공무원, 시민단체 성원, 예술가, 지식인 등 모든 사람이 마찬가지였다. 심지어 생각이 아주 다른 정치인들과 예술가들도 광주비엔날레가 실패할까 봐 걱정하는 마음은 똑같았다. 광주비엔날레를 가장 회의적으로 평가한 피면담자들도 끝에는 성공을 바랐다. 안티비엔날레에 몰린 관람객을 끌어들이면 광주비엔날레가 성공하는 데 이바지할 수 있다고 했다. 안티비엔날레 통합을 정당화한 논리는 광주비엔날레의 성공이었다.

우리가 타협을 너무 쉽게 해서 기쁘지 않습니다. 그러나 우리가 뭘 할 수 있겠어요? 어쨌든 광주비엔날레는 성공해야 하니까요.

— 시민단체, 2006년 6월 20일

이 피면담자는 타협을 인정하는 어색한 태도와 결과적으로 광주비엔날레가 성공하는 데 이바지한 기쁨을 드러내는 웃음을 보여줬다. 김영삼 정부가 광주에 준 기회인 광주비엔날레가 소중하다고 했다. 광주의 미래를 오랜 기간 많은 사람이 걱정했으며, 5·18이 정당성을 인정받은 지금도 상황을 개선할 기회를 놓치면 안 된다고 대부분의 피면담자들은 말했다.

안티비엔날레의 모든 구성원이 통합에 쉽게 동의하지는 않았다. 타협에 비판적인 사람들도 있었다.

우리가 너무 쉽게 포기하고 타협한 것은 잘못되었습니다. 안티 광주
비엔날레의 전통을 이어가야 한다고 생각합니다. 그렇게 하면 광주
비엔날레에 더 크게 이바지할 수 있었습니다. 안티 광주비엔날레는
많은 청중을 끌어들입니다.
— 예술가, 1997년 10월 24일

이 말처럼 안티비엔날레는 계속 열리기만 하면 광주비엔날레
하고 함께 가치를 인정받을 수도 있었다. 몇몇 사람들은 안티비
엔날레가 거둔 성공을 중요한 권력 원천으로 삼아 저항의 지평을
넓혀야 한다고 주장했다. 그러나 안티비엔날레의 주요 행위자인
광미공은 진보적 예술가와 시민사회 성원이 성공적으로 참여하는
데 의의를 두기로 했다.

광주비엔날레가 갑자기 시작한 탓에 안티비엔날레도 갑자기
준비됐다. 광주비엔날레는 중앙 정부 재정을 지원받지만, 안티비
엔날레는 재정 기반이 없었다. 행사 운영에 필요한 재정을 마련하
고 자생력을 갖추려고 안티비엔날레는 많은 관람객을 확보했다.
광주비엔날레도 사정은 다르지 않았다. 안티비엔날레의 주요 행
위자들은 군사 정부의 압제 아래 보낸 시간을 예술적으로 해석하
는 문화적 전환을 고려하지 않은 채 참여와 후원을 강제하고 군
사 작전처럼 위계적으로 움직인 시 정부를 비판하면서도 관람객
확보가 중요한 현실을 부정하지는 않았다.

예술가이면서 광주비엔날레재단에서 일하던 피면담자는 입장
권 판매 문제에 관련해 시 정부가 세운 방침을 비판하면서도 약
간 다른 시각을 드러냈다.

이 방식이 이해가 안 되고 부끄럽습니다. …… 하지만 어떤 면에서 저는 광주 시민들이 스스로 자금을 지원하는 광주비엔날레를 가지고 있다는 사실에 자부심을 느낍니다. 민간 기구이기 때문에 입장권 판매는 광주비엔날레재단의 생존에 매우 중요합니다.

— 예술가/광주비엔날레재단 직원, 1997년 10월 15일

광주비엔날레재단의 재정적 독립은 중요한 과제였다. 광주비엔날레가 장기적으로 지속하려면 자생력이 중요했고, 자생력을 갖추는 데 입장권 판매가 핵심이라는 점은 모두 인정했다.

자생력이 안티비엔날레 통합에 연관됐을까? 결정적 이유는 두려움이었다. 광주비엔날레를 거세게 비판한 사람들도 막상 행사가 시작하자 한목소리로 잘되기를 바랐다. 앞길을 막는 비판으로 비칠까 봐 조심했고, 광주를 아끼고 광주비엔날레가 잘되기를 바라는 마음에서 하는 비판이라고 강조했다. 준비할 때는 열심히 비판하고 행사가 시작되면 잘되게 돕는 방식은 현실적 접근이었다.

타협의 핵심에는 외부 시선을 의식하는 태도도 있었다. 광주에 처음 찾아온 국가 주도 도시 개발 사업을 방해한다고 보는 시선이 두려웠다. 안티비엔날레가 광주비엔날레를 깎아내리고 드문 기회를 빼앗을까 봐 조심스러워했다. 안티광주비엔날레 참여자뿐 아니라 시민사회 성원들도 자기가 안티비엔날레에 동의한 사람으로 외부인(관람객)들에게 비칠까 봐 걱정했다.

경제 성장 때문에 가치관을 타협하는 태도는 도시 재생 프로젝트 전체에 걸쳐 주요 행위자가 내린 결정에 영향을 미쳤고, 계속되는 갈등을 완화하는 구실을 했다. 이 타협이 바로 적응적 선

호다. 이해관계가 다르지만 협력하는 협력적 갈등 상황에서 주로 발전하는 적응적 선호는 갈등 속에서도 일이 진척되는 데 큰 구실을 한다. 달리 어떻게 할 수 있겠냐는 상황 이해에서 오는 타협이자 전체 이익을 위해 기꺼이 선호를 수정하는 희생이다.

적응 선호의 배경으로 오랫동안 억눌린 도시 성장 욕구를 꼽을 수 있다. 비엔날레를 유치하기 전 광주는 경제 성장에서 소외된 불안과 불만이 가득찼다. 다른 도시에 견줘 산업 시설, 대중교통, 도시 인프라가 눈에 띄게 부족했다. 광주는 서구 도시들처럼 산업 쇠퇴를 겪지 않은 곳이었다. 광주가 시도한 장소 마케팅은 구조 조정을 돕는 전략이 아니라 그동안 광주를 소외시킨 국가, 기업, 다른 지역 사람들에게 지원받고 인정받을 수단이었다.

안티비엔날레 때문에 균열이 생기기는 했지만, 결과적으로 안티비엔날레가 광주비엔날레에 긍정적 변화를 일으키고 비판적 성격을 더했다. 광미공이 연 안티비엔날레는 광주가 품은 경제 성장 열망뿐 아니라 광주 정신이 지닌 잠재력도 보여주었다. 광주비엔날레와 안티비엔날레의 통합과 공동 주최를 받아들인 바탕에는 자기 지역을 향한 사랑과 자부심이 깔려 있었다.

1997년 2회 광주비엔날레는 '광주의 정체성'과 '문화 정치'가 정식 주제가 됐다. 통일미술제는 광주비엔날레로 들어온 안티비엔날레였다. 한 피면담자는 안티비엔날레가 광주에 맞선 안티가 아니라 광주의 역사와 정체성을 무시하는 광주비엔날레에 맞선 안티라고 강조했다. 안티비엔날레는 안티 '광주'비엔날레가 아닌 광주 안티'비엔날레'였다.

안티비엔날레가 통합되면서 전시 내용도 바뀌었다. 시 정부와 몇몇 예술가는 광주비엔날레를 계기로 완전히 새로운 도시 이미지를 보여주려 했지만, 시민단체와 진보적 학자, 지역 예술가들은 '저항'이라는 도시 이미지를 보존하고 확대해 '민주주의와 정의'라는 도시 이미지로 나아가기를 바랐다. 민주화 정신과 독재에 맞선 저항 등 '5월 정신'을 반영하고 역사를 재해석할 수 있는 공간이 돼야 한다는 주장이었다. 그렇게 해서 비판적이고 정치적인 메시지가 더 직접적으로 드러난 작품들이 전시에 포함됐다.

광주비엔날레를 둘러싼 갈등과 통합은 정치적으로 억압받고 경제적으로 소외된 도시, 대충 서로 알고 지내는 도시, 국가 지원 행사 같은 구체적 맥락에서 경제와 문화가 얽혀 있는 모습을 보여주는 사례다. 경제 영역과 문화 영역이 따로 있다가 경계가 무너지면서 새로운 영역 만들기가 일어난다. 경계를 빠르게 없애면서 광주비엔날레가 시작됐고, 안티비엔날레는 다시 문화의 영역을 확장했으며, 이 둘이 통합되면서 새로운 경계가 형성됐다.

구체적으로 보면 광주비엔날레 사례는 문화 예술 행사의 성공, 더 정확히 말해 경제적 성공만 생각하는 시 정부를 문화적 가치와 도시 정체성을 중시하는 예술가들이 비판한 뒤 타협점을 찾는 과정이었다. 안티비엔날레 감독이 광주비엔날레 예술감독이 된 일은 비제도권 인사가 제도권에 들어간 사건 같기도 하고, 안티비엔날레가 거둔 성공을 보여준 증거 같기도 하며, 광미공의 의지를 존중하면서 광주 정체성을 재고하려는 노력 같으면서, 둘 다 유연한 태도를 취한 사례 같기도 하다.

안티비엔날레는 한 번만 열리고 광주비엔날레에 통합되지만 여진은 계속되고 있다. 2018년 12회 광주비엔날레 때는 23년 전

안티비엔날레가 다시 소환됐다. '상상된 경계들'을 주제로 분단과 전쟁 같은 7개 주제관을 설치했다. '5·18 기획전'도 있었다. '생존의 기술 — 집결하기, 지속하기, 변화하기'에서는 1995년 안티비엔날레 때 쓴 만장 1200개 중 59점이 다시 걸렸다.

안티비엔날레처럼 저항과 대안을 내세운 흐름이 통합되는 모습은 그 뒤에도 이어진 도시 정치 역동성의 시작이었다. 다른 가치와 행위자들이 계속 충돌만 하지는 않는다는 사실을 보여준 사례이기도 했다. 문화 경제의 역학은 도시 성장에 관한 관심과 도시 정체성에 관한 관심이 때로는 충돌하고 때로는 통합하는 과정을 거치면서 전시회 내용과 준비 과정에 영향을 끼쳤다. 결과를 보면 긍정적이지만 준비 과정에서 드러난 문제는 여전했다. 시민 단체와 문화 집단 행위자들은 독재에 맞선 저항 의식과 민주주의를 도시 이미지로 강조하기를 바랐다. 그러나 도시 엘리트들은 민주주의보다 더 인류 보편적 가치를 지향해야 한다고 생각했다.

통합 과정에서 나타난 변화는 문화와 경제를 나누는 견고한 경계가 무너지고 새롭게 영토를 구획하는 역동적 과정, 도시 성장 담론과 장소 기억 담론 사이의 타협을 보여주는 좋은 사례다. 애초 문화 경제라는 말이 기성 영토가 해체되고 재영토화되는 과정을 뜻하지만, 행위자 차원에서는 해체, 통합, 재분열을 포함한다.

광주비엔날레와 중소 도시의 네트워크

도시 개발 프로젝트는 도시의 권력 구조를 보여주는 거울이다. 그런 프로젝트는 도시 권력 구조를 재구성한다. 광주비엔날레 사례를 통해 광주의 권력 구조가 나타났고, 이 행사를 치르며 도시 권력 구조가 재구성됐다. 국가 권력이 광주라는 지역에서 나타나는 구체적 맥락도 중요하다. 광주비엔날레는 주요 행위자들이 자기가 추구하는 도시의 목표와 이미지를 적극 지지하면서 입지를 다지려는 장이었다. 도시를 둘러싼 이해관계자들이 충돌하고 타협하는 공간이었다. 또한 중앙 정부 엘리트들하고 맺는 관계가 이런 권력 구조에서 중요하게 작용한다는 사실을 보여준 계기였다.

광주비엔날레가 시작된 1990년대에는 미디어가 광주 내부에서 일어난 갈등을 자주 이야깃거리로 삼았다. 어느 도시나 그 도시를 움직이는 권력을 지닌 주요 행위자가 있다. 관료 중심일 수도 있고, 성장 레짐이나 성장 연합일 수도 있고, 다양한 이해관계자들이 느슨하게 얽힌 도시 거버넌스일 수도 있다.

광주의 지역 엘리트는 크게 두 집단으로 나뉘었다. 하나는 중앙 정부가 임명한 관료를 포함한 보수적 집단이고, 다른 하나는 시민이 선거로 뽑은 정치인과 몇몇 영향력 있는 시민단체를 포함한 진보적 집단이었다. 도시 정치에서 내부 갈등은 흔하게 일어나지만, 광주는 다른 도시에 견줘 5·18이나 다른 정치 운동에 관련된 단체를 포함한 여러 시민단체가 큰 영향력을 지닌 편이었다.

문화 경제에서 경험한 광주 안 권력 관계

문화 경제 정치는 주요 행위자의 권력 관계를 반영하며, 권력 관계는 문화 경제 정치를 통해 변화한다. 광주 내부의 권력 구조는 장소 만들기에 개입하는 지역 행위자들에게는 새삼스럽지 않았지만, 문화 경제가 다양한 행위자를 흡수하는 경향이 있다 보니 권력 구조가 선명하게 드러나는 효과를 일으켰다.

문화가 경제의 도구로 이용되거나 문화 본연의 가치를 중시해 도시 경제가 우선순위에서 밀려나는 결정은 예산 책정과 인력 채용을 결정할 권한을 지닌 행위자의 특성에 달려 있다. 이를테면 경제 집단이 주도하는 장소 마케팅은 대부분 상업적 매력을 강조한다. 상품이 된 문화가 행사에서 인기 아이템이 돼 상업화에 이바지하는 식이다. 반면 문화 집단이 주도하는 장소 마케팅이나 도시 재생은 문화 예술의 가치를 높이는 목표를 우선시할 가능성이 크다. 추구하는 목표에 따라 엘리트 문화가 될 수도 있고 시민 참여 문화가 될 수도 있다.

경제 논리가 지배적인 문화 경제를 통한 도시 개발 프로젝트 사례를 보면, 대부분 민간 기업과 국가가 주도하는 구조여서 시민 사회는 배제되고 정부나 민간 기업의 경제 논리가 장악하게 된다. 시민사회는 잡음을 약간 일으키는 정도로 저항하고, 경제를 위해 문화를 도구화하는 형태의 문화 경제가 나타난다. 서구 사례가 대부분 이런 식이어서 자본주의적 논리를 보여준다는 비판이 일었다. 한국을 비롯한 동아시아 발전 국가들은 정부가 통계를 동원해 경제 성장 논리를 펴거나 국가 간 순위의 중요성을 강조한 결과 문화 경제 행사와 장소 만들기는 관료적이고 위계적으로 진행되기 일쑤였다.

광주 사례에서도 문화 집단 행위자들은 그런 문제점을 잘 알고 있었다. 특히 박광태 시장(2002년부터 2010년까지 재직)이 이끈 권위적이고 강력한 시 정부에 매우 비판적이었다. 6회 광주비엔날레가 열릴 무렵 시 정부에 관해 물어보면 문화 집단 행위자들은 표정이 굳거나 말하기를 주저했다.

광주시장? 흠……. 희망이 없지요. 시장은 광주비엔날레와 도시 재생을 위계적이고 권위 있는 분위기로 주도하는 가장 강력한 세력입니다. 아마 외부에서 보면 민주주의가 자연스럽게 광주에 있을 거라고 생각할 거예요. 여전히 권력 체계를 의식하고 참여 민주주의에 대해 사람들 기대가 높았지만, 도시 정부와 보수적인 엘리트들은 일을 투명하게 하지 않았습니다. 도시의 지휘 체계가 정말 보수적이고 하향식인 시장이 당선되면서 더 강화되었습니다.
— 시민단체, 2006년 6월 16일

인터뷰한 시민단체 성원은 대부분 광주비엔날레의 위계적 문화와 문화를 도구로 보는 시각을 안타까워했다. 시장과 지방 정부가 경제 성장을 목표로 광주비엔날레를 적극 추진하는 현상은 늘 나타났고, 문화 집단에 속한 시민단체 회원과 진보적 문화 예술인들은 행사가 성공하기를 바라는 마음에 강하게 저항하기 힘들었다. 그런데도 비판하는 목소리가 좀더 높아진 이유는 시장이 보여준 권위적이고 공격적인 업무 추진 방식이었다. 다른 도시 개발 프로젝트라면 강한 추진력이 거부감은커녕 칭찬을 들을 수도 있었지만, 문화적 감수성이 필요한 문화 전략에서 태도는 그것 자체로 강한 메시지였다.

피면담자들은 시장이 광주비엔날레를 자기를 위한 행사로 만들었다고 비판했다. 첫째, 시장이 직접 간섭하는 편이었다. 광주비엔날레는 형식상 독립된 재단이 운영하는데, 광주시장이 재단 이사장이기 때문에 네트워크를 통해 중요한 의사 결정을 할 수 있었다. 주요 인사 두 명 중 하나인 예술감독은 지역 엘리트와 시장이 추천한 뒤 이사장인 시장이 채용했다. 둘째, 시장은 위계적 네트워크를 통해 토론 없이 정치적으로 결정을 내렸다. 광주비엔날레재단에서 일한 피면담자에 따르면 한 공무원 출신 직원이 시장에게 직원들 동향을 보고했다. 시장이 눈에 보이지 않아도 스스로 행동을 제한하는 분위기가 조성됐다.

> 시장은 우리를 통해 멀리서 관찰합니다. 광주비엔날레 이사와 감독은 시장이 지켜보고 있다는 느낌으로 모든 걸 하는 겁니다.
> ─ 공무원/광주비엔날레재단 직원, 2006년 6월 19일

준비 과정에서 시 정부가 보인 하향식이고 권위적인 태도를 향한 비판은 광주비엔날레 초기하고 비슷했지만, 문화 집단 행위자들은 그때보다 더 불만을 느낀 듯했다. 시민단체 사람들은 시장 개인의 성향을 보면 아무리 비판해도 광주비엔날레가 바뀔 리 없다고 말했다.

나는 2006년 6회 광주비엔날레 개막식에 참석했다. 말로 듣던 권위적 태도가 쉽게 눈에 띄었다. 박광태 시장은 공식 환영사에서 자기가 비엔날레 직원을 혼낸 적 있다고 했다. 직원을 아이처럼 대한 행동을 자기가 행사를 잘 챙긴 사례라며 자랑했다.

시민단체 사람들은 시 정부(시장)가 시민단체를 행사 인력으로 대할 뿐 진지한 동반자로 보지 않는다며 비판했다.

저는 광주시의 간섭과 지배가 도시 문화와 우리의 역사에 관심이 있는 시민사회 구성원과 광주의 경제적 이익에 초점을 둔 관료 간의 갈등의 진정한 원인이라고 생각합니다. 시 관료들은 광주비엔날레를 그저 도구로 봤습니다. 중앙 정부는 직접 관여하지는 않고 도시 정부를 통해 영향을 행사했고요.
— 시민단체/광주비엔날레재단 직원, 2006년 6월 15일

중앙 정부는 멀리 떨어져 있지만 여전히 영향력을 발휘한다고 여겨졌다. 2006년 총예산 95억 원 중 40억 원을 지원하는 '큰손'이었다. 문화관광부는 재정은 지원하되 내용에는 거리를 뒀다. 다른 도시라면 좀더 적극적으로 개입하겠지만, 광주와 국가 사이의 불편한 관계를 의식하면서 논쟁이 벌어질 때는 신중하게 접근했다.

이질적 행위자들이 들어와 짧은 시간 동안 균형이 잡힌 듯 보였지만, 불안한 휴전은 곧 깨졌다. 시민단체 출신 인사들이 움직일 공간은 점점 줄어들었다.

힘이 거의 없는 시민사회 조직은 운동을 시작할 수는 있습니다. 하지만 시간이 지남에 따라 시장은 광주비엔날레의 시민사회 직원 수를 점진적으로 줄였고, 시민사회에서 할 수 있는 일은 없었습니다.
— 시민단체/광주비엔날레재단 직원, 2006년 6월 15일

2000년에 비판적 예술가와 시민사회 직원 여섯 명이 부당하게 해고된 일이 벌어지자 시장실 점거 같은 방식으로 정치적 의사를 표현하기도 했지만(이 책 9장 참조), 불투명한 환경 아래 도시 정부가

저지른 부조리를 하나하나 따지기는 힘들었다. 많은 사람이 시민
사회가 제한된 권력만 지닌 현실을 안타까워했다.

6회 광주비엔날레는 예술가들에게 최소한의 자율성만 허용했어요.
그 관료들은 뱀파이어 같은 사람들이에요. 그 사람들은 시장을 기쁘
게 하려고 예술가들을 착취했습니다.
— 시민단체, 2006년 6월 21일

행정 주도성, 한국적 권위주의, 군대식 행정은 광주비엔날레가
시작할 때는 짧은 시간에 준비를 마칠 수 있게 한 힘이었지만, 회
를 거듭할수록 점점 더 심해지면서 예술을 도구화하는 원인이자
행사 자체의 한계로 꼽혔다.

문화 전략 속 권력, 네트워킹, 타협

얽힌 인맥과 도시 권력 구조

관료와 시민단체라는 두 집단에 공통된 요소는 내부 인맥이었다. 강하게 얽힌 사회적 유대는 중소 규모 도시가 지닌 특성이었다. 그 네트워크가 권력 구조에 미치는 영향력이 컸다. 광주는 대도시라고 하지만 인구가 150만 명 정도로 인천의 절반이다. 두 집단은 도시와 사회 문제를 바라보는 시각과 해결책으로 제시하는 방법에서 차이가 컸지만, 인맥은 얽혀 있었다. 지역 정서상 지역 사회 인맥이 중요해서 친구, 친척, 동창, 이전 동료의 친구 등이 연결됐다. 도시 정치가 권력 구조보다 복잡하게 되는 이유였고, 행위자를 눈여겨봐야 하는 근거였다. 인맥은 행위자가 내세운 논리와 의견뿐 아니라 하위문화와 개인 특성에도 영향을 미쳤다.

처음에 나는 이런 관계를 인터뷰에 영향을 끼치는 특성 정도로 생각했다. 면담을 부탁받거나 면담을 한 사람들이 대부분 말을 무척 조심했고, 다른 사람들에게 자기가 한 말을 누설하지 않는다는 약속을 중요하게 여겼다. 나중에는 인맥이 이 권력 구조에서 핵심적인 구실을 한다는 사실을 깨달았다. 인터뷰 중에는 이 좁은 세계가 끼치는 영향이 여러 차례 언급됐다. 시 정부와 5·18 단체를 신랄하게 비판하던 한 피면담자는 말했다.

> 광주에서 나쁜 일 못 해요. 이 도시는 좁은 세계거든요. 사람들은 서로 알아요. 친구이거나 친구의 친구, 또는 친척, 그렇게 다 엮어져 있어요. 그래서 어떤 일을 하기 전에 다른 사람들이 나에 대해 어떻게 생각할 것인지 생각해야 해요. 또 그 네트워크 때문에 일이 일어나요. 학생[대학원생이던 연구자]이 광주 출신이고, 이 인터뷰가 비밀이 아니었다면, 소문나고 뭐라고 할까 봐 인터뷰 안 했을 겁니다.
> — 시민단체, 1997년 10월 25일

좁은 지역 사회에서 명성을 형성하는 소문과 이미지를 염려해서 여러 사람이 인터뷰를 피하거나 막상 하면서도 무척 조심했다. 피면담자들은 종종 다른 피면담자에 관해 물어봤다. 내가 연구 윤리상 다른 피면담자가 한 말을 옮길 수 없다고 하면 오히려 안심했다. 자기가 한 이야기도 이 네트워크에 전달되지 않기를 바라기 때문이었다.

개인적 관계와 대면 만남은 공식적인 것도 개인적인 것으로 만들어서 개인적인 것도 공식적인 것에 영향을 끼치게 된다. 한국 문화는 안 그래도 좀 친해지면 형님 삼고 아우 삼는 특성이 있는데, 오랫동안 이어진 관계는 공식적 협상과 계약 과정에 비공식적 정보를 더하는 식으로 협치 형성에 영향을 끼쳤다.

이런 특성은 문화 예술 주도 도시 개발 전략에서도 당연히 나타났다. 더군다나 문화 경제는 지역 맥락에서 다양한 가치와 행위자들이 교차하는 플랫폼 형태이기 때문에 공식적 논의뿐 아니라 비공식 정보 교환도 중요했다. 앞에서 말한 대로 행위자들은 대부분 문화 경제가 지닌 통합적인 장점에 동의하지만 예산과 인력 배치의 우선순위를 결정해야 하는 상황이 되면 문화나 경제 중에서 무엇을 조금이라도 더 중요하게 여기는지 선택할 수밖에 없다. 이런 갈등이 벌어질 때 반대편 사람하고 개인적 관계가 있으면 더 큰 갈등을 막고 통합되는 데 도움이 된다. 반면 내부 사람들끼리 무척 가까운 관계이면 단합이 잘되기 때문에 외부에서 일어나는 작은 갈등도 크게 번질 수 있다.

대면 접촉을 통해 친밀감이 형성되고 관계가 발전하면 거버넌스 내부의 권력 관계가 사라지기도 한다. 뜻이 같은 외부자가 갈등 상황에 놓인 내부자보다 더 불리할 수도 있다. 아는 처지에 너무 심하게 대할 수 없다는 온정주의가 작동해 관계가 재정비되기도 한다. 갈등하거나 경쟁하더라도 개인적 관계는 예외적 틈새를 만든다. 결국 개인적 관계가 타협과 적응적 선호를 형성하는 데 중요한 구실을 한다. 꼭 친구 사이처럼 친밀하지 않아도, 설사 적대적이어도 오랜 시간 알고 지낸 사이라는 사실은 행위자들이 관계를 맺는 데 도움이 된다. 타협하고 적응하게 만들기 때문이다.

서울에서 온 사람들 ― 지방 도시에서 국가 행사를 할 때

광주비엔날레를 둘러싼 도시 내부의 권력 구조에서는 중앙 정부하고 맺는 관계가 핵심이었다. 또한 1990년대에는 광주가 받는 소외, 지역주의가 끼치는 부정적 영향, 중앙 정부와 광주 사이의 갈등에 주목했다. 중앙 정부가 큰 권력을 행사하는 국가에서는 중앙과 지역의 관계가 중요하다. 이 둘은 광주비엔날레에서 드러나는 권력 구조의 중요 특징이다. 도시 내부의 구조는 물론 내부와 외부의 갈등 양상을 모두 살펴야 한다.

중앙과 지방의 관계에서 중앙이 권력의 우위에 있는 상황은 예상하기 쉽지만, 광주에서 치르는 국제 행사라면 어떨까? 광주 사례에서 특이한 점은 중앙 정부가 보인 조심스러운 태도였다. 문화 예술 분야에서 지원은 하되 간섭하지 않는 방식이 선진국형이라는 인식이 높아지던 때였다. 더군다나 5·18을 보상하는 측면까지 있어서 중앙 정부는 광주 행위자들이 내린 결정에 섣불리 개입하지 않으려 했다.

김영삼 정부는 서울에서 활동하는 전문가와 공무원을 내려보냈다. 서울은 재정과 예술 작품 선정을 맡았다. 지역 예술가, 시민단체, 공무원이 국제 예술가와 큐레이터들하고 협력해 국제 미술 전시회를 여는 일은 처음이었다. 1회와 2회 때 광주비엔날레재단 이사장은 광주시장이었지만, 문화체육부를 비롯한 관련 부처들이 중앙지원협의회와 중앙홍보지원협의회를 구성해 아시아에서 처음 열리는 비엔날레를 지원했다. 임영방 국립현대미술관 관장이 1회 광주비엔날레 조직위원장을 맡으면서 핵심 인력들이 서울에서 내려왔고, 문화체육부는 큐레이터 등을 포함해 전문성을 지닌 직원들을 파견했다. 그렇지만 어쨌든 중앙 정부 소속이었고, 대체로 유학을 다녀와 서울에 자리잡은 사람들이었다. 서울에서 온 사람들을 대하는 광주 행위자들은 마음이 복잡했다.

전 광주비엔날레가 중앙 정부 인사들의 식민지 프로젝트가 될 거라고 봅니다.

— 예술가, 2006년 8월 20일

중앙 정부의 지원을 회의적으로 보는 시각은 공통됐다. 단번에 말하지는 않아도 미적거리는 태도로 이런 의심을 드러냈다.

공무원과 시민단체 성원들은 서울에서 내려온 행위자들이 자기 경력과 국제 네트워크를 쌓는 데에만 열중할 뿐 중요한 지역 문제는 전혀 신경을 쓰지 않는다고 말했다. 광주 상황과 지역의 요구에 관계없이 목적을 달성하고 서울로 돌아가는 데 몰두할 뿐이라는 비판이었다. 예술감독, 관료, 지식인 등 서울에서 잠깐 내려온 사람들을 대상으로 한 말이었지만, 지방 도시에 무관심한 중앙 정부를 향해 하는 이야기이기도 했다. 서울 대 지방 구도를 지켜보고 경험하면서 이해한 두려움에 관한 이야기였다.

서울은 항상 지방 도시로부터 이익을 취해왔잖아요. 광주비엔날레는 지방 도시의 진정한 노력을 이용하여 서울 사람들이 이익을 얻는 또 하나의 사례가 될 겁니다.

— 시민단체, 2006년 8월 19일

두려움을 불러일으킨 원인은 두 가지였다. 첫째, 부정적 지역주의가 끼친 영향이다. 일반적으로 지역주의란 전라도와 경상도 사이에 나타난다고 여겨졌지만, 피면담자들의 시선은 국가와 중앙, 곧 서울을 향하고 있었다. 지방 도시들 사이의 불평등이 아니라 '서울주의'가 문제였다. 자원, 인력, 지원이 서울과 수도권에 집중되면서 지역이 점점 더 소외된다는 생각이었다.

아, 우리는 경상도를 싫어하지 않습니다. 우리는 경상도에 관심이 없어요. 우리는 우리가 저항했다고 해서 경제 개발에서 광주를 고립시킨 국가의 잘못된 관리를 비난하는 겁니다.
— 광주비엔날레재단 직원, 1997년 10월 15일

대부분의 피면담자들은 경상도에 중립적이고 무관심했다. 국가 지원 도시 개발 프로젝트가 광주와 전라도에서 추진되지 않는다는 문제를 지적할 뿐이었다. 광주 사람들이 없어지기를 간절히 바란 지역주의란 지방 도시들 사이의 차별이 아니라 광주와 전라도를 고립시키는 국가 정책이었다. 서울에서 내려온 사람들은 광주를 무시하는 서울과 국가의 대리인이자 도시 성장 프로젝트의 장애물로 여겨졌다.

두려움을 불러일으킨 둘째 원인은 국가 정책이 바뀔 가능성이다. 피면담자들은 국가 정책이 바뀌어 지방 도시가 크게 타격을 입은 사례가 많다고 걱정했다. 그런 염려 때문에 의견이 다를 때도 일단 국가가 주도하는 상황에 타협하고 적응했다. 광주 행위자들은 재정적 자립과 정치적 독립을 바랐다. 1995년에 광주비엔날레재단을 설립해 다음부터는 서울과 중앙의 권력에 영향을 받지 않고 행사를 계획할 수 있게 했다. 재정 자립도 목표였다. 국제 행사는 해본 적 없지만 지역 예술가, 공무원, 시민단체는 서울 엘리트들이 하던 일을 기꺼이 받아들였다.

광주비엔날레는 다양한 행위자가 협력해야 하는 공간이었다. 전통적 도시 개발 방식에서 문화 경제로 나아가는 전환은 주요 행위자들이 새로운 시스템과 새로운 파트너를 만난다는 뜻이었다. 한 도시 안에서 공공 부문, 기업, 시민사회에 속한 사람들이 만날 뿐 아니라 경험 많은 중앙 정부 전문가와 지역을 잘 이해하는 지역 전문가가 만났다. 서울 행위자들과 광주 행위자들 사이에 드러난 불편함은 중앙 권력과 지방 도시 사이의 긴장을 보여줬다. 현장에서 서울 엘리트들을 만나야 하는 광주 행위자들은 서울 사람들이 우월한 태도를 보인다고 말했다. 광주비엔날레 주요 행위자들 사이에는 권력 구조가 있다고 광주 지역 행위자들은 입을 모았다. 서울 사람들이 대개 상층이고 광주 사람들은 하층이라고 푸념했다. 서울 사람들은 광주의 역사와 지역적 맥락에 관심조차 없으며 광주 사람들에게 호의적이지도 않다고 지적했다.

새로운 상황이 불러온 어려움 때문에 행위자들은 새로운 대응 방식과 적응 방식이 필요해진다. 광주 공무원들은 예술 행사에 배치돼 비판적 예술가들을 직접 만나야 하는 현실을 상상하지 못했다. 민중 미술가들과 시민단체 사람들은 밖에서 자기가 비판하던 공무원들하고 같이 일해야 한다는 생각은 하지 못했다. 막연히 지방을 착취한다고 말하던 서울 사람들하고 협력해 일해야 한다는 생각도 해보지 않았다. 서울에서 내려온 전문가들도 남쪽 광주라는 도시에 가 국제 행사를 준비해야 하는 현실은 낯설었다.

지금도 국제 행사는 서울에 거의 집중돼 있다. 1990년대 말에는 서울 바깥에서 열린다는 사실만으로 미디어가 광주비엔날레에 관심을 많이 기울였다. 비엔날레가 열리는 장소가 서울이라면 상황이 다를 수 있었다. 광주는 국제 행사가 열리는 세계 도시가 아니라 더 관심을 받았고, 이런 상황이 광주 행위자들에게는 자부심이면서 부담인 듯했다.

부담은 어쩔 수 없는 현실 때문이었다. 현실적으로 광주가 국가 지원 없이 국제 행사를 열 수는 없었다. 개최 결정은 물론 개막 준비도 국가가 공식 지원하지 않으면 무리였다. 광주 행위자들은 경험과 지식이 부족하다는 현실은 인정하면서도 자율성이 중요하다고 강조했다. 광주 사람들은 서울에서 내려온 관료와 지식인들이 광주 발전에는 관심이 없고 적대적이라고 염려했다. 광주 정체성과 광주 정신을 고려하지 않은 채 문화 예술 주도 도시 성장에 맞춘 행사만 치른 뒤 떠나버린다고 비판했다. 광주 행위자들이 중앙 정부를 상대한 경험은 이런 생각을 강화했고, 굳어진 생각은 선입견이 돼 비슷한 경험으로 이어졌다.

서울에서 내려온 전문가들은 유학이나 취업을 하면서 쌓은 해외 네트워크가 있었고, 다국적 예술가들하고 협업한 경험도 많았다. '해외파'들은 국내 미술 시장만 아는 사람들이 국제 행사를 좌우하면 안 된다고 생각했다. 서울에서 내려온 전문가들 눈에 광주는 국제 전시회를 개최할 능력이 없는 도시였다. 세계화 시대에 국제 경험을 갖춘 사람들이 선두에 서야 한다고 확신했다. 광주가 국제 행사를 치른 경험이 전혀 없는데 광주 사람들 스스로 비엔날레를 준비하고 치를 수 있다는 생각은 너무 비현실적이라 여겼다. 광주비엔날레 개막을 도우러 중앙 정부가 서울에서 광주로 내려보낸 공무원과 문화 예술 전문가들이 대개 이런 생각을 했다.

서울에서 내려온 사람들은 다국적 예술가들하고 협력할 능력도 없으면서 도움은 안 받으려 하는 광주 사람들을 놀라워했다.

> 광주비엔날레에서 일하는 광주 사람들은 서울 사람들의 도움 없이
> 도 모든 것을 할 수 있다고 생각해요. 그건 불가능합니다. 이런 국제
> 행사 준비에는 경험과 국제적인 감각이 필요합니다.
> ― 학계, 2006년 6월 22일

이 피면담자는 광주 사람들이 고군분투하면서도 서울에서 내려온 경험 많은 사람들에게 도움을 구하지 않는다며 답답해했다. 자존심 때문인 듯하다는 말도 덧붙였다. 서울에서 온 또 다른 피면담자는 일상 문화와 태도에서도 차이를 느낀다고 했다. 서울에서 살다가 광주로 이사해 광주비엔날레에 관여하는 한 피면담자는 진보적 인사들이 정치적으로 진보적일지 몰라도 일상에서는 보수적이라고 비판했다.

> 이 도시에서는 사람들이 부인이 그저 조금 더 신선한 생선을 사기
> 위해 아침 일찍 시장에 가는 걸 당연하게 생각해요. 그렇게 여성 노
> 동을 착취하는 것은 성차별적인 구식 문화예요.
> ― 학계, 2006년 8월 18일

이 피면담자는 광주가 도시 규모와 재정 수준이 아니라 보수적 일상 문화 때문에 세계 도시가 되기 힘들고 다문화를 담는 전시회를 제대로 운영할 수 없다며 비판했다. 일상에서 드러나는 주민들의 관점과 행동에서 도시 역량을 확인할 수 있다는 말이었다.

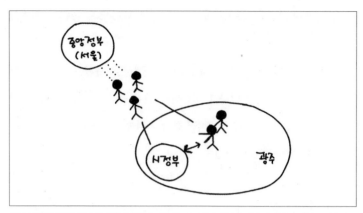
서울 사람들 중앙 정부에 연결된 개인적 네트워크는 광주 내부의 권력 관계에도 영향을 끼쳤다.

외부에서 온 사람들과 내부 사람들 사이에 이런 긴장이 있는 반면, 중앙 정부에 연결된 개인적 네트워크는 광주 내부의 권력 관계에도 영향을 끼쳤다. 중앙 정부의 권력이 사람의 얼굴을 하고 올 때, 특히 아는 사람의 얼굴로 다가올 때 대응하는 방식이 달라진다. 광주의 진보적 엘리트들은 중앙 정부와 시민단체 엘리트들을 많이 알았다. 20대 때 학생운동 경험을 공유한 동지애가 바탕이 됐다. 학생운동 출신인 한 피면담자는 김대중 정부와 노무현 정부 때 중앙 정부에서 알고 지낸 광주 지역 진보적 엘리트들 덕분에 일하기가 수월하더라고 말했다. 20대부터 알고 지낸 사이가 아니어도 비슷한 시기에 학생운동을 한 기억은 유대감을 형성하는 데 중요했다. 신뢰와 공감이 금세 형성될 수 있었고, 학생운동 네트워크도 폭넓어서 친구의 친구 식으로 쉽게 연결됐다.

광주 지역 진보적 엘리트들은 그런 점에서 유리했다. 학생운동 네트워크를 바탕으로 광주 행위자들과 서울 행위자들이 협상할 수 있었다. 이런 네트워크는 국가 프로젝트로 지원하는 도시 개발에서 중요한 구실을 했다. 이제껏 지역과 중앙을 잇는 엘리트 네트워크는 보수 진영에 집중돼 있어서 광주 지역 진보 진영은 시민사회를 넘어 제도권에서는 힘을 쓰지 못했다. 이제 중앙 정부에 진보적 엘리트들의 네트워크가 자리잡으면서 광주 지역 진보적 엘리트들에게도 더 큰 기회가 찾아왔다.

광주비엔날레 안으로 들어온 갈등

안티비엔날레를 광주비엔날레에 들어간 과정은 통합과 화해를 표방한 사건이지만 구체적인 사람들이 마주치는 현장에는 훨씬 더 사연이 많았다. 1회 광주비엔날레에서 공무원과 보수적 예술가 대 진보적 예술가와 시민단체 성원들 사이의 충돌은 안티비엔날레로 표현됐다. 안티비엔날레가 광주비엔날레로 통합된 2회 광주비엔날레는 인력도 통합했다. 광주비엔날레재단에서 일하는 전체 직원 중에서 절반은 시 정부에서 뽑고 절반은 시민단체 성원과 진보적 예술가로 채웠다. 공무원과 시민단체 성원과 예술가의 조합은 문화적 협치를 형성했고, 평론가들은 타협이기는 해도 작은 승리를 거둔 셈이라고 생각했다. 저항이 중요한 만큼 통합도 분명히 의미가 있었다.

인력 통합은 바깥에 있던 갈등이 안으로 들어온다는 뜻이기도 했다. 어떻게 보면 당연했다. 비판 세력이 안으로 들어온다고 해서 서로 다른 생각이 갑자기 같아질 리는 없기 때문이다. 따로 떨어져 서로 비판하던 사람들이 같이 있게 되면 당연히 벌어질 일이었다. 같이 있게 되니까 예상하지 못한 다른 문제들도 더해졌다.

첫째 갈등은 광주비엔날레가 나아갈 방향을 둘러싸고 벌어졌다. 논란의 중심은 예술감독이었다. 예술감독은 행사를 대표하는 상징이기 때문에 호불호가 뚜렷해서 새 감독이 임명될 때마다 뒷이야기가 많이 나왔다. 보수적 지역 엘리트들로 구성된 총감독선발위원회는 광주비엔날레를 성공시킬 수 있는 역량을 갖춘 사람을 뽑으려 했다. 반면 시민사회 성원들은 5·18의 기억을 비롯해 광주의 문화를 세계적으로 연결하는 이상을 지닌 감독을 원했다. 그리고 광주시, 광주비엔날레재단, 이 둘에 가까운 예술가 집단이 문화를 경제 성장의 도구로 삼을 인사를 영입하려 한다고 걱정했다. 따라서 누가 선정되든 예술감독은 문화와 경제 사이의 줄다리기에 낀 셈이었다.

논란은 2000년 3회 광주비엔날레에서 고조된다. 진보적 예술가들과 보수적 광주비엔날레재단 사이의 권력 투쟁이 폭발했다. 안티비엔날레 총감독이자 2회 광주비엔날레 예술감독 최민은 예술감독의 위상을 강화하라고 건의하는 등 재단 운영을 공개 비판했다. 재단 이사회는 최민 감독 해임안을 통과시켰다. 진보적 예술가들과 시민단체 출신 직원들은 거세게 항의했고, 해고된 최민 감독하고 연대해 직원 13명이 사표를 냈다. 결국 부당 해고로 판명돼 재단은 모든 사람을 복직시켰다.

오광수를 3대 예술감독으로 임명한 사건은 가장 큰 논란을 일으켰다. 오광수는 전두환 정부 때 국립현대미술관 전문위원으로 일하면서 민중 미술 예술가 감시 대상 명단을 작성하는 데 협조한 사실이 알려졌다. 전임자인 최민 감독하고 뚜렷이 대비되는 전력에 비판과 항의가 쏟아졌고, 광주비엔날레재단은 포괄적 계획을 수립하려 노력하겠다고 공개 선언했다. 비판은 끊이지 않았고, 3회 광주비엔날레가 진행되는 도중에 오광수 예술감독은 사임했다. 진보적 공공 예술가이자 문화 프로젝트 기획자인 성완경이 4대 예술감독에 임명됐다.

미처 예상하지 못한 둘째 갈등은 이질적 집단들이 만나면서 생긴 일상 문화였다. 공무원 집단과 시민단체 성원이나 진보적 예술가 집단은 충돌했다. 일하고 사고하고 소통하는 방식이 다른 두 집단은 비엔날레를 함께 준비하면서 적응하고 타협했다. 상호 학습도 일어났다. 이를테면 예술가들 덕분에 공무원들은 문화를 상업화하고 도구화한 사업을 다시 들여다보고 조정했다. 익숙한 업무와 비슷한 정서를 지닌 사람들하고 지낼 때는 필요 없는 과정이었다. 세계적 차원의 도시 간 경쟁에서 살아남으려면 타협이 필요하다고 깨달은 덕분이었다.

광주비엔날레재단이라는 한 공간에서 같이 일한 경험은 문화와 경제의 경계를 허물고 해체하기보다는 차이를 확인하면서 그 안에서 경계를 재구성했다. 무엇보다 두 집단은 세계관과 일하는 방식이 달랐다. 공무원이 볼 때는 광주비엔날레가 성공하려면 관람객을 끌어들일 만한 전문적 예술이 우선이고 시민단체나 지역 예술가들이 말하는 광주의 정체성이나 소통적 진행 방식은 걸림돌일 뿐이었다. 참여형 행사 같은 대안적 아이디어 말고 행사 자체가 경쟁력을 갖춰야 한다고 공무원들은 비판했다. 광주시 공무원으로 광주비엔날레에서 일한 어느 피면담자는 시민단체 사람들이 보인 비전문적 접근 방식을 거세게 비판했다. 무척 짜증이 나서 함께 일할 수 없는 이들이라는 말까지 했다.

4회 광주비엔날레에서 어땠는지 아세요? 개장 전날에 준비가 아직 완료되지 않았습니다! 아시다시피 이것은 국제적인 행사입니다! 그런 아마추어들과 어떻게 협력할 수 있겠습니까?
— 공무원/광주비엔날레재단 직원, 2006년 7월 19일

이 피면담자는 언성을 높이며 개장 전날 자기가 받은 충격을 설명했다. 체계적이지 않은 준비는 용납할 수 없는 비전문성이라고 했다.

반면 예술가들과 시민단체 성원들은 공무원들이 예술을 이해하지 못하는데다가 독선적이고 경직돼 있다고 비판했다.

우리 시민단체와 예술가들이 광주비엔날레재단에서 일하게 되어 기쁩니다. 우리는 준비를 위한 비민주적인 과정과 우리의 역사, 자부심을 인공적 이미지로 덮는 것을 비판했어요. 하지만 동시에 걱정이 됩니다. 공무원들은 조바심 내고 영혼 없는 사람들입니다. 저는 그 사람들이 하향식으로 일을 처리하고 우리의 예술과 정체성은 외면할 거라고 확신합니다.
— 시민단체/광주비엔날레재단 직원, 2006년 6월 15일

다른 데 우선순위를 두고 경쟁하던 이질적인 두 집단이 이제 광주비엔날레의 성공이라는 같은 목표를 위해 함께 일하게 됐다. 시각과 태도에서 드러나는 차이를 예술가들은 더 크게 느꼈다. 예

술가들과 공무원들이 워낙 관점이 달라서 시민단체 행위자들이 문화와 경제를 매개하는 중간자 구실을 하기도 했다. 어쨌든 안티비엔날레가 광주비엔날레 안으로 들어오면서 경험은 더 구체적이 되고 갈등은 더 복잡해졌다.

셋째 갈등은 전문성과 지역 문화 예술의 정체성이라는 가치 사이에서 일어났다. 예술 행사에서 전문성은 핵심이었다. 최고 수준 예술가를 모아 고품격 국제 전시회를 열려는 시 정부가 볼 때 지역 사회 예술가들이 추구하려는 가치는 성공을 막는 장애물이었다. 공무원들은 진보적 예술가와 시민단체 성원들이 국제 행사에 걸맞은 전문성을 못 갖춘 사람들이라고 생각했다. 광주비엔날레를 성공시켜 도시 경제 발전에 이바지하자는 목표를 세웠고, 그러려면 모두 전문적이고 세련돼야 했다. 광주 엘리트들을 가리켜 국제 행사를 치를 전문성이 없다면서 배제한 서울 엘리트들처럼 시 공무원들은 시민단체 행위자들을 못 미더워했다.

광주는 세계 도시 지위에서 매우 취약한 위치에 있는 만큼 문화 정책이 성공을 거두는지 규정하는 데 전문성이 필수였다. 전문성의 기준은 어느 날 갑자기 세계적 수준으로 한없이 올라갔고, 시민 참여나 광주의 도시 정체성 같은 가치들은 비전문적인 요소가 됐다. 예술가들과 시민단체 행위자들은 이런 태도를 대하며 날마다 절망했다.

다른 철학, 다른 스타일

2002년 4회 광주비엔날레를 준비하는 과정에서 광주비엔날레재단 직원을 절반은 공무원으로 채우고 절반은 예술가, 문화 전문가, 시민단체 성원으로 구성하게 됐다. 관료적 공무원 집단과 진보적 예술가 집단이 한 사무실에서 같이 일하게 됐다. 이 실험에 참여한 행위자들은 문화 예술 정책과 문화 경제의 방향을 구현하는 책임을 떠맡았다.

일하는 스타일은 생각보다 중요한 문제로 드러났다. 문화 프로젝트를 진행하는 과정에서는 도시 정체성을 바라보는 시각과 철학뿐 아니라 행위자 개인의 스타일에 녹아 있는 정체성과 문화적 자본이 중요한 요소로 작용할 수밖에 없다. 여기에서 '스타일'이라고 부른 이유는 철학, 우선순위, 일하는 방식, 말투, 몸동작 등 총체적 특성을 다 포함하는 그 무엇 때문에 구성원들이 서로 부대끼는 현상이 나타나기 때문이다. 서로 다른 스타일은 서로 다른 논리로 이어질 때가 많다. 스타일이 뭐 그렇게 중요할까 싶기도 하지만, 합의는 논리적 설득이 아니라 공감과 호감에 많이 좌우될 때가 많다.

문화 경제란 문화 또는 경제를 가르는 경계가 허물어지고 다시 정립되는 과정인데, 거시적 제도가 변화하면서 생기기도 하지만 이질적으로 여겨지는 상대방 스타일에 거부감을 덜 느끼는 마음처럼 미세한 요소에 달려 있기도 하다. 이를테면 문화와 경제의 통합은 한 행위자가 다른 행위자의 동기와 아이디어를 받아들이면서 달성되지만 행위자가 다른 쪽 행위자의 업무 방식에 거부감을 느끼면 어려워질 수 있다.

이 점은 심층 인터뷰를 하기 전에는 생각하지 못한 의외의 발견이었다. 문화와 경제가 이데올로기적으로 잘 통합할 수는 있어

어려운 협치 배경이 다른 두 집단은 자기 스타일이 옳다고 믿고 상대방 스타일은 놀라워했다.

도 구체적 행위자들이 만나면 갈등이 시작된다고 생각했지만, 우
선순위 차이 같은 큰 그림만 머릿속에 있었다. 막상 사람들이 화
를 내고 절망하는 문제는 우선순위가 겉으로 드러난 논리가 아니
었다. 만약 그렇다면 회의를 열고 토론해서 어느 정도 결론에 도
달할 수 있었다. 문화를 우선시하는 사람들이 자연스럽게 공유하
는 스타일이 있었고, 경제를 우선시하는 사람들은 '아' 하면 '아'
하고 받아들이는 스타일이 있었다.

　갈등은 개인적인 호불호나 불쾌감으로 표현됐다. 전문성보다
더 섬세한 스타일 문제가 일상적 접촉에서 나타났다. 배경이 다른
두 집단은 자기 스타일이 옳다고 믿고 상대방 스타일은 놀라워했
다. 서로 다른 작업 스타일에 관련해 다른 예술가 출신 직원은 서
로 다른 언어를 쓰는 두 집단이 사물을 보는 방식 사이의 불일치
를 간단하게 설명했다.

　공무원들은 우리가 관람객을 생각하지 않는다고 했고, 우리는 그들

이 예술을 이해하지 못한다고 생각했습니다.
— 예술가/광주비엔날레재단 직원, 2006년 6월 15일

공무원들은 예술가가 충동적이고 행정을 소홀히 한다며 불평했고, 예술가들은 공무원이 융통성 없고 복잡한 행정 절차만 중시한다고 비판했다. 공무원 집단과 예술가와 시민단체 성원 집단은 같이 일하면서 경험한 어려움과 좌절을 고백했다. 한 공간에 있어야 하니까 억지로 익숙해지지만 불만을 느끼는 데 많은 시간이 걸리지 않았다.

관료 사회에 합류한 시민사회 성원과 진보적 예술가들은 나중에 합류한데다가 권력 관계에서 밀리는 자기를 이민자처럼 느꼈다. 새로운 사회에 정착하면서 그 사회의 언어와 문화에 어느 정도 적응하는 동시에 고유 정체성을 유지하려는 모습이더라고 했다. 이를테면 자기한테 어울리지 않는 분위기인데 자기 빼고는 다들 아는 낯선 술집이나 카페에 들어가는 느낌 같았다. 진보적 예술가와 시민단체 성원이 공무원들에게 좌우되는 고급 미술을 지향하는 광주비엔날레재단에 합류하거나 공무원들이 예술 전시회 영역에 들어갈 때, 예술가와 시민단체 성원은 고루하고, 하향식이고, 지나치게 원칙적이라고 느꼈으며, 공무원들은 예술가와 시민단체 성원이 너무 자유롭고 무질서하다고 느꼈다.

서로 힘들고 거듭 좌절한 이야기를 끊임없이 들었다. 공무원은 순환 근무제 때문에 시간이 되면 광주비엔날레를 떠나지만 문화적 차이에서 오는 이런 답답함은 공무원 집단에 전달됐고, 처음 오는 공무원은 직접 겪으면서 실감했다. 일상 업무에서 일어나는

상호 작용은 두 집단 사이의 거리를 오히려 더 넓혔다.

문제는 공무원 직원들이 유명한 예술가들을 데려다가 미술 전시를 해서 그저 이익을 극대화하는 걸 우선시한다는 사실입니다. 마치 관료와 예술가의 언어가 의도적으로 서로를 배제한 것처럼 보입니다. 자기들보다 섬세한 사람들을 대해야 할 때 당황스럽고 좌절감을 느끼는 것 같았습니다.
— 시민단체/광주비엔날레재단 직원, 2006년 6월 21일

두 집단은 서로 상대 집단이 자기들을 무시한다고 느꼈다. 스타일이 너무 다른 사람을 만날 때 느끼는 두려움 같았다.

공무원들은 예술가들이 마련한 전시회 내용과 방향을 검토하고 최종 결정을 내렸다. 늘 하던 대로 행사에 유명 예술가가 온다는 사실만 홍보하고 예술가들이 제안한 창조적인 콘텐츠는 강조하지 않았다.

관료들은 그들의 의제에 맞지 않는 아이디어는 싫어해요. 공무원들은 새로운 목표를 받아들이지 못해요.
— 예술가/광주비엔날레재단 직원, 2006년 6월 15일

예술가와 시민단체 성원들은 공동 작업에서 의사소통을 소홀히 하는 공무원들을 답답해했다. 예술가 특유의 유연하고 자유로운 작업 스타일에 익숙한 만큼 경직성, 목표 지향성, 효율성, 구조화된 계획이 특징인 공무원 스타일에 적응하기 힘들어했다.

2006년 현지 조사에서도 이런 오해와 비난은 여전했다. 공무원들도 지쳐 보였다. 정부 자금 지원과 법적 규제 때문에 예술가와 시민단체 성원들보다 상대적으로 지배적 위치에 자리한 공무원들은 자기하고 무척 다른 이들을 상대하면서 놀라워했다. 목표 지향적이고 효율을 중시하는 관료주의 작업 방식에 익숙한 공무원들은 의미와 상호 소통에 중점을 둔 시민사회 구성원과 예술가들을 이해하지 못했다.

> 그 사람들은 아침 늦게 나타나서 소통[이 부분에서 언성을 높임]을 하자는 겁니다! 아침에 늦게 왔으면 사과를 하고, 즉시 일 시작하고, 늦게까지 일해야 하지 않습니까? 전 그 사람들의 방만한 태도에 너무 놀랐습니다.
> — 공무원/광주비엔날레재단 직원, 2006년 6월 19일

이 피면담자는 갑작스럽게 같이 일하게 된 파트너 집단이 자유롭고 충동적인 모습을 보여서 무척 놀랐다. 광주시에서 일할 때 그런 하급자나 동료를 만나면 어떤 조치를 취할 텐데, 자기 방식대로 대응하지 못해서 더 황당해했다.

업무 스타일 차이가 지닌 의미에 주목해야 한다. 이를테면 공무원이 모든 업무를 위계 속에서 문서로 처리하는 이유는 그래야 세금을 쓰는 과정을 투명하고 효율적으로 만들 수 있기 때문이다. 그런 업무 방식에 익숙하지 않은 사람은 공무원이 형식만 중요하게 여길 뿐 구체적 상황에는 관심을 기울이지 않는 (표정으로 자기 말을 듣는) 사람들이라고 생각할 수 있다.

문화와 경제라는 가치는 종종 다른 조직과 기관으로 대표된다. 각 조직 성원은 특유의 논리, 문화, 동기 부여, 작업 스타일, 네트워킹 방식을 지닌다. 두 집단 사이의 차이와 불만은 가치의 차이뿐 아니라 주요 행위자들의 문화적이고 개인적인 스타일에 기인할 수 있다. 협업으로 진행되는 도시 재생 프로젝트에서도 개인적 관계와 네트워크만큼이나 총체적 스타일이 큰 영향력을 지닌다. 오해와 갈등은 상대방이 내 이야기를 무시하는 듯한 느낌, 뭐라 말할 수는 없어도 저 사람이 일을 제대로 하지 않는 듯한 느낌, 일을 왜 저렇게 처리하는지 이해할 수 없다는 느낌에서 시작하기 쉽다.

광주비엔날레 사례도 다양한 행위자들 사이에 관심과 선호, 이념적 견해뿐 아니라 개인적 특성과 업무 스타일에서 나타나는 차이가 뚜렷했다. 서로 다른 스타일, 곧 정체성은 부딪칠 수밖에 없었다. 피면담자들은 다양한 집단이 공존하면서 서로 이해하려 노력하지만 여전히 근본적인 문화 차이 때문에 잘 어울리기 힘들다고 호소했다. 비슷한 일을 하는 사람들도 스타일이 잘 맞기 어려운데 평소에 접촉이 없는 다른 직종 사람들이 만나면 상대방 스타일에 선뜻 동의하기가 힘들다.

적응과 학습

이해 부족과 문화 차이, 다른 스타일이라는 조건에서도 학습 효과는 서서히 나타났다. 진보적 예술가와 시민단체 성원들은 광주비엔날레를 비판하면서도 지역에서 열리는 국제 행사를 같이 되살리려 노력했다. 거리를 두고 갈등한 사이이지만 같은 공간에서 일하게 되고 어쩔 수 없이 자주 만나면서 조금씩 적응하기 시작했다. 일상적 상호 작용은 비엔날레를 준비하는 구체적 과정에서 통합된 문화 경제 도시 정치가 어떻게 표출될 수 있는지를 보여줬다.

갈등이 가져오는 결과를 두 집단은 이미 알고 있었다. 1997년 2회 광주비엔날레를 통합해서 잘 치렀지만, 3회 광주비엔날레는 갈등이 깊어져 행사가 1년 늦춰졌다. 2000년 3회 광주비엔날레에서는 공무원 집단을 향한 불신이 자율성을 둘러싼 논쟁으로 번졌다. 진보적 예술가와 시민단체 성원들은 반복되는 문제를 해결하려고 총회를 소집했다. '광주비엔날레 정상화' 프로젝트는 광주 시민사회가 화해와 평화를 가져오려는 노력이었다.

갈등이 생기고 문제가 터질 때마다 광주비엔날레가 위기라는 기사가 미디어에 나왔다. 두 집단은 끊임없는 갈등이 광주비엔날레의 지속 가능성을 위협한다는 현실을 깨달았다. 국가 정책이 자주 뒤바뀐 경험을 떠올리면서 갈등이 너무 심해지면 정부가 예산을 줄일 수 있다는 불안도 한몫했다. 광주비엔날레재단의 이중 구조가 일상화된 반면, 두 집단은 광주비엔날레를 성공시켜야 한다는 목표를 공유했다. 그래서 문화나 경제 중 무엇에 우선순위를 두는지에 관계없이 서로 이해하고 이해받으려 노력했다.

구체적 행위자들 사이의 일상적 상호 작용이 문화와 경제의 경계를 허무는 데 도움이 됐을까? 결론부터 말하면, 도움도 되고 해도 끼쳤다. 무시당하고 소외되고 당황한 느낌을 받으면서도 어쩔 수 없이 힘을 합쳐야 하기 때문에 협력과 협상은 계속됐다. 상호 작용과 만남은 두 집단이 서로 적응하고 억지로 조정하는 데 도움이 됐다. 부담스러운 학습 과정이었지만, 두 집단 모두 함께 일하려 노력했다. 무엇을 목표로 하는지, 왜 그렇게 행동하는지 서로 이해할 수 있기 때문이었다.

물론 처음부터 성숙하고 매끄럽게 진행되지는 않았다. 기성 집단은 새로운 집단을 의심하거나 드러내놓고 비판했다. 두 집단 모두 낯선 사람들을 만나 함께 일하고 협력하기가 어렵더라고 고백했다. 상대 집단의 특성을 설명하는 말투는 화나거나 냉소적이었다. 안 좋은 감정이 많이 남아 있다는 뜻이었다. 5년 동안 광주비엔날레재단에서 일한 어느 피면담자는 다른 집단의 특성을 도저히 이해할 수 없더라고 말했다. 공무원들은 순환 근무제 때문에 다시 소속 부서로 돌아갔다. 예술가와 시민단체 집단도 몇몇 사람은 10년 넘게 일하면서 중재자 구실을 했지만 대부분은 바뀌었다. 그런 상황에서도 이질적인 두 집단이 함께 일하는 구조는 시간이 지나면서 통합적 분위기로 바뀌었다.

특정 성원이 붙박이로 일하지 않아도 경험과 지식은 학습되고 전달됐다. 공무원은 후임자가 선임자에게 전화로 물어보거나 직접 만나는 비공식적 방식으로 업무 연속성을 유지했다. 장기적 경험을 바탕으로 전문 지식을 습득하는 형태가 아니라 특정 직위에서 일한 사람에게 물어보는 효율적 학습 방식이었다. 시민단체 성원들도 마찬가지였다. 6회 광주비엔날레에서 만난 한 피면담자는 몇 년 동안 공무원들하고 같이 일한 경험을 한마디로 정리했다.

글쎄요. 저를 보십시오. (웃음) 저 공무원 다 되었어요.
— 예술가/광주비엔날레 직원, 2006년 6월 15일

이 예술가는 '나인 투 파이브' 근무 방식과 곳곳에 도사린 위계와 규칙 때문에 독립적이고 창의적인 사고를 할 수 없더라고 말했다. 공무원들에게 동조하고 항복한 셈이라고 말은 하지만, 꽤 여유 있어 보였다. 웃음 속에는 자부심도 약간 묻어 있었다.

이 피면담자를 비롯해 광주비엔날레에 계속 참여한 사람들은 이제 상대 집단을 대하는 태도와 관점을 바꿔야 한다고 입을 모았다. 한 공무원 출신 직원은 모든 부서에 공무원, 예술가, 시민단체 출신 직원이 같이 일하는 상황이 매우 바람직하다고 했다. 공무원들이 쉽게 처리하는 업무가 시민단체 출신들에게 알맞지 않을 수 있지만, 동시에 그 과정에서 창의성이 발현된다는 말이었다. 두 집단이 조직, 창의성, 가치를 둘러싸고 몇 년 동안 의견 차이를 보였지만, 이 피면담자는 다른 특성을 존중하는 데서 오는 장점을 인정했다.

또 다른 예술가 출신 광주비엔날레 직원은 처음에 예산을 짤 때 예술적 관심사와 행정 논리가 충돌하면서 논쟁을 벌어지지만 토론을 거쳐 두 가지를 모두 담아내는 이중 구조가 형성돼 합의가 되더라고 말했다. 완벽한 과정은 아니지만 서로 적응할 방법을 찾고 있었다. 문화 보존, 작업 방식, 언어와 논리에 관심 있는 집단과 제도화된 관료적 운영 방식에 중점을 둔 집단이 협력할 수 있다는 사실이 증명됐다. 통합은 기회 구조가 취약한 시민단체 성원들이 공무원들에게 더 많이 적응한 덕분에 일어났다. 권력 관계에서 시 정부가 우위에 있었고, 따라서 관료적 방식이 주류였다. 갈등적 협력 상황에서 타협은 숙제이지만, 상대적으로 권력이 약한 쪽이 적응과 타협을 많이 했다.

업무 스타일 문제는 갈등과 통합에서 생각보다 중요한 문제다. 전반적으로 이런 상호작용이 이질적인 집단을 자연스럽게 더 가깝게 하거나 이해할 수 있게 만들지는 않는다. 문화와 경제 사이의 정치적 역학은 문화 집단과 경제 집단의 거창한 정치적 투쟁뿐 아니라 사소한 특성과 업무 습관으로 빚어진 갈등 때문에 망가지는 사례가 더 많기 때문이다. 함께 일하면서 조금도 변하지 않을 수는 없다. 크게 바뀌지 않더라도 적응하고 조정해야 한다. 한 집단은 고정되지 않는 문화적 습관의 집합이다. 문화와 경제의 관점에서 보면 이런 습관은 양쪽의 근본적 정체성에 중요하다. 문화 경제를 형성하기 위해 문화와 경제를 혼합하려면 주요 행위자가 자기만의 습관과 학제 간 접근 방식을 뒤섞어 응집력 있는 조직을 형성해야 한다.

장소 마케팅으로 들어오는 5·18의 기억

5·18은 광주비엔날레가 대체하려는 광주 문화 경제 전략의 출발점이었는데, 예상하고는 다르게 흘러갔다. 광주비엔날레는 광주의 도시 이미지를 바꾸려 시작한 행사였는데, 바로 그런 시각이 문제라고 여긴 사람들은 광주의 정치적 역사에 얽힌 도시 이미지를 제시했다. 도시 경제를 부흥하는 수단으로 시작된 광주비엔날레에 맞선 반작용이었다. 안티비엔날레라는 대안적 문화 예술 행사를 연 사람들에게 광주는 5·18을 빼고 생각할 수 없는 도시였다.

안티비엔날레가 통합되면서 광주비엔날레에 갈등만 들어오지는 않았다. 5·18의 기억도 들어오기 시작했다. 통합과 협상을 거

쳐 시민들이 동의하고 공유하는 공공의 기억을 위한 장소가 광주
비엔날레에 연관됐다. 다양한 집단이 참여하는 과정에서 벌어진
이해관계자 사이의 경쟁이 가져온 문화 정치의 결과다.

광주비엔날레는 주제뿐 아니라 시공간 역학 면에서도 역동성
을 보여줬다. 5·18이 광주비엔날레 소개에 언급되고 전시 기간과
전시 장소에도 영향을 끼쳤다. 장기적으로 5·18의 기억은 광주비
엔날레를 구성하는 자연스런 부분으로 자리잡았다. 안티비엔날레
를 연 사람들이 기대한 만큼 방향을 바꾸지는 못했지만, 그래도 5
·18이 광주비엔날레의 일부가 됐다. 광주 외부, 곧 한국 사회와
국제 사회에서 5·18과 광주를 바라보는 인식이 달라진 현실도 이
런 변화에 크게 이바지했다.

광주비엔날레와 5·18의 관련성은 3회 때부터 두드러졌다.
1995년에 시작한 광주비엔날레가 2년마다 열리기 때문에 3회는
1999년에 개최될 예정이었다. 2002년 한-일 월드컵에 개최 일정을
맞춰 관람객을 모으고 2000년이 밀레니엄이라는 상징성이 크니 1
년을 뒤로 미루자는 의견이 나왔다. 5·18이 20주년 되는 해라는
의미도 더하기로 했다. 광주비엔날레는 개최 연도를 두 번 조정
했는데, 이때와 코로나 때문에 연기한 2020년이었다. 그만큼 시기
변경은 큰일이었다.

개최 연도뿐 아니라 시기도 가을에서 봄으로 조정했다. 많은
시민과 연구자들이 5·18 20주년에 맞추는 김에 5·18 기념행사와
광주비엔날레가 겹치도록 9월부터 11월이 아니라 3월부터 6월로
바꿔야 한다고 주장했다. 3회 광주비엔날레는 1999년 9월부터 11
월이 아니라 2000년 3월부터 6월에 열렸다. 개최 시기 변경은 광

주의 도시 이미지로 '정의의 도시'이자 '예술의 도시'를 표방한 광주비엔날레의 선언을 실천에 옮긴 결정이었다. 역사의 아픔을 중요하게 여기는 사람들이 광주비엔날레에 참여하면서 추구하는 도시 이미지도 역동적으로 바뀌었다.

5·18 광주민주화운동 20주년 행사에 맞춰 광주비엔날레 개최 시기를 바꾸자는 제안이 무리 없이 받아들여지면서 광주비엔날레는 다시 광주의 역사에 가닿았다. 2002년 4회 광주비엔날레는 5·18 관련 장소를 전시 공간으로 쓰면서 광주의 역사를 좀더 적극적으로 재현해냈다. 도시 공간을 적극 활용하는 이런 시도는 장소 마케팅으로서 광주비엔날레가 확장될 가능성을 보여줬다.

4회 광주비엔날레는 그전처럼 주요 전시회를 중심에 두고 하위 주제를 나눠 소규모 전문 전시회를 여는 방식이 아니라 광주라는 도시 곳곳의 장소로 흩어져서 열렸다. 성완경 예술감독은 5·18을 다시 불러오고 다시 검토할 수 있는 '멈춤: PAUSE: 止'라는 주제를 제안했다. 'PAUSE'는 사법적 집행 유예와 지연된 시간, 조건부 일시 중지와 자유의 은유이며, 보호관찰제를 유지하는 한국 민주주의의 지연과 일시 정지 상태를 가리켰다. 특히 프로젝트 3의 제목은 두 가지를 뜻했다. 한편으로 학살자들을 완전히 처벌하지 못한 상태를 문자 그대로 집행 유예로 표현했으며, 다른 한편으로 폭도의 도시라는 혐의에서 벗어난 광주가 지나온 고난의 역사를 포괄적으로 재평가하려는 희망을 나타냈다.

'PAUSE'라는 주제는 프로젝트 '멈춤', '저기 이산의 땅', '집행유예', '접속'이라는 4개 프로젝트로 확장됐다. 프로젝트 1 '멈춤'은 거대한 규모를 지향하고 숨가쁘게 달리는 삶을 잠시 멈추자는 뜻으로, 광주비엔날레 전시장에서 진행됐다. 마찬가지로 광주비엔날레 전시장에서 진행된 프로젝트 2 '이산의 땅'은 이주자들이 누리는 현지 문화와 모국 문화 사이의 조화와 갈등을 다뤘다.

프로젝트 3과 프로젝트 4는 전시장 자체가 5·18에 연관됐다. 프로젝트 3 '집행유예'는 5·18자유공원 안 옛 상무대 영창과 법정에서 열렸다. 전두환을 비롯한 쿠데타 세력은 저항하는 시민들을 이곳에 가두고 고문하고 군사 재판을 열었다. 공원 가장 안쪽 철조망을 둘러친 곳이 상무대 영창으로 방 여섯 개가 부채꼴로 배치돼 있는데, 한 방에 최대 150명씩 모두 800여 명이 갇혀 더위와 배고픔을 견뎠다. 무장 헌병이 지키는 법정에서 비공개로 진행된 군사 재판을 통해 시민들은 사형과 무기 징역 등을 선고받았다. 1999년 옛 상무대 법정과 영창 등 5·18 관련 건물 7개를 약간 떨어진 곳으로 옮겨 복원했다. 5·18 관련 장소에 기억 공간을 만들라는 요구에 정부가 응한 결과였다. 이런 사실은 광주비엔날레 홈페이지에 실린 전시 내용에 공식적으로 강조됐다.

장소 특수성 해석을 통한 광주민중항쟁의 재맥락화, 한국의 근대화 경험 및 미술의 사회적 역할에 대한 반성, 공공미술 및 문화의 공공영역에 대한 비판적 성찰이라는 개념을 담았다. 5·18 자유공원이 역사적인 사건이 일어났던 과거의 장소라기보다는 현재까지 살아있는 장소라는 메시지를 전달하며, 관람객들이 더욱 편안하고 공원 같은 기념공간이라는 느낌이 들도록 하였다.

프로젝트 4 '접속'은 백운광장에서 남광주역 주변까지 2킬로

미터에 이르는 폐선 철도 부지에서 열렸다. 전두환 정부가 도시 계획이나 공공 행정에 미치는 파장을 고려하지 않은 채 갑자기 철거를 결정한 곳이었다. 이 프로젝트는 근대 유적으로 가치를 지닌 도심 폐선 부지를 광주시가 추진하는 녹도 공간하고 연계해 옛 광려선(광주-여수) 폐선 부지 10.8킬로미터에 새로운 기능과 지위를 부여하는 환경 중재 작업이었다. 광주비엔날레의 장기 목표대로 도시 성장 잠재력을 바탕으로 도시 계획과 예술을 조합하려는 시도로, '빈 공허한 땅이 아니라 현대의 역사적 유적지와 자연의 회복을 위한 자연 투쟁의 생태적 표현'이었다(광주비엔날레 2002b, 12).

역사적으로 중요한 장소와 미술품 전시를 결합하는 시도에 피면담자들은 대체로 긍정적이었다. 중앙 정부의 5·18 기념화 프로젝트가 광주를 박물관처럼 만들어 기억을 화석화할까 봐 염려하는 의견도 있었지만, 4회 광주비엔날레는 기억을 현대 미술에 연결해 역사적 장소를 활성화하는 데 기여했다. 5·18에 관련된 장소들을 전시장으로 정하면서 도시 계획은 도시의 역사와 공간을 결합하고 기억 공간을 재생산했다.

지금은 5·18 기억 공간을 전시 장소로 활용하는 방식이 자연스럽지만 처음 시도할 때는 그렇지 않았다. 5·18이라는 도시의 역사를 강조한 안티비엔날레는 광주비엔날레 전시 기간과 전시 장소가 5·18에 관련된 때와 장소로 결정되는 데 이바지했다. 옛 상무대 영창, 법정, 기차역 등은 도시 재생과 도시 계획의 대상이 돼 정비됐고, 폐선 철도는 푸른길공원으로 다시 태어났다. 이제 광주비엔날레에서 '5·18 광주민주화운동'이 공식적으로 언급되기 시작했다. 광주비엔날레 자료집에는 '역사와 예술에 대한 현재의 의미를 밝히기 위해 기억의 화석화에 대한 저항, 기념 형식의 금지, 공간과 위치 같은 주제에 대한 새로운 해석을 다루었다'고 적혀 있었다. 비판 세력이 같이 참여하게 되면서 일어난 변화이기도 했고, 중앙 정부가 한 노력이 반영된 결과이기도 했다.

처음에 안티비엔날레가 등장할 때는 광주비엔날레 쪽이 긴장했고, 둘이 통합할 때는 비엔날레에 비판적인 사람들이 실망했다. 그래도 도시 인지도는 변화가 시작됐다. 두 집단은 광주비엔날레가 광주를 '저항의 도시'에서 '민주주의와 예술의 도시'로 바꾼 데 만족했다. 성공적인 도시 브랜드 변화였다. 그리고 4회 광주비엔날레에서 5·18과 예술의 통합이 어느 정도 실현됐다.

안티비엔날레가 얻은 관심은 5·18의 기억을 기리는 슬픔 관광이 지닌 잠재적 가능성을 보여줬다. 안티비엔날레를 통합하면서 광주비엔날레에서도 슬픔 관광이 프로그램에 포함됐다. 슬픔 관광과 장소 마케팅은 문화를 산업화하며, 일상생활에 연관이 깊은 장소 만들기를 매개로 진행된다. 점점 더 많은 관광객이 재미와 여가뿐 아니라 교육과 자기반성을 추구하면서 슬픔 관광은 장소 마케팅의 중요한 구성 요소가 됐다. 문화 경제 자원으로서 슬픔 관광은 엄숙한 분위기를 띤 교육적 방문과 문화 소비를 위한 관람 사이 어디쯤에 자리하고 있다.

비극이 관광에 관련되고 관광 산업의 소재가 되는 일은 불편할 수 있다. 슬픔 관광을 '의미의 상품화'라며 비판한 연구들은 현대 사회에서 죽음마저 소비된다고 지적한다. 엄숙하고 진정성을 지닌 기억 공간도 일단 입장권을 판매하면 그 공간에 들어서서 전시된 대상을 감상하고 의미를 되새기는 행동은 소비 행위가 된다.

의미 있는 장소는 무료로 개방하면 될까? 돈을 받지 않으면 역사적 사실이 소비되지 않게 되고 자동으로 다른 교육이 되는 걸까? 사실 슬픔 관광을 향한 비판은 돈 자체가 아니라 감상이나 느낌조차 속도와 소비에서 벗어나지 못하는 자본주의 사회를 향한 비판일 뿐이다.

슬픔 관광은 어두운 역사가 도시 경제에 걸림돌이 되지 않고 실현 가능한 자원으로 남을 가능성을 보여줬다. 많은 것이 상품이 된 현대 사회에서 개인이 비극적 사건을 달리 존중하는 법을 알지 못할 때 슬픔 관광은 비극을 기념하는 한 방식이 된다. 그리고 그 기억 공간과 기억할 날짜에 맞춰 조정된 장소 마케팅은 적어도 상업적이기만 한 장소 마케팅보다는 더 의미가 있다.

문화 경제의 둘째 단계

아시아문화중심도시로 들어서다

아시아문화중심도시, 확대된 도시 전략

광주비엔날레가 진행되면서 중앙 정부 도시 개발 지원은 한 단계 올라가고, 광주의 문화 경제는 2단계에 들어선다. 도시 개발 전략 형태로 보면 장소 마케팅 전략에서 도시 재생으로 전환하는 단계 다. 2002년에 대통령 선거에서 노무현 후보가 내건 공약에는 '광 주 문화수도 지정'이나 '충청도 행정수도 이전' 같은 도시 선정 계 획이 있었다. 당선한 뒤 2003년 11월 광주를 방문한 노무현 대통 령은 그 계획을 구체화하며 광주를 '아시아문화중심도시'로 육성 하겠다고 밝혔다. 광주에 기업이 오지 않는 현실이 도시 이미지 에 관련된다고 생각한 듯 이런 말을 했다. "광주에 문화 도시가 형 성되고 문화적 활동이 활발하면 기업은 광주에 오지 말라고 해도 올 겁니다." 중앙 정부가 지원하고 광주의 문화 예술계, 행정 지도 자, 주민이 같이 문화 도시 사업을 주도하게 한다는 그림이었다.

광주를 아시아문화중심도시로 육성하겠다는 결정은 5·18이 중심에 놓여 있었다. 참여정부 국책 사업인 아시아문화중심도시

176

는 21세기 국가 성장 동력인 문화 역량을 갖춘 도시를 만들며, 서울이 아닌 도시를 개발해 국토 균형 발전을 꾀하고 소득도 증대하고 동북아 중심 국가의 위상을 확보하자는 목표를 세웠다. 광주가 선정된 공식적 이유는 '민주·인권·평화의 성지로 인류의 보편적 가치를 위해 끊임없이 싸워왔던 도시, 그래서 민주·인권·평화를 상징하는 도시이기 때문이며, 아시아인이 공통으로 경험했던 소외와 배제의 역사를 꿋꿋이 뚫고 나온 도시이자 오랜 저항의 역사를 통해 삶과 인간에 대한 보다 깊은 생각을 이웃과 함께 나눠왔으며 이를 풍류와 예술로 승화시킨 예향의 도시이기 때문'이다. 광주에서 벌어진 민주화 운동의 역사가 중심 근거였다.

아시아문화중심도시 특별법은 문화 중심 도시 재생을 실현하는 시작이었다. 중앙 정부가 지원한 재정이 광주 도시 경제가 성장하고 도시 이미지가 긍정적으로 바뀌는 데 도움을 줬다. 압축성장 과정에서 빚어진 난개발이 가져온 폐해를 반성하고, 국가가 직접 재원을 투자하며, '신인본주의'를 지향해 도시 전체를 문화적으로 증개축한다고 밝혀서 도시 전체의 재생을 국가가 주도한다는 의지를 보여줬다. 과거 모델을 반성하지만 하향식 도시 개발이라는 특징도 여전히 남아 있었다. 그래도 새로운 도시 개발 프로젝트는 도시 문화 경제에 실질적으로 이바지했다. 중앙 정부의 재정 지원은 성장 지향성과 국가 의존성이 뒤섞인 아시아 지방 도시의 맥락에 맞는 문화 경제 모형이기 때문이었다.

아시아문화중심도시는 1985년 유럽에서 시작한 유럽 문화 중심 도시 프로그램을 참고했다. 유럽 문화 중심 도시는 몇 년 동안 경쟁을 거쳐 독립 위원회에서 선정하지만, 아시아문화중심도시는 정부가 선정했다. 유럽 문화 중심 도시처럼 아시아 국가들이 인정한 자격이 아니라서 권위가 떨어지는 듯하지만, 정부가 제도와 재정 면에서 확실히 뒷받침하는 만큼 받을 혜택은 더 확실했다.

선정 효과는 유럽 문화 중심 도시도 논란이 있다. 대부분 단기적 경제 효과를 중심으로 보기 때문에 문화 도시다운 위상이나 문화적 가치는 측정하지 못한다. 경제적 효과에 문화적 효과, 참여자 경험 효과, 외부 이미지 고양 효과가 다 더해져야 한다. 선정 기준이나 선정 효과를 둘러싸고 의심과 논란이 있지만, 국가, 도시, 대학, 학술지 등을 선정하고 순위를 매기는 시도는 눈길을 끌고 강력한 담론이 될 때가 많다.

'○○ 도시'처럼 타이틀을 정하는 방식은 발전 국가를 떠올리게 한다. 어떤 가능성을 지닌 도시를 선정해 지원을 강화하는 방식이 계속되는 셈이다. 대개 대통령 선거에서 공약으로 내건 국가 단위 대형 사업을 대통령령으로 추진한다. 지자체장에게는 좋은 기회다. 사업이 소규모여도 그 예산을 종잣돈 삼아 업적을 내면 더 많은 예산을 지원받아 도시(지역) 간 경쟁에서 유리한 고지를 차지할 수 있기 때문이다.

한 도시가 ○○ 도시로 선정되면 관련법이 마련되고 도시 계획이 수립된다. 2006년 아시아문화중심도시 조성에 관한 특별법이 마련되고 2007년 종합 계획이 나왔다. 전체 5조 3000억 원의 52.8퍼센트인 2조 8000억 원이 국비, 15.1퍼센트가 지방비, 32.1퍼센트가 민간 자본이었다. 국립아시아문화전당이 가장 큰 사업이었다.

막대한 재정이 투입되면서 광주에 관심이 집중됐으며, 광주 안에서도 아시아문화중심도시 선정은 큰 전환점이 됐다. 시 정부에게는 전체적으로 도시 공간을 정비하고 시민 정서를 거스르지 않으면서 도시 정체성을 세울 기회였다. 아직 용어가 유행하기 전이었지만, 아시아문화중심도시는 중앙 정부가 주도해 한 도시에서 경제, 문화, 도시 공간, 관광의 부흥을 꾀하는 도시 재생 사업이었다. 도시의 전반적 미래를 상상하는 데 도움이 된 경험은 광주비엔날레였다. 국내외에서 밀려든 관람객들을 보면서 장소 마케팅 전략이 지닌 효과를 인식하기 시작했다. 시 정부도 슬픔 관광을 통한 새로운 도시 개발의 가능성을 봤고, 평범한 시민들도 마찬가지였다. 광주에서 만난 택시 기사도 관광지로서 광주의 장점과 단점에 관해 한참을 이야기할 정도였다.

도시 마케팅, 특히 슬픔 관광을 염려하는 이들도 많았다. 5·18을 상품화하면 안 된다는 뜻이었다. 광주에 갇혀 있던 5·18이 이제 광주비엔날레 주제도 되고 아시아문화중심도시에도 연계되는 상황이 고민되고 당황스러웠다. 5·18의 의미가 퇴색될까 봐 염려하는 사람도 있었고, 5·18을 넘어선 큰 가치에 연결돼야 한다는 주장도 있었고, 아시아문화중심도시로서 더 보편적인 미래를 건설해야 한다는 목소리도 나왔다.

새로운 도시 재생, 달라지는 정치적 기회 구조

문화 경제가 산업, 정책, 일상에서 상식이 되는 추세는 많은 변화를 일으켰다. 이제껏 경제적 이익만 추구하던 기업이 디자인을 생각하고 문화 재단을 세울지 고민한다. 딱딱한 행사만 반복하던 공무원들은 문화 감수성을 느낄 수 있는 체험형 행사를 준비한다. 혼자 고립돼 작품을 만들던 예술가들은 작업실을 공개하고 정부 프로젝트에도 참여한다.

이런 변화들은 기회와 위기를 함께 가져온다. 위기는 곧 기회라지만 기회도 곧 위기다. 내부에서 자연스럽게 생긴 일이 아니라 외부에서 온 기회라면 더욱 그렇다. 새로운 기회란 애써 사회와 조직이 하는 요구에 걸맞게 자기를 갈고닦은 개인들에게 사실 꽤 스트레스다. 어떤 사회적 변화가 일어날 때 개인들은 위치와 태도에 따라 각각 다른 영향을 받게 된다. 도시 정치 관점에서 가장 눈에 띄는 변화는 행위자들의 위치와 구실이 바뀐 모습이다. 문화와 경제가 결합되는 과정에서 새로운 과제가 참여자들에게 주어지는데, 예전의 위치와 권력 관계가 주로 작동하는 한편 다른 구실이 주어지기도 한다. 주민 참여, 파트너십, 전문 지식과 기술이 필요해져서 새로운 참여자가 들어올 때도 있다. 변화는 새로운 기회가 되지만, 동시에 새로운 활동을 준비하지 못하거나 저어하는 사람들에게는 막막한 굴욕감을 안기기도 한다. 아예 직업을 바꿀지도 모르고 정책 참여에 소극적이 될 수도 있다.

도시 정부도 변화하는 외부 환경에 대응해야 한다. '여가 시간이 늘고, 교통이 발달하고, 여행에 관심이 높아져 세계적으로 관광 산업이 급성장하고 있다. 우리 도시의 특색을 살려 국내외 관광객이 많이 찾는 관광 도시로 만들자'는 말이 많은 도시 정부에서 실제로 나온다. 도시 정책 참여자들은 문화 행사와 관광 정책에 전보다 많은 예산과 인력을 투입하고 외부 인사도 영입한다. 제조업이 사라진 도시에서 문화 산업이 대안으로 떠오른다. 역사가 오랜 도시는 문화와 역사를 도시 개발에 결합해 자연스럽게 관광객을 끌어들인다. 딱히 특색 있는 역사나 자연환경, 이야깃거리가 되는 건물이나 행사가 없다면, 우리 도시에 어떤 잠재력이나 자원이 있나 머리를 쥐어짜야 한다. 서둘러 전문가를 불러 자문도 받고 회의도 연다. 문화에 관계없는 부서들은 예산과 지위가 낮아지고 그동안 하던 일을 문화와 관광에 연결할 방법을 찾는다.

'정치적 기회 구조'란 한 세력이 권력을 행사할 기회를 주는 구조를 뜻한다. 여기에서 기회란, 이해관계를 동원하고 자원을 구성하고 의사 결정 권한을 가질 기회다. 곧 어느 정도 정치적 가능성을 열거나 제약하게 하는 포괄적 정치 환경이다. 인구 구성이나 사회경제 조건 같은 구조가 다양한 행위자에게 주어지는 정치적 기회 구조의 기반을 마련한다. 정치적 기회 구조는 며칠, 몇 년, 몇십 년을 단위로 늘 변화한다.

5·18의 역사가 문화 경제 프로젝트에 제대로 드러나지 않은 점을 비판한 사람들이 주목받았다. 이 사람들은 광주비엔날레와 문화 도시 재생에 참여해 국가 재정을 이용하고 도시 재생의 방향을 결정하는 데 목소리를 낼 기회를 얻었다. 정치적 기회 구조가 달라진 과정이었다.

어떤 자리가 권한은 하나 없이 책임만 진다고 말하는 사람이 있는데, 정말 그런 사례는 드물다. 아주 낮은 지위라도 일하는 과정에서 정치적 기회 구조는 주어진 권력보다 크기 때문이다. 사소한 일만 책임지더라도 일정한 자원을 이용하게 되고, 따라서 그 책임이 일의 범위나 성격을 좌우한다. 이를테면 시민단체는 도시 문화 전략을 둘러싸고 정책 결정 행위자들이 문화 축제를 도구화하거나 사적으로 지배하면서 지역 사회, 지역, 도시의 정체성과 기억을 소외시킨다고 종종 비판한다. 시민단체가 그런 비판을 통해 소음과 균열을 일으키는 행위도 정치적 기회를 활용하는 실천이고, 그 목소리가 내는 효과는 정치적 기회 구조가 형성하는 가능성과 한계에 달려 있다.

광주 사례에서 광주비엔날레 같은 문화 경제 정책은 문화 예술 전문가들의 입지를 바꿨다. 예술가들이 예술 작품 생산자에서 도시 정책 참여자가 되면서 정치적 기회 구조가 확대됐다. 특히 민중 미술가와 시민단체 성원들은 안티비엔날레를 만들어 기회 구조를 확장한 끝에 제도권 안으로 들어갔다. 시민단체 쪽에서 광주비엔날레 예술감독이 나온 일도 비슷하다. 안에 들어간 사람들은 기회가 많이 막힌 듯 느낄지 모르지만 더 큰 그림에서 보면 확장된 정치적 기회 구조가 드러난다.

아시아문화중심도시라는 도시 재생 프로젝트가 시작되면서 시민사회의 정치적 기회 구조는 다시 강화된다. 도시 재생은 시민 참여가 필수적인 도시 개발 프로젝트이기 때문에 시민 참여를 줄곧 독려하고 주장한 시민사회 활동가들이 중요한 구실을 해야 한다. 광주비엔날레에는 비판 세력으로 출발해 내부로 들어갔지만, 아시아문화중심도시는 시민단체 성원들의 참여가 전제된 장이었다.

문화 경제의 역동성도 문화 집단과 경제 집단의 정치적 기회 구조가 바뀌는 과정이다. 이론적 근거를 토론하고, 관련 행위자를 만나고, 장소를 디자인하고, 이벤트 계획을 논의하는 과정에서 일어나는 권력 투쟁은 협상 테이블에서 담론 형성, 예산 마련, 의사 결정에 영향을 끼치는 구조를 좌우한다. 광주 문화 경제를 둘러싼 담론들은 경쟁하다 정착되고, 어느 정도 통합하고 적응도 한다.

5·18의 기억, 경제 성장, 문화 예술 중시 담론 사이의 기회 구조를 둘러싼 투쟁은 '친성장pro-growth', '반성장anti-growth', '느린 성장slow-growth', '지속 가능 성장smart-growth'이 오가는 논쟁에도 연결됐다. 문화 주도 도시 재생은 문화적 기회와 경제 성장을 모두 발전시킬 잠재력을 지니고 있기 때문이었다. 광주에서도 성장을 옹호하는 흐름과 반성장을 지지하는 흐름이 둘 다 강해졌다. 문화 정체성에 관한 의식이 커졌고, 경제 성장을 향한 관심과 자신감이 높아졌다. 성장 레짐이 뚜렷하게 나타난 상황이라고 보기는 힘들지만 이데올로기로서 성장 담론은 확실히 강해졌다. 문화 경제 담론이 뒷받침한 덕분에 그런 성장 담론과 5·18의 역사가 때때로 결합할 수 있었다.

장소 마케팅과 도시 재생을 거치면서 도시 정치는 활발해진다. 장소 만들기는 도시 정치의 동기이자 결과다. 도시의 경제적 부와 정치적 권력이 도시의 장소를 만들고, 장소에서 다시 부와 권력이 나온다. 지난날에는 주로 정부가 도시 개발 같은 장소 만들기를 온전히 맡았다. 현대 사회에서는 대의 민주주의가 잘 작동하지 않는다. 많은 사람이 선출된 정치인과 행정 기관을 못 믿고 직접 참여한다. 소비자이자 납세자로서 더 나은 서비스를 요구한다. 이런 개입이 많아지면 파트너십은 점점 더 복잡해지고, 결국 많은 장소 만들기에서 성격이 다른 사람들이 참여하는 협치가 벌어진다.

한국에서도 1990년대 이후 장소 만들기에 기업, 시민사회, 전문가, 불특정 다수 시민의 참여가 당연시되고 있다. 이런 모호성과 개방성 때문에 문화 정책과 문화 프로젝트는 점점 정치적이 됐다. 광주 문화 경제에서 권력 계층 안에 있는 다양한 행위자를 살펴보면 각자 동원할 수 있는 자원과 위치는 도시 개발 기회가 확대되면서 다양해졌다. 문화를 통한 도시 개발에서 도시 엘리트의 영향력과 존재감은 광주비엔날레와 도시 재생 관련 논쟁에서 변화를 겪었다. 시민단체 참여자들이 들어왔고, 5·18에 연관된 문제에서 유족들이 도시 전문가들에게 밀렸다. 권력 투쟁을 거쳐 남은 사람들은 이제껏 마주친 적 없는 상대를 만나 당황했다. 공무원은 시민단체 성원과 지역 예술계 인사들이 낯설었고, 5·18 당사자와 유족들은 도시 전문가들이 낯설었다.

게다가 도시 문화 프로젝트에 외부인이 참여하면서 그전보다 정치가 더욱 역동적이 됐다. 피면담자들은 외부인 참여를 인정도 하고 비판도 했다. 서울에서 온 사람들이 광주에 새로운 도시 문화가 정착하는 데 도움을 주기는커녕 방해가 된다고 비판하면서도 어느 정도 기여한다는 사실은 인정했다. 새로운 성원이 출현하고 전체 판이 바뀌는 변화를 경험하면서 사람들은 실망해 떠나기도 하고, 계속 기회를 엿보며 남아 있기도 하고, 도시가 성공하기를 바라며 협력하기도 했다.

도시 개발과 장소 만들기에 참여할 수 있는 흥미진진하고 새로운 정치적 기회 구조는 행위자들이 문화와 경제의 경계를 넘어서면서 권력과 환경을 재배치하는 와중에 안팎에 걸쳐 역동적으로 나타난다. 다음 두 가지 면에 특히 주목해야 한다.

첫째, 개인 행위자는 일차원이 아니라 복잡하고 다면적이다. 특정한 선호가 있지만 맹목적으로 한 방향만 지지하지는 않는다. 이슈에 따라 다른 방식을 선호하고 선택한다. 둘째, 행위자의 정치적 기회 구조는 판단과 선호 적응을 하는 토대가 된다. 정치적 기회 구조가 협소하면 포기하거나 타협하기도 하고, 장기적 기회 구조를 생각해 비판할 대상하고 손도 잡는다. 두 집단, 특히 문화 집단에서 활동하는 행위자가 자기 위치를 다시 생각하고 문화와 경제의 통합을 촉진할 수 있게 적응했다. 논쟁에서 확고하게 의견을 밝히기보다는 기꺼이 타협한 사람이 있었고, 이런 사람들은 의견을 굽히지 않는 이들하고 갈등을 빚게 된다.

협치 파트너십 강화는 민주화가 거둔 성과이지만, 즐거운 합의보다는 전적으로 동의하지 못할 찜찜한 결과를 눈감고 넘어가야 하는 일이 많아졌다. 갈등과 경쟁을 수용하고, 협상하고, 합의에 도달하고, 마지막으로 협력하는 일은 장소 만들기 정치의 중추다. 의도하고 다른 결과가 나타나는 사례도 많아서 장소 만들기 정치는 역동적이다. 아시아문화중심도시 도시 재생에서 가장 찜찜한 합의를 한 주체는 시민사회다.

아시아문화중심도시 프로젝트와 재편된 문화 정치

아시아문화중심도시 프로젝트를 둘러싼 문화 경제 도시 정치는 도시 정부 공무원과 시민사회, 서울과 광주, 시민사회의 다른 집단들 사이에서 일어났다. 시민사회가 더 넓게 참여한 반면 시민사회 내부에서 균열이 일어났다. 5·18 단체들도 아시아문화전당 건립에 개입했다. 광주비엔날레에서 나타난 갈등 양상보다 훨씬 더 폭넓은 문화 정치가 펼쳐졌다. 장소 기반 도시 정체성에 다양한 경제적이고 정치적인 이해관계를 지닌 참여자들이 참여하면서 관계를 재조정해야만 했다.

시 정부 관료와 시민사회 사이의 경쟁이 불러온 시민사회의 분열과 다양화에 주목해야 한다. 광주비엔날레가 공무원이 주도하는 행사가 된다며 시민사회가 시 정부를 비판하기 시작하면서 공무원과 시민단체가 협력하는 과정이 시작됐다. 시민사회가 중앙정부와 시 정부에 대립적이고 비판적인 위치에 있다가 협력자 위치로 바뀌는 과정에서 시민 참여를 끌어내는 방법을 둘러싸고 의견이 분분해졌다. 시민사회 대표 자격이 아니라 개인 참여 방식이기 때문이었다. 참여를 둘러싼 의견이 갈리고 참여나 거부를 표명하는 자세에 관한 평가도 제각각이었다.

분열과 다양화를 겪는 과정에서 시민사회 성원들은 비판적 자기성찰을 한다. 비판 세력으로 머물 때는 같은 마음이라고 미루어 짐작하거나 실제로 같은 마음이라 터놓고 이야기기하면서 다른 의견을 듣고 받아들이는 훈련을 하지 못한 사실을 깨달았다. 광주비엔날레에서 이미 세 갈래로 나뉜 지도력은 아시아문화중심도시 프로젝트를 때문에 다시 고비를 맞았고, 2014년 옛 전남도청이 국립아시아문화전당 부지로 결정되면서 시민사회 내부 분열은 더 깊어졌다(이 책 11장 참조).

정치적 기회 구조에서 핵심이 되는 중앙과 지방의 관계도 더 중요해졌는데, 이 문제는 광주 시민사회의 운명에도 연관돼 있었다. 아시아문화중심도시 프로젝트에서는 집권 여당과 지역 엘리트 사이의 관계가 중요했다. 기금은 중앙 정부에서 왔지만 지방 정부가 프로젝트를 운영하기 때문에 둘 사이에 긴장이 일어난다고 피면담자들은 말했다. 상대방이 한 제안을 일단 거부하는 식으로 기 싸움이 잦았다.

시민단체 성원들은 오히려 중앙 정부 사람들하고 소통할 통로가 많았다. 광주가 아시아문화중심도시로 지정된 2006년에 중앙정부는 열린우리당이, 광주는 민주당이 여당이었다. 광주에서는 반전두환 정서 때문에 보수적인 사람도 보수 정당을 지지하지 않았다. 열린우리당은 민주당에 뿌리를 둔데다가 민주당 혁신을 주장한 사람들이기 때문에 두 당은 정치적 색채와 이데올로기가 비슷했다. 열린우리당 정치인들이 민주당 정치인들보다 좀더 젊다는 점이 차이라면 차이였다. 지역 엘리트들은 둘 중 어느 정당하고 관계가 더 깊은지에 따라 나뉘었다. 1990년대에 사회운동에 더 적극적으로 참여한 젊고 진보적인 행위자들은 열린우리당에 더 가까웠고, 그래서 중앙 정부 지원 프로젝트에서 소통을 잘할 수 있었다. 보수적 지역 엘리트들은 민주당에 더 가까웠다. 이런 차이가 문화 경제 정치에서 영향을 끼쳤다.

광주비엔날레에 이어 문화 집단과 경제 집단 사이의 갈등이 끊임없이 일어났다. 시민단체는 문화에 통합적으로 접근해야 한다고 주장했지만, 시 정부는 장엄한 문화센터 건설 같은 지역 경제 발전에 중점을 뒀다. 광주 시민사회는 광주비엔날레를 경험하면서 시 정부가 도시 경제를 발전시킬 도구로 문화를 대한다는 사실을 알았다. 다음 인터뷰에 나오듯이 이 진보 그룹은 아시아문화중심도시 프로젝트를 추진한 초기 단계부터 시 정부를 전략적으로 막았다.

서울 중앙 정부의 젊은 진보 그룹과 한국민족예술단체총연합(민예총)을 포함한 진보적인 예술가 네트워크 집단은 아시아문화중심도시에 광주 시 정부가 개입하는 걸 막으려고 노력했습니다. 그건 초기부터 그랬어요. 왜냐하면 광주비엔날레를 겪으면서 광주 시 정부는 문화 예술에 대한 생각이 없다는 것을 알았으니까요.

— 시민단체, 2009년 10월 8일

아시아문화중심도시 프로젝트에서 결정권자인 중앙 정부 사람들하고 네트워크가 있던 광주 지역 진보 엘리트들은 인맥을 이용해 새로운 기회를 마련했다.

서울에서 내려온 사람들과 광주 출신 사람들 사이의 권력 투쟁도 여전했다. '서울 사람'들은 광주에서 일하면서도 서울에서 계속 사는 사례가 많았다. '광주 사람'들은 광주에서 지낸 만큼 중앙 정부 프로젝트에 접근할 통로가 확실히 제한적이었다. 이런 상황에서 각자 서울과 광주에서 얻는 정보를 과신하고 그런 정보가 부족한 상대를 불신했다. 서울에서 내려온 한 피면담자(아시아문화중심도시, 학계)는 광주 사람들이 중앙 정부 패권을 혐오하기 때문에 서울 사람들을 경계하고 깊이 사귀려 들지 않는다며 불평했다. 중앙 정부가 특별 회계를 지원할 때도 시 정부와 광주 시민 사회는 원칙적으로 경계할 정도였다.

문화 도시 재생과 중앙 정부 지원이 결정된 뒤 시 정부와 전문가들은 핵심 사업인 국립아시아문화전당을 도시 외곽에 짓자고 제안했다. 지역 상인들을 의식한 정치인을 비롯해 경제 집단 행위자들은 지역 경제를 재건하려면 원도심을 활성화해야 한다면서 옛 전남도청을 아시아문화전당으로 리모델링하자고 주장했다. 옛 전남도청 지역에 기반을 둔 시민단체들도 도시 재생이 불러올 경제적 성과를 기대하면서 지지했다. 그러나 5·18 관련 단체들은 이 주장을 거세게 비판하고 6개월 동안 반대 시위를 벌이다가 마지못해 동의했다. 진통 끝에 도시 재생 프로젝트가 진행돼 옛 전남도청이 국립아시아문화전당으로 변신하게 됐지만, 가장 큰 갈등인 별관 논쟁이 이어졌다. 이 과정을 좀더 자세히 살펴보자.

문화 전략 속 시민사회의 고민과 변화

갈림길에 선 광주 시민사회

시민사회가 하는 구실은 다양한 만큼 애매한데, 특히 대정부 관계가 그렇다. 권위적 군사 정부에 맞서 민주화 투쟁을 한 역사 때문에 한국에서 시민단체란 반정부 성향을 띠며 노동, 환경, 여성 같은 특정 주제를 바탕으로 사회를 비판하고 대안적 가치를 실현하려는 집단으로 받아들여졌다. 반면 정부에 협력하는 집단은 어용 또는 관변 단체라 불렀다.

광주 시민사회를 지탱하는 진보적 시민단체들은 역사적으로 중요한 구실을 한데다가 시민들 신망도 두터웠다. 학생운동과 사회운동이 활력을 잃으면서 시민단체를 둘러싼 상황도 복잡해졌다. 군사 독재 정부 때는 비판과 저항을 하느라 힘들고 가난하면서도 정체성은 확실했다. 반면 김영삼 정부, 김대중 정부, 노무현 정부 때는 비판만 하려니 가능성과 장점이 많았고, 적극 협력하자니 관변 단체가 돼 보수 엘리트들에게 비난받을 듯했다. 광주뿐 아니라 한국 시민단체들이 예전보다 편하면서도 불편해졌다.

이런 딜레마는 다른 나라도 마찬가지였다. 영국은 국가와 시민사회가 다른 나라들에 견줘 친화적이어서 시민단체가 그림자 정부로 불렸다. 제3의 길을 내세운 토니 블레어 정부에서 시민단체와 정부의 파트너십이 더욱 고무되면서 시민단체는 둘로 갈라졌다. 첫째 유형은 전문성도 갖추고 국가나 재단의 각종 프로젝트에 지원하면서 마치 정부 기관이나 기업 같은 분위기로 일하는 새로운 시민단체였다. 규모도 커지고 급여도 오르지만 신뢰는 잃었다. 둘째 유형은 고전적 시민단체였다. 가난하고 규모가 작고 아마추어적이지만 진정성 덕분에 시민들이 신뢰했다. 전문성과 진정성이 꼭 대립하는 가치는 아니지만 공존은 어려운 모양이었다.

서구의 장소 마케팅 사례에 견줘 정치적 정당성과 도시 이미지가 중요한 광주의 장소 마케팅에서는 정치적 정체성과 시민단체의 참여가 핵심적 요소였다. 글래스고 같은 서구 도시가 관광객을 끌어들이려 활용한 문화 축제와 장소 마케팅 전략을 광주가 차용했고, 어느 정도 경제적 효과도 거뒀다. 광주는 갑작스런 경제 불황보다는 부정적 도시 이미지와 잘못된 역사 해석 때문에 피해를 본 만큼 도시 이미지가 더욱 중요했다. 1회부터 4회까지 광주비엔날레를 둘러싸고 벌어진 갈등과 논쟁도 도시의 정치적 정체성 때문이었다. 역사에 관한 자부심으로 시민단체 성원과 진보적 예술가들은 자본의 논리에 도전했다. 광주비엔날레를 통해 광주에 새겨진 정치적 이미지를 지우지 않고 재해석하게 한 동력은 시민들이 내린 결단과 정치적 개입이었다.

광주 시민사회는 많이 부대꼈다. 모든 행위자들이 마찬가지였다. 광주비엔날레 관련 공개 포럼에서 전문가들은 현지 예술가들이 겪은 소외, 광주비엔날레 행사가 지닌 경쟁력, 관람객을 동원한 지방 정부, 아시아 정체성에 관한 지나친 집착을 이야기했다. 공통분모는 불안이었다. 광주비엔날레를 통해 꿈꾸는 광주의 미래와 현재 광주가 지닌 능력 사이의 격차가 불러오는 불안감이었다.

불안은 불확실한 위치와 구실 때문이었다. 시민사회는 광주비엔날레와 아시아문화중심도시 도시 재생이 진행되는 와중에 줄곧 애매한 위치에서 여러 일을 했다. 국가 주도 도시 재생에 시민사회가 반드시 필요하기 때문이었다. 시민단체들은 광주비엔날레가 본격 시작되면서 비판도 하고 협력도 했다. 그러고는 줄곧 협력할지 비판할지 선택해야 하는 갈림길에 서게 됐다.

시민단체들은 지역 사회에 활기를 불어넣으려면 시민 참여에 초점을 맞춰야 한다고 주장했다. 폭넓은 시민 참여를 보장한다면서도 전문성만 강조하는 광주비엔날레를 비판하다가 나중에는 광주비엔날레에 참여해 잠재된 역량을 보여줬다. 비판자의 면모와 주최자의 면모를 모두 지녀야 했으며, 아예 판을 뒤엎는 비판을 할 수도 없고 주도권을 쥐고 마음대로 할 수도 없었다.

시민단체 성원과 진보적 예술가들은 안티비엔날레 같은 차별화된 내러티브와 접근 방식으로 엘리트주의적 문화 예술을 넘어 다양한 의사소통에 기여했다. 다만 그런 담론을 널리 확산시키지는 못했다. 정치사에 근거해 한 도시가 지닌 인본주의적이고 민주적인 이미지는 하향식 도시 재생이 지향하는 경제 환원주의적 목표에서는 부수적 장식품에 그치는 사례가 있는데, 광주비엔날레도 비슷했다.

도시 정체성을 다루고 문화 축제에 기여하는 비공식 수단인

안티비엔날레를 만들고 광주비엔날레 안으로 들어간 일은 쾌거이
자 타협이었다. 그 안에 들어간 시민단체 성원들은 공무원 집단하
고 의사소통 방식이 달라 공식 행사에서 자기가 할 수 있는 구실
이 제한적이라는 현실을 깨달았다. 국제 행사에서 전문성이 필요
하다는 담론은 시민단체 성원이 참여하지 못하게 막는 효과를 발
휘했다. 결국 외부 전문가를 불러와 행사를 기획하고 시스템에 익
숙한 공무원들이 운영을 주도했다. 그런 과정에서 5·18 정신은
자연스럽게 관심 밖으로 밀려났다.

시민단체 성원들은 공무원이 일하는 방식을 비판하는 한편 도
시 경제 성장과 도시 간 경쟁을 고려해 시 정부에 동조했다. 다른
가치를 옹호하며 논쟁하면서도 국제 행사를 위태롭게 할까 봐 참
여를 꺼렸다. 진보적 예술가와 시민단체가 볼 때 안티비엔날레가
거둔 성공은 민주주의의 가치가 예술적으로 확장된 사건이었다.
광주의 민주주의 정신을 자랑스러워하는 피면담자들은 더 많은
사람이 광주비엔날레에 참여하기를 바랐지만 막상 자기는 머뭇거
렸다. 시 정부를 상대로 한 토론과 협상에 냉소적으로 반응했다.

시 정부, 시민단체, 기업 사이의 파트너십은 순조로운 협상의
산물이 아니었다. 지역 정치에 적대감과 불신이 많은 만큼 광주비
엔날레에서 나타난 파트너십은 광주 시민사회가 벌인 저항과 투
쟁의 결과였다. 문화와 경제가 융합하는 문화 경제 속에서 다른
가치관 아래 살아가던 집단과 개인이 같이 일하게 되면 어려움을
겪듯, 문화 집단 행위자들, 곧 시민단체 성원과 진보적 예술가들도
상당한 내부 갈등을 겪었다. 관계와 위치가 달라진 때문이었다.

시민단체 성원과 예술가들은 자기들이 공무원들하고 다른 철

학과 합리적 상호 작용 방식을 지니고 있다고 생각했지만, 도시 개발 프로젝트가 발전하면서 차이가 두드러지기 시작했다. 어떤 사람은 5·18을 기억하려면 다른 요소를 과감히 배제해야 한다고 주장했고, 다른 사람은 기억을 존중하면서도 예술적인 방식을 활용해 광주를 발전시켜야 한다고 생각했다. 국가하고 얼마나 가까운 친구가 돼야 하는지, 국립아시아문화전당은 어떻게 짓고 운영해야 하는지 같은 구체적인 논의에 들어가면 의견이 더 갈렸다. 당연하면서도 아픈 깨달음이었다.

도시 재생으로 넘어가면서 광주 지역 사회, 특히 시민사회는 갈림길에 섰고, 새로운 구조에서 선택하고 적응했다. 정부, 기업, 시민사회를 선명하게 갈라서 말하기 어려워졌다. 이해관계가 확연히 다르기 때문에 세 주체는 여전히 사회 문제를 다루는 기본 틀이지만, 그 안에 속한 단체와 개인이 다양해지고 서로 다른 의사를 표현하는 일이 많아졌다. 아시아문화중심도시 도시 재생에 참여할 기회를 앞에 두고 광주 시민사회는 큰 변화를 맞이한다.

문화적 도시 재생 기회, 약일까 독일까

광주 사례는 경제와 문화가 각각 어떤 구체적인 모습으로 나타나는지, 어떻게 문화 경제 아래에서 행위자의 조합과 배치가 끊임없이 달라지는지를 보여준다. 시민단체 성원들은 대부분 자기가 힘이 없다고 말했지만, 비판받는 시 정부 공무원들이 하는 이야기를 들으면 그렇지 않다.

시민단체는 항상 우리를 보고 있고 어떤 일이 잘못되면 비판합니다. 우리는 항상 그들을 의식하구요. ……다른 모든 도시들에서, 도시 정부가 문화 축제를 관리하지만, 광주에서만은 저항이 강해 그게 가능하지 않습니다. 민간화는 시민단체에 의해 시작되었고, 그들이 개입하기 시작했습니다.

— 공무원/광주비엔날레재단, 2006년 6월 19일

시민단체 성원들이 광주비엔날레라는 제도로 들어온 일은 어느 정도 시민운동이 거둔 성취였다. 시민사회가 광주비엔날레에 한 제안이 다 무시되고 기각되지는 않았다. 이런 현실은 문화가 경제의 수단으로 자리매김된 상황을 뜻하기도 했지만, 시민 참여라는 명목으로 참여함으로써 광주비엔날레와 5·18 사이의 연결을 강화하고 문화가 지니는 가치 자체를 목표로 삼는 데 기여했다.

문화 경제는 역동적 도시 정치의 시작점이자 성과였다. 도시 개발이 활발하지 않고 정치적으로 소외된 시기에는 중앙 정부의 뜻을 거스르지 않는 보수적 엘리트들이 주요 지위를 차지했다. 민주화, 경제 성장, 세계화가 동시에 진행되고 문화 경제적 접근이 유행하면서 새로운 행위자들이 나타났다. 광주를 지배한 5·18의 기억, 국가가 억압한 도시 개발 욕구, 대안으로 추구한 문화 예술적 관심이, 좀더 정확히 말해 그런 가치들을 내세우고 싶어한 다양한 행위자들이 전면에 등장했다.

광주비엔날레와 5·18 기억 공간은 의도하고 다르게 만들어졌다. 광주비엔날레는 예상하지 못한 사건이 연이어 일어났고, 아시아문화중심도시 도시 재생은 새로운 행위자가 들어오면서 충돌하고 떠나거나 타협하고 협력했다. 비판적 영향력은 있지만 의사 결정 권한이나 경제적 자산은 없던 시민사회 엘리트들이 경제 성장에 눈떴고, 그런 전환은 도시의 운명을 바꾸는 과정을 주도했다. 발전 국가 시기 군사 정부가 결정하던 도시의 운명이 느슨하고 복잡한 협치의 손으로 넘어왔다.

모순되지만 이 도시 권력 구조는 국가가 한 결정 덕분에 변화하기 시작했다. 처음에 시민과 시민단체는 예술을 도구로 내세우고 5·18이라는 공공의 기억을 지우려 하는 경제 성장 어젠다에 반대했다. 기억이란 과거의 산물이지만 미래 지향적이기도 했다. 민주화에서 중요한 구실을 한 우리 도시를 사회 정의와 인권의 상징으로 만들겠다는 다짐이었다. 비판은 영향력을 발휘해 5·18의 기억이 전면에 등장했다. 이런 도시 발전 전략이 광주비엔날레 행사를 거치며 대형 도시 재생 프로젝트로 발전하면서 시민사회 성원들은 더 좋고 큰 기회를 맞았다.

가장 묵직한 딜레마는 이 도시 재생 프로젝트가 지닌 모호함이었다. 시민사회는 중앙 정부하고 어느 정도 친밀한 관계를 맺을지를 저울질해야 하는 태생적인 딜레마가 있었다. 덥석 환영하며 뛰어들기에는 찜찜했다. 5·18의 진상도 확실히 규명되지 않고 광주를 둘러싼 편견이 남아 있는 상황에서는 군사 정부와 김영삼 정부가 그다지 다르지 않은데다가 권력이 휘두르는 도구만 산업에서 문화로 바뀐 셈이었다.

광주 시민사회는 광주비엔날레를 비판하는 세력이었다가 안티비엔날레가 통합된 뒤에는 행사를 같이 준비하는 행위자가 됐다. 도시 이미지 변화와 경제 성장을 내건 1회 광주비엔날레가 문화를 도구로 삼는다고 비판하면서 갈등이 시작됐지만, 정작 문제는 짧은 준비 기간이었다. 진보적 예술가들과 시민사회가 대안으로 마련한 안티비엔날레도 급조한 행사였다. 광주의 미래를 망칠지도 모른다는 불안감 때문에 안티비엔날레를 계속 끌고 가기도 무리였다. 안티비엔날레가 광주비엔날레에 통합되면서 광주비엔날레는 새로운 국면에 접어들었다.

확장된 도시 개발 지형에서 시민사회 행위자들을 둘러싼 정치적 기회 구조는 어떻게 달라졌을까? 이런저런 일들을 거치며 시민사회 내부에서 광주비엔날레를 보는 시각이 갈라지기 시작했고, 아시아문화중심도시 프로젝트를 계기로 차이는 더 뚜렷해졌다.

참여인가 배신인가 — 각자의 길로 나아가는 시민사회

나는 이제껏 문화 경제를 경계가 흐려지고 통합되는 현상으로, 문화 집단과 경제 집단을 구별해 도시 정치 사안을 보지만 관료와 진보적 예술가와 시민단체 성원들이 같이 일하면서 경계가 재탄생하고 강화되는 과정으로 이야기했다. 앞으로 할 이야기는 문화와 경제가 지속적으로 재배열되는 과정에서 문화 집단 내부에 나타난 변화를 다룬다. 도시 정책 안으로 들어온 시민사회는 역동적으로 다변화한다. 갈등은 문화와 경제 사이뿐 아니라 문화의 경계 안에서도 생긴다. 경제 집단은 문화를 도구화해 경제 성장을 추구하는 목표 아래 강하게 모이지만, 문화 집단은 문화의 다면적 특성 때문에 더 다변화되기 쉽다. 그래서 문화 경제에서 문화 집단은 새로운 형태로 재배열될 수 있다. 재배열은 단선적이거나 경계 없는 방식이 아니라 유연하고 역동적으로 진행된다.

재배열을 불러온 아시아문화중심도시 프로젝트에서 광주 시민사회는 그전보다 큰 어려움을 겪었다. 문화와 경제는 광주비엔날레에 관련해 시민사회가 시 정부와 공무원들을 비판할 때 긴장 관계를 형성했다. 재배열 단계는 3회 광주비엔날레부터 시민단체 성원이 광주비엔날레재단으로 들어오면서 참여하고 타협하는 방식으로 시작됐다. 그럼 이제 2006년부터 2009년까지 광주의 문화 주도 도시 재생에서 공무원과 시민단체 성원 사이의 상호 작용, 시민사회의 내부 변화를 살펴보자.

광주 시민단체들은 재정이 모자라 근근이 유지하는 형편이었지만 많은 지지를 받았다. 광주비엔날레를 시작할 때 광주 시민을 대상으로 한 설문 조사에서 '불공정한 문제를 해결하는 데 누가 가장 효과적입니까?'라고 물었다. 1위 지역 언론에 이어 시민단체가 60.1퍼센트로 2위를 기록했다. 상공회의소(53.7%)나 노동조합(53.2%)보다 높았다. 이런 여론을 바탕으로 시민단체는 5·18의 기억을 훼손하고 광주의 정체성을 부정하려는 시 정부를 엘리트주의와 개발주의라 비판하면서 안티비엔날레를 열어 개입했고, 나중에는 광주비엔날레에 통합됐다. 장소 만들기식 저항과 비판에서 비판적 참여로 전환한 셈이었다.

희생자, 비판가, 저항가이던 사람들이 갑자기 기업가, 글로벌 행위자, 프로젝트 매니저가 돼야 했다. 중앙 정부와 시 정부가 광주비엔날레를 처음 제안하자 광주 시민사회는 어리둥절해했다. 여러 번 논의하고 나서야 이 아이디어에 익숙해졌다. 도시 성장을 향한 욕구와 저항 정신 사이에서 균형을 맞출 방법을 결정해야 했다. 시민사회는 문화적 가치나 공동체에 우선순위를 두기 때문에 기회를 잡고 싶은 마음을 너무 드러내도 안 좋고 예전 태도에 머물러 있어도 안 될 듯했다.

광주비엔날레가 여러 전시장과 이동 경로를 통해 도시 공간을 개발할 기회였다면, 아시아문화중심도시는 문화를 수단으로 하는 대규모 도시 재생 프로젝트였다. 1990년대에 시작한 광주비엔날레가 그때 인기이던 도시 개발 형태인 문화적 장소 마케팅이었다면, 2000년대 들어 시작한 아시아문화중심도시는 그때 유행한 문화적 도시 재생이었다. 장소 마케팅은 기업이나 정부의 주도성이 강해 시민사회가 소외되고 갈등이 생길 때가 많지만, 도시 재생은 중앙 정부가 지원해도 출발할 때부터 시민 참여를 강조한다. 시민 참여 방식으로 진행되는 장소 마케팅도 가끔 있는데, 시민사회의 힘이 강하거나 정부나 시장이 시민 참여에 긍정적일 때 그렇다.

아시아문화중심도시가 광주비엔날레하고 다르다며 환영하는 사람들이 꽤 있었다. 광주비엔날레에 실망하고 비판하는 데 지친 시민단체 성원들에게 이 프로젝트는 대안적 장이었다. 아시아문화중심도시는 전체 도시 발전에 이바지하면서도 시민 참여 면에서 더 의미 있는 사업이라고 느끼는 듯했다.

광주비엔날레로 광주가 더 좋은 곳이 될 좋은 기회라고 생각합니다. 그런데 광주비엔날레가 어떻게 이루어졌는지에 대한 감정이 복잡해서 제가 얼마나 참여할 것인지 잘 모르겠습니다. 차라리 문화 도시 프로젝트에 집중하고 싶습니다.

— 시민단체, 2006년 6월 20일

시민단체 출신 피면담자들은 이미 관심이 바뀌고 있었다. 아시아문화전당 프로젝트가 시작되지 않은 2006년에도 광주가 슬픔 관광을 통해 성장할 수 있다고 예상하거나 기대했다.

시민 참여가 어느 정도 보장되는 이 장에서 기뻐해야 할 시민단체 행위자들은 오히려 복잡한 마음을 드러냈다. 광주의 문화 경제 도시 전략이 본격적으로 시작된 탓이었을까? 아니면 급격한 사회 변화 속에서 정체성 혼란을 겪는 조직과 개인들처럼 시민단체도 혼란스러웠을까?

도시 재생은 시민 참여를 강조하는 틀이기 때문에 시민사회가 당연히 큰 구실을 맡았다. 이 프로젝트를 지원한 노무현 정부에서 일하는 사람들 중에는 광주 시민단체 사람들이 아는 사람이나 가까운 친구가 꽤 있었다. 같은 지역에 산다고 해서 모두 그런 인맥을 가질 수는 없었다. 도시 재생 프로젝트에 참여할 사람들은 여러 경로를 거쳐 합류했지만, 이런 참여를 시민단체 차원에서 공동으로 결정할 수는 없었다.

같은 처지인 줄 알고 지내다가 지각 변동이 일어나자 인맥을 동원하는 양상이 서로 달랐다. 공동 대응을 할 기회도 없었다. 협상이나 상의를 건너뛰고 빠른 결정을 내려야 할 때 그 과정에서 배제된 사람들은 찜찜해하면서도 받아들이는 '내적 타협' 상황이 연출됐다. 반면 결정을 내린 쪽은 자기를 이해하지 못하는 '동지'들이 섭섭했다.

문화적 도시 재생은 재정 규모에서 광주비엔날레보다 훨씬 커서 기회도 많았다. 중앙 정부는 문화 주도 도시 재생의 복잡한 역학에 더해 막대한 재정을 지원하겠다고 약속했고, 다양한 사람과 집단이 관심을 기울였다. 광주 사람뿐 아니라 광주 사람과 외부인(주로 서울) 사이에서도 상호 작용과 네트워킹이 일어났다. 협업과 갈등이 더 복잡해졌다.

정치적 기회도 확대됐다. 문화 주도 도시 재생을 위한 도시 전략이 영향력을 넓히면서 정치적 기회 구조가 확대돼 시민단체 성원들도 중앙 정부가 주도하는 도시 통치에 참여할 수 있게 됐다. 노무현 정부 때 몇몇 시민단체 성원은 이미 정부에 들어갔다. 이런 변화는 시민사회 안에서 벌어지던 갈등을 더욱 악화시켰다.

저는 중앙 정부에서 일하기 시작한 사람들을 많이 알고 있습니다. 그 사람들은 다 제 친구에요. 우리는 함께 독재 정권에 맞서 싸웠습니다. 이제 그들은 정부의 일부가 되었구요. 그 사람들은 우리가 싸운 힘의 일부입니다.

— 시민단체, 2006년 6월 20일

이 피면담자는 비난은 안 하지만 틀림없이 실망한 눈치였다. 다른 피면담자는 실질적인 사회 변화를 위해 공식적 도시 개발 프로젝트에 참여하기로 결심했다. 또 다른 시민단체 피면담자는 광주비엔날레를 개혁하는 제3의 길을 찾아갔다.

시민사회 내부가 다양해지고 공무원들하고 파트너십을 맺게 되면서 시민단체 성원들은 자기 위치를 다시 생각했다. 친구가 적이 되고 적이 친구가 되면서 이견이 나오고 균열이 생겼다. 광주비엔날레가 내세운 현대 미술 같은 문화는 광주가 자랑하는 전통 문화도 아니었고 역사가 담긴 저항의 문화하고도 달랐다. 투쟁하는 문화에서 예술적, 학제적, 유연적, 창조적 파트너십으로 나아가는 변화에 적응해야 했다. 몇몇은 당황했지만 다른 몇몇은, 특히 젊은 세대는 변화를 반겼다.

1990년대 중반에서 2000년대 초까지의 이 기간에 변화를 관리하거나 수용할 수 있는 개인의 반응과 능력은 무척 다양했다. 변화를 더 잘 받아들이는 사람들은 변화를 받아들이지 않는 사람은 너무 교조적인 꼰대라고 생각했다. 반대로 시대에 편승하고 투항하고 타협하는 사람들을 비판하는 목소리가 적지 않았다. 그렇게 논의와 평가가 계속되며 시민사회와 정부와의 파트너십은 서서히 상식으로 자리잡았다.

광주비엔날레를 계기로 예술이 주도하는 도시 성장주의형 장소 마케팅이 문화 주도 도시 재생으로 확대되면서 시민사회 성원들이 참여할 기회도 늘어났다. 이런 변화는 경제 집단을 비판하고 저항해야 한다는 대의 아래 묶여 있던 문화 집단에 새로운 문제를 던졌다. 경계가 흐려지면서 새로운 논쟁이 시작됐으며, 시민단체 성원들은 각자 의사 결정을 해야 하는 낯선 상황에서 각자가 내린 결정에 실망했다.

광주도 발전주의와 국가가 도시 성장을 주도하는 사례일 뿐이다. 그렇지만 몇몇 다른 도시에 견줘 공격적 도시 성장을 추구한 경험이 없기 때문에 광주에서는 경제 성장이 잠정적 관심사였다. 게다가 5·18은 중앙 정부에서 경제적 지원을 받을 수 있다는 희망을 아예 꺾어버렸다. 이런 맥락에서 민주화를 어느 정도 달성한 뒤에야 광주의 다양한 주체들이 경제 성장에 관심을 기울이기 시작한 일은 놀랍지 않다. 도시 엘리트들은 경제 성장이라는 가치를 두고 전혀 논쟁하지 않았다. 민주화가 된 상황에서 도시 성장은 사회 정의를 실현하는데 가깝다고 생각했다. 도시 정부와 시민사회 엘리트뿐 아니라 평범한 시민들도 중앙 정부가 지원하는 도시 개발 프로젝트를 도시 성장의 기회로 받아들였다.

시민사회 앞에는 전문성과 자격이라는 숙제가 던져졌다. 갈등은 도시 성장을 둘러싼 모순된 이데올로기가 아니라 다른 행위자들이 보인 태도 때문에 일어났다. 도시 정부가 취한 권위적인 접근 방식과 시민단체 성원들의 부족한 전문성을 서로 비판했다. 같이 일하려면 협력하는 태도와 전문성, 역량이 모두 필요했다. 제도 안에 들어가면 집행 과정에 참여해야 할 텐데, 정책 실현 과정에 익숙하지 않은 시민단체 성원들은 부담이 될 수밖에 없었다.

5·18의 역사가 보여주는 것처럼, 그 이후에도 광주의 시민사회는 중요한 존재였지만 제도 밖에 존재했습니다. 우리는 비판하고 저항하는 데 익숙하지만 정책 구현에는 익숙하지 않습니다.
— 시민단체/광주비엔날레재단, 2006년 6월 15일

제도 안으로 들어가는 일도 어색한데, 광주비엔날레 때부터 중요해진 협치는 더 문제였다. 비판자이자 외부자인 시민사회와 시민단체 성원이 파트너가 돼 정책 업무에 참여하는 과정은 커다란 변화였다. 공무원들하고 어떻게 협력하고 얼마나 가까워질지 결정해야 했다.

거버넌스, 스타벅스

도시 거버넌스, 곧 협치란 시민의 삶에 영향을 끼치는 도시 정책, 개발, 행사 같은 일을 결정하고 진행하는 과정을 정부, 기업, 시민 사회가 함께 노를 저어가듯 만드는 형태를 말한다. 학계나 정부에서 협치는 인기 있는 개념이다. 협치를 민주적이고 참여적인 정책 집행 방식으로 보고, 진정한 협치를 지향해야 할 목표로 삼는다. 도시 정부는 민주적 과정을 거쳐 일을 진행하려고 의사 결정과 정책 집행을 협치 형태로 구상한다. 주민 참여와 협치 실현이 정책 평가에서 중요한 점검 사항이 됐다.

협치는 국가 또는 통치가 위기를 맞으면서 출현했다. 혼자 힘으로 할 수 없는 일이 늘어나면서 국가는 어쩔 수 없이 다양한 부문의 행위자들에게 손을 내밀었다. 대규모 개발과 인프라 구축 때문에 대부분의 경제 선진국이 재정 위기를 맞았다. 애국심이라는 가치는 점점 사라지고 국민은 이것저것 요구하는 고객처럼 굴 때가 많아졌다. 정당성 위기다. 국가는 재정 위기 때문에 기업하고 파트너십을 맺어야 했으며, 정당성 위기 때문에 시민사회하고 손잡아야 했다. 기업은 국가의 제도적 지원과 시민사회의 공정한 이미지가 필요했고, 시민사회는 국가의 재정적이고 제도적인 뒷받침과 기업의 재정적 지원을 받을 수 있었다.

협치는 매끈하고 공평하게 진행되기가 꽤 어렵다. 실패 위험은 협치의 핵심 조건이자 속성이다. 애당초 이해관계와 권력이 다를 수밖에 없는 행위자들은 필연적으로 동상이몽에 빠지기 때문이다. 노를 저어서 가고 싶은 방향이 다르고 노의 크기와 힘의 크기도 다 다른데, 같이 노를 젓는 셈이다. 협치의 특성을 직시하고 현

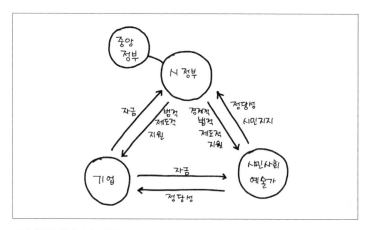

도시 개발 문화 거버넌스 협치는 국가 또는 통치가 위기를 맞으면서 출현했다. 혼자 힘으로 할 수 없는 일이 늘어나면서 국가는 여러 행위자들에게 손을 내밀었다.

실적으로 이해해야 한다. 협치를 이상향으로 보는 시각 때문에 아주 현실적인 갈등 과정을 실패로 보고 절망하는 사례가 많다.

현실에서 보이는 협치는 구호에 맞춰 함께 노 젓는 모습하고는 거리가 멀다. 의사 결정 단계를 보여주는 도표도 없다. 파트너라고 해서 꼭 합의를 해야 하거나 상하 관계처럼 결재를 받을 필요도 없다. 협치와 파트너십이 상대적으로 오랜 시간 발전한 영국에서는 지금도 많은 도시 개발 프로젝트에서 파트너가 누구인지 모를 때가 많고, 누구 의견을 어떻게 받아들일지 정해지지 않은 사례가 흔하다.

정신없는 스타벅스에 앉아서 각자 하고 싶은 일을 하면서 자리를 지키고 있는 상태를 생각하면 된다. 협치에 참여하고 장소 만들기에 한몫하고 싶다면 많은 다른 존재와 소음을 견디면서 자기 일을 하는 어정쩡한 상태를 받아들여야 한다. 협치의 장에는 누구든 들어오고 싶으면 들어온다. 초대를 받으면 더 쉽지만, 자기가 정보를 알아서 스스로 오면 된다. 다른 존재와 소음이 좋고 익숙해지면 남아 있고 싫으면 나가도 된다. 그러니까 힘써서 협력하기보다는 각자 할 일을 하면서 소음과 거리를 적당히 조정하는 스타벅스 같은 형태가 협치다.

광주 사례에서 협치는 광주비엔날레를 둘러싼 여러 목소리들이 저항, 갈등, 타협 단계를 거치는 과정에서 생겨났다. 광주에 도시 협치나 파트너십이 자연스럽게 시작될 기반은 없었다. 기업은 강력한 시 정부를 상대로 협력하기에는 기반이 취약했다. 시민사회는 시 정부에 맞서서 각을 세우는 관계였다. 대신 1990년대 들어 중앙 정부가 또 다른 행위자로 등장했다. 도시 개발과 지역 엘리트가 도시 성장에 필요한 제도와 재원 때문에 아직도 국가에 많이 의존하는 상황이었다.

1995년 광주비엔날레가 시작된 뒤 광주 시 정부는 어느 때보다 빠르게 기업처럼 됐다. 한국의 성장 이데올로기는 수십 년 동안 상식으로 자리잡지만 빠른 도시 개발 기회에서 상대적으로 소외된 광주는 이런 문제로 진통과 변화를 겪을 필요가 없었다. 강력한 지역 기업이 없는 상황에서 국가 지원을 받아 문화 경제를 이끈 시 정부는 권위적 태도를 유지하면서 기업가처럼 행동했다. 광주비엔날레에 관여하는 행위자들이 투자가나 개발 사업가가 아니라 국제적으로 활동하는 예술가여서 장소 만들기 정치에 거리를 둔 탓에 시 정부가 기업가 구실을 했다.

분권화가 시작된 뒤 정부와 비정부 행위자들이 협력해 도시 성장 연합이 나타났지만, 산업 기반이 취약한 광주는 다른 접근법이 필요했다. 바로 문화를 통한 장소 만들기다. 장소 만들기는 도시 개발과 공공 기억 같은 역사와 정체성을 포용해야만 새로운 기반이 마련된다. 주도권은 장소 만들기를 제안하고 지휘하는 데 관여하는 주요 행위자들, 곧 도시 엘리트들과 시 정부가 쥔다.

서구의 성장 연합 사례에 견주면 광주에도 도시 성장을 지향하는 정부와 비정부 엘리트 사이의 협력이 증가하는 경향이 분명히 나타났다. 그렇지만 주도적으로 참여하는 기업인이 없고, 시민단체와 5·18 단체들의 힘이 강하고, 발전주의 이데올로기가 계속 힘을 발휘하면서 서구 사례하고는 다른 특성을 드러냈다. 1980년대에 억압적으로 군림한 국가는 1990년대 들어 제도적 뒷받침과 재정적 지원을 하는 주체로 성격이 달라지지만 여전히 중요했다. 이런 국가는 지역과 개인에 내면화된 발전주의하고 함께 아시아도시의 장소 만들기 정치를 구성했다.

더 민주적인 체제에서는 정부뿐 아니라 기업과 시민단체도 의사 결정에 참여한다. 행위자들이 협업할 때는 도시 성장과 각자의 이해관계 때문에 파트너십이 더 복잡해진다. 복잡하게 얽혀 있지만 크게 보면 문화와 경제가 충돌한다. 도시 개발 계획이 수립되기 전에 반복되는 협상과 재협상이 전체 사업의 핵심이 돼버린다.

광주 도시 성장 프로젝트는 광주 사람들이 오래 기다린 기회였지만, 이 기회 때문에 도입된 외부 역학 탓에 도시 정치는 많은 조정을 거쳤다. 1995년부터 2006년까지 11년 동안 광주 도시 정치 행위자들은 자기가 어디에 있으며 누가 친구이고 적인지를 알아내려 노력했다. 도시 개발의 문화 정치는 협력과 파트너십이 재배치되고 재구성되는 과정이었다. 이를테면 많은 관람객을 유치하는 데 성공한 1회 광주비엔날레는 공무원과 예술가들에게는 각자 다른 의미에서 기막힌 광경이었다. 예술가들은 공무원들이 동원한 관광버스를 타고 온 시골 노인들이 잔디밭에 앉아 간식을 먹는 모습이 달갑지 않았다. 희한한 물건들을 늘어놓고 대단한 예술 작품이라며 감탄하는 전시회가 공무원들 눈에는 그저 시장이 지시한 행사나 사업일 뿐이었다.

중앙 정부와 시 정부는 함께 광주비엔날레를 준비하고 예술감독을 비롯한 전문가들이 공무원들하고 함께 일했다. 이런 형태도 아름다운 협력은 아니지만 협치라 부를 수 있었다. 광주의 장소 마케팅과 도시 재생에서 본격적으로 협치 형태가 나타난 계기는 독주하는 시 정부에 시민사회가 제동을 건 일이었다. 광주비엔날레와 아시아문화전당 같은 도시 재생 사업을 추진하는 과정에서 시민단체들은 늦게나마 문제를 제기했다. 도시 재생을 하는 목적은 도시 경제의 성장인지, 아니면 도시 정체성과 공공 기억인지 물었다. 6회 광주비엔날레 때는 광주비엔날레재단 직원의 절반이 외부 인력으로 구성됐다. 처음에는 꺼려하던 시장이 마음을 바꿔 공무원, 지역 예술가, 시민단체 성원이 함께 일하게 됐다. 시 정부가 타협한 셈이었다.

광주 사례에서는 비정부 행위자에 주목해야 한다. 광미공, 경실련, 참여연대 등 다양한 시민단체 말이다. 중앙 정부가 지원한 재정을 바탕으로 한 도시 개발은 시민사회와 개별 전문가들이 새로운 틈새시장을 만들 기회가 됐다. 장소 만들기의 성격과 방향은 이미 어느 정도 정해진 상태이지만 상황을 바꿔야 한다는 생각에 참여했다. 비정부 행위자들은 정책 결정 체계로 들어오면서 존재감과 지위도 달라졌다. 시민사회가 하는 구실과 시민단체와 시 정부의 관계가 변화하기 시작했다.

개발의 정치에서도 권력 관계뿐 아니라 협치 체계와 도시 개발이 영향을 주고받는 과정도 중요했다. 미디어는 광주비엔날레와 아시아문화중심도시가 겪는 시행착오와 갈등을 크게 다뤘고, 신정아 학력 위조 사태까지 불거지면서 그다지 성공적이지 못한 사업들이라는 인상을 남겼다. 그렇지만 낯선 기회, 시행착오, 새로운 관계를 경험한 학습 효과는 무시할 수 없었다. 겉으로 드러난 개발 욕구, 서울에서 내려온 사람들, 5·18과 도시 개발의 관계, 문화와 예술에서 장소가 하는 구실, 스타일이 다른 사람들하고 함께 일해야 하는 어려움, 저항의 대상인 정부에 들어가야 하는 곤란을 겪으면서 광주 사람들은 많은 훈련을 했다.

시민사회, 세 가지 다른 선택

광주비엔날레와 아시아문화중심도시 프로젝트가 진행되는 과정에서 공무원과 시민단체 성원 사이의 통합은 역동적 정치 역학을 보여줬다. 한 조직의 내부에 있던 행위자와 외부에서 온 행위자의 통합은 자연스럽기 힘들었다.

통합은 누가 내부인이고 외부인인지 서로 질문하고 새로운 이해관계를 구축하는 과정이었다. 제도와 예산 구조로 보면 내부인은 시 정부와 중앙 정부 공무원이었다. 시민단체 성원과 지역 예술가들은 '우리 시'에서 열리는 사업이니까 자기가 내부인이라 생각하지만 국가 지원 사업에서는 어쩔 수 없는 외부인이었고, 서울과 중앙 정부에서 온 외부인들이 주도권을 쥔다며 억울해했다.

한국의 중앙 정부와 지방 정부는 도시 계획가나 건축가를 공무원으로 두지 않고 개발 프로젝트를 외부 업체에 맡겼다. 아시아 문화전당 때는 건축가 한 명과 건축학 교수 세 명을 선정했다. 대학팀, 그리고 또 다른 건축가와 비영리 건축 단체도 참여했다. 국가가 지정하고 지원하는 도시 재생에는 지난날 국가 주도 도시 개발의 그림자가 어른거렸다. 위탁 업체 선정과 계약은 중앙 정부가 서울에 만든 문화중심도시조성추진기획단이 진행했다. 광주에서 진행하는 국책 사업이지만 지방 정부나 지방에서 활동하는 전문가들은 설 자리가 없었다. 시민사회 행위자들은 경제 집단이 주도하는 국제 행사 내부에 들어가 문화가 경제의 도구가 되는 문화 경제 일부가 됐다. 외부인들은 새로운 곳으로 옮기는 이주민 같은 충격을 받았고, 내부인들도 새로 들어온 이주민들 때문에 영향을 받는 원주민 같은 기분을 느꼈다. 공무원들은 이 '이주민들'이 내부 문화에 빨리 적응하지 못한다며 불편해했다.

공무원들은 시 정부에서 파견된 만큼 선택의 여지가 없었지만, 시민단체 성원들은 그 역동적 과정 안으로 들어갈지 말지 자기가 선택했다. 개인적 선택을 하는 과정에서 비교적 단일한 특성을 유지하던 문화 집단이 해체됐다. 광주비엔날레를 바라보는 시각은 다 달랐다. 광주비엔날레재단에서 일한다는 결정도 개별적으로 했고, 도시 재생에 참여하는 문제도 마찬가지였다.

우리는 이런저런 주제들에 대해 같이 이야기했어요. 저는 동료들과 의견을 나누고 광주비엔날레를 함께 비판했습니다. 그러나 결국은

각자 개별적으로 광주비엔날레에 참여할지 결정해야 했어요. 좀 씁
쓸했습니다.

— 시민단체/학계, 2006년 6월 18일

광주 시민사회가 지닌 동질감이 깨진 현실 때문에 씁쓸한 듯
했다. 시민사회는 동질적 집단이 아니라서 언제든 당연하게 다양
한 선택을 할 수 있지만, 광주는 '같이하기'에 익숙했다.

개인적으로 결단을 내린 결과 진보적 예술가와 시민단체 성
원들은 세 집단으로 나뉘었다. 첫째, 광주비엔날레에 동의하지 않
고 거부한 사람들이다. 둘째, 광주비엔날레에 문제가 많다고 생각
하지만 놓칠 수 없는 좋은 기회인 만큼 비판적 협력자로 남은 사
람들이다. 이 집단은 문화 행사를 치르는 과정에 완전히 통합되지
않은 채 거리를 두고 관여했다. 셋째, 광주비엔날레를 성공시키기
위해 직접 광주비엔날레재단에 들어간 사람들이다. 이 세 집단을
구체적으로 살펴보자.

첫째 집단은 처음에 광주비엔날레에 관심을 가지지만 자기가
할 수 있는 일이 거의 없다고 생각했다. 공무원 사회 내부로 이주
하려다가 관료적이고 도구적인 방식에 실망해 내부 개혁을 포기
했다. 광주비엔날레에 참여하려다 그만둔 한 피면담자는 말했다.

비엔날레는 '우리는 더 이상 당신들 말을 듣지 않겠다. 하지만 혜택
몇 개는 주겠다' 이런 메시지입니다. 광주, 전남의 예술가, 시민사회
에는 500명이 있지만 광주비엔날레에는 관심이 없습니다.

— 시민단체/아시아문화도시, 2006년 6월 22일

광주비엔날레 진행 과정에서 크게 실망한 첫째 집단은 아시아 문화중심도시에는 적극 참여했다. 더 큰 기회인데다가 광주의 정체성과 문화적 요소를 포함한다고 생각했다. 그리고 시민단체가 주도해서 공공 영역을 만들 가능성이 더 높다고 믿었다.

둘째 집단은 정치 구조 외부에 서서 광주비엔날레를 도구화하고 동원하는 행태를 적극적으로 비난하면서도 광주비엔날레에 시민 참여 공간을 만들려 노력했다. 한 피면담자는 '제3섹터'라는 광주비엔날레 시민 참여 프로그램과 '비엔날레를 사랑하는 사람들의 만남'이라는 시민 포럼을 만드는 데 참여했다. '제3섹터'는 둘째 집단이 제안한 프로그램으로, 예술 박람회에 진보적이고 실용적인 접근을 결합한 방식이었다. '제3섹터' 행위자들은 이 프로그램을 옛 전남도청에서 열자고 제안했다. 왜 그랬을까?

옛 전남도청은 광주의 정치사에서 무척 상징적이었습니다. 5·18 민주화운동의 최종 피해자는 그 건물에서 사망했어요. 나중에 많은 반정부 시위가 도청 주변에서 열렸습니다. 학생들의 시위와 경찰 진압의 현장이었습니다. 경찰들이 엄격하게 통제했기 때문에 현관에서 쪼그리고 앉는 것이 상징적 승리라고 생각했습니다. 이 건물은 5·18 민주화운동의 역사적인 그림에서 중요하고 대표적인 장소이며, 5·18 민주화운동 기억에서 예술과 문화의 만남의 열쇠였습니다.
— 시민사회/아시아문화중심도시, 2006년 6월 22일

옛 전남도청은 5·18 때 마지막 시민군들이 죽음으로 저항한 장소였다. 계엄군이 물러난 뒤 '해방된' 광주 시민들이 자치를 한

장소이자, 수습위원회와 시민군 지도부가 자리한 곳이었다. 1980년 5월 27일, 군인 2만 5000명이 이른바 '상무충정 작전'이라는 이름 아래 총탄 1만여 발을 쏘면서 전남도청 탈환 작전을 벌였다. 이날 윤상원 열사 등 17명이 목숨을 잃고 164명이 다쳤다. '제3섹터' 프로그램 제안자들은 6회 광주비엔날레가 5·18을 대표하는 장소에서 열리기를 바랐다. 광주비엔날레와 5·18을 잇는 접점을 적극적으로 찾는 시도였다.

광주비엔날레재단은 이 제안을 받아들이지 않았다. 심지어 '제3섹터' 프로그램을 거부해 프로그램 책임자가 사임했으며, 시민사회 기반 프로그램에 배정된 예산을 3억 원에서 2000만 원으로 깎았다. 그런데도 이 둘째 집단은 시민이 참여하는 아트 페어를 따로 열어 도시 이미지를 향상시키는 데 기여하려고 제3섹터를 계속 진행했다. 결과적으로 '제3섹터' 프로그램은 시의 재정 지원이나 광주비엔날레재단의 승인 없이 많은 사람이 찾아 성공을 거뒀다.

한 피면담자는 광주 정신이란 민주주의, 인권, 시민 참여라고 했다. 광주비엔날레에서 광주 정신이 드러나야 한다고 강조했다.

시민사회는 대안적 가치와 문화를 생산하는 목표를 가지고 있어요. 광주비엔날레를 창의적으로 만드는 것은 시민의 책임입니다. 우리 시민사회는 창조적 개념의 '놀이'를 만들어야 합니다. 저는 광주 정신이 너무 자랑스러워요. 그 정신의 가치를 받아들이고 싶었습니다.
— 시민단체/광주비엔날레재단, 2006년 6월 21일

이 집단은 확실한 대안적 형태를 제안하고 있었다. 광주 정신을 광주비엔날레에 구현하려면 문화가 경제의 도구를 벗어나 문화 본연의 가치를 추구해야 한다고 보고 비엔날레에 거리를 유지하면서 행사의 한 부분을 담당했다.

셋째 집단은 안티비엔날레를 주도한 뒤 광주비엔날레에 합류한 진보적 예술가와 활동가들이었다. 이 집단은 협동조합을 만드는 정신으로 공공 부문에 참여했으며, 광주비엔날레에 긍정적이었다. 광주비엔날레에 통합된 사실 자체만으로 큰 영향력을 발휘하지만, 시민단체 성원과 진보적 예술가들이 볼 때는 앞으로 나아갈 동력을 더는 얻지 못했다. 광주비엔날레에 통합된 뒤 내부에서 딱히 호응도 없고 반대도 없는 상태가 이어지면서 힘이 서서히 빠졌다. 첫째 집단은 아예 선을 긋고 나가서 고민이 정리되지만, 둘째와 셋째 집단은 고민을 계속할 수밖에 없었다.

시민사회가 이렇게 세 집단으로 나뉜 문화 경제 적응 과정은 당사자에게 힘든 기억이었다. 대부분 다양해지기보다는 분열돼서 시민사회가 더 힘을 잃는다고 걱정했다. 그런 이야기를 하기가 고통스러워 인터뷰에 응하지 않는 사람도 여럿이었다.

문화 경제 도시 개발은 시민단체 성원과 예술가들이 관료들하고 협력할 수 있는 기회였다. 관료들의 경제 성장 지향적이고 도구적인 접근을 비판한 몇몇 시민단체 성원들이 나중에 공무원들하고 동맹을 맺은 사실은 다른 동료들에게 충격을 줬다. 배신과 야망으로 받아들여졌다. 문화 경제란 구체적 행위자들에게는 배신을 뜻할 수 있었다. 그만큼 한국 사회에서 정부와 시민사회 사이의 긴장이 크다는 뜻이었다. 반면 협치에 참여하기로 한 사람들은 자기를 배신자로 취급하는 이들이 시대 변화를 못 받아들이고 원칙만 강조해서 일을 망친다고 생각했다.

아시아문화중심도시 프로젝트에 참여하기로 선택한 한 사람
은 한숨을 쉬며 말했다.

글쎄요, 그것[시민사회 내 갈등]에 대해 이야기하고 싶지 않습니다.
저는 상처를 많이 받았어요. 그 사람들[정부하고 협력하기를 거부한
사람들]은 내가 자신들을 배신했다고 했어요.
— 시민단체/아시아문화중심도시, 2009년 10월 8일

'배신자'라는 비판은 적대적 관계가 파트너십으로 바뀌면서 벌
어질 수 있는 일이었다. 한편으로 아직 의심과 긴장이 남아 있고
다른 한편으로 참여할 기회가 주는 가능성에 마음이 흔들려서 더
욱 복잡했다.

지난날 광주는 국가 정책 속에서 경제 발전이 더뎠고, 정치적
으로 우선순위인 지역도 아니었다. 지자체가 할 수 있는 일이 제
한된 탓에 리더십도 약했다. 1993년에 지방 선거가 시작되면서 지
자체는 중앙 정부에 기대지 않고 도시 성장을 추구할 동력과 이
유가 생겼다. 광주는 마침 문민정부가 5·18에 관련해 뭔가 정책
을 펴려는 시점하고 맞물리면서 역동적으로 나타났다.

광주에서 나타난 갈등은 분열이자 반목으로 보이지만 시간
이 흐르면서 의사 결정에 도움이 됐다. 분열은 시민단체 성원들에
게 큰 도전이었지만, 관료주의에 도전하려는 다양한 시도가 유연
한 전략으로 이어지면서 시민사회의 역량이 강화됐다. 더는 단일
한 목소리로 불만을 표현할 수 없어도 광주비엔날레에 참여하면

서 시민사회를 재통합하는 여러 방법을 터득할 수 있었다. 갈등과 긴장은 말 안 해도 서로 이해할 수 있는 사이라는 오해를 깨고 의사소통 기술을 발전시키는 데 기여했다.

협치 참여자들이 상대방의 생각을 존중하고 대화를 통해 합의하는 소통적 접근은 불편한 이야기를 하는 데에서 시작한다. 소통적 계획은 도시 재생 같은 프로젝트에서 합의를 형성함으로써 협상 과정에 놓인 장애물을 줄이게 된다. 소통적 접근은 참가자들 사이를 조정할 뿐 아니라 자기 성찰을 가져온다. 역동적 갈등과 해결 과정에서 시민사회는 자기성찰을 할 수 있었다. 문화 경제의 정치는 다양한 이해관계 집단 사이의 권력 관계에서 기인한 협상을 보여주지만 한 집단이나 개인이 무엇을 원하는지 생각하게 만들기 때문이다. 참여자들은 어렵고 썩 유쾌하지는 않아도 필요한 목표로 나아가는 학습 과정이라고 생각했다.

또 다른 학습 효과가 나타난 집단은 어린이였다. 한 피면담자는 광주비엔날레 덕분에 관람객들이 현대 미술에 친숙해진 사실을 인정했다.

저는 광주비엔날레가 광주의 청중에게 미치는 영향을 높이 평가합니다. 사람들은 광주 초등학생들이 광주비엔날레에서 이러한 형태의 예술 작품을 보고 배웠기 때문에 학교 미술 시간에 현대 미술과 같은 걸 시도하고 있다고 합니다.
— 예술가/광주비엔날레재단, 2006년 6월 19일

현대 미술이 낯선 사람들에게 광주비엔날레는 색다른 경험에 그치지 않았다. 초등학생들이 미술 시간에 설치 미술 작품을 만들기 시작했다. 굳이 그런 시도를 하지 않더라도 현대 미술에 익숙해진 효과는 있었다. 지역 경제와 지역 역사를 둘러싼 논쟁하고는 결이 다른 해석이었다. 2021년에 나는 자기가 이 '비엔날레 키즈'라는 현대 미술과 미디어 아트 예술가들을 만나게 된다.

동조와 적응, 시민사회의 갈등적 협력

광주비엔날레에 합류한 시민단체 성원들은 시간이 지나면서 적응하는 모습을 보였다. 아예 합류를 거부하거나 거리를 둔 채 협력하는 사람들에 견줘 광주비엔날레재단에서 함께 일하는 사람들은 다른 분위기를 풍겼다. 잘 적응하는 편이기 때문에 같이 일할 수 있었고, 같이 일하면서 동조와 적응을 할 수밖에 없었다.

앞에서 말한 대로 문화 경제는 협력적 갈등 상태다. 광주비엔날레재단 직원들은 대부분 광주비엔날레가 성공하는 데 공통된 이해관계를 지닌 반면 개인적으로는 다양한 이해관계가 얽혀 있었다. 공통 목표와 개인 이익 사이의 격차는 특히 권력이 약한 성원들에게 뚜렷이 나타났다. 이를테면 시민단체 성원과 진보적 예술가들은 5·18의 정신을 내세우며 시민 참여형 광주비엔날레를 꿈꿨다. 이런 전망과 공무원들이 세운 목표가 부딪히면서 거센 논쟁이 일어났다. 시민사회 성원들처럼 공무원들도 다양한 직원들하고 협력할 동기가 있었지만, 재단이 하향식으로 운영되기 때문에 의사 결정 과정에 참여하지 않는 공무원 직원들은 변화를 위해 할 수 있는 일이 별로 없었다. 공무원이라고 해서 하향식 리더십을 마냥 편안해하지는 않았지만, 대부분 효율성, 특히 새롭게 큰 행사를 치르려면 어느 정도 '독재'가 필요하다고 인정했다.

광주비엔날레에서 5·18이 광주의 정체성으로 인정받는 과제도 잘 풀리지 않았다. 2006년 광주비엔날레 리셉션과 심포지엄에 참여해 살펴보니 5·18은 심포지엄 내용에 들어 있지 않았고, 주요 외국인 참가자들은 광주라는 도시의 역사적 배경을 전혀 몰랐다. 함께 참여 관찰을 한 외국인 연구자는 도시의 역사를 살리면 행사가 지닌 의의와 정체성도 살아날 텐데 왜 저러느냐고 물었다.

광주비엔날레에서 5·18을 이야기하지 않는 이유를 물어볼 때마다 공무원들은 이렇게 대답했다. "아, 당연히 5·18은 광주에서 너무 중요하지요." 그렇지만 광주비엔날레를 준비하는 사람들은 누가 굳이 묻기 전에는 광주와 5·18의 관련성이 잘 떠올리지 않거나 이야기를 일부러 피했다. 시민단체와 지역 예술가들도 그렇게 서서히 역사를 지우게 될까 봐 광주비엔날레를 비판했다. 국제 문화 행사 자체가 싫다기보다는 역사에서 동떨어진 이벤트가 광주를 대표할 봐 두려웠다.

광주비엔날레에 작가로 참여하려는 지역 예술가들도 예술적 방식으로 지역과 도시의 정체성을 발전시키고 싶어서 국제 규모 예술 전시회를 준비하려는 경제 집단 행위자들에 맞섰다. 그런데 지역 예술가들은 국제 규모 전시회에 참여하거나 관리한 경험이 없어서 딜레마가 생겼다.

반면 해외 예술가들은 광주의 역사와 도시 정체성에 관한 지식과 감성이 부족했고, 광주비엔날레 예술감독도 대부분 서울이나 외국에서 온 탓에 지역 예술가들이 참여할 여지가 줄어든다는 문제는 여전히 남아 있었다. 지역 예술가들은 설 자리가 없다는 데 불만을 드러냈지만, 지식과 국제적 명성을 무기로 국제 미술 행사에 참가하는 외부 엘리트 예술가들을 비판하지는 못했다.

현실에서 갈등과 협력은 복잡하게 얽힐 때가 많다. 언뜻 보면 갈등이 첨예한 사례에서도 대의를 위해 협력해야 한다는 부담감에 시달리고, 외부에서 모범적 협력 사례라며 손뼉을 칠 때 대놓고 비판하지 못해 속앓이 하는 참여자가 많다. 과정이 민주적이더라도 참가자의 선호가 표현되고 반영된다는 뜻은 아니다. 안건에 올라 민주적 절차를 걸쳐 논의되더라도 존재감 없는 제안은 외면당한다. 존재감은 권력의 다른 이름이어서 여기에서 밀리는 참여자는 타협하고 적응할 가능성이 크다.

흔히 불평등한 권력 구조가 문제로 지적되지만, 협치 방식 협력이 가능해지고 성과를 내려면 불평등한 권력 구조가 도움이 된다. 대등한 관계에서는 긴장이 있을 때 여간해서는 타협이나 순응이 일어나지 않기 때문이다. 그리고 눈에 띄는 갑질이 없어도 상대적 약자들이 의식적이고 무의식적으로 적응해 의사 결정이나 일처리를 가능하게 만들면서 오히려 자발적으로 순응하는 모습이 나타난다. 무의식적으로 적응하면서 심지어 자기가 적응을 한 사실을 모른 채 만족하기도 한다. 관심과 선호가 조정되지 않는 한 합의는 불가능하기 때문에 일이 진행되는 데에는 도움이 되지만, 사회 구조가 그대로 남아 있기 때문에 비판도 받는다.

적응과 협력이 성공한다고 해서 반드시 긴장이 해소되지는 않는다. 사실은 그 긴장이 묻혀버려서 적응하고 협력할 수 있다. 서로 다른 참여자들 사이에 다양한 이해관계, 관심, 선호가 자리하는 한 장기적으로 보면 그런 타협은 건강하지 않다. 한 가족이 평화를 유지하려면 대개 누군가는 자기 의견을 내세우지 않고 타협하고 순응하며 살아야 하는 이치하고 똑같다.

이해관계가 달라도 공동 문제에 관심을 쏟는 협력적 갈등 상황에 놓여 있기 때문에 광주비엔날레 성원들은 자기 이익을 떠나 어느 정도 협력했다. 상대적으로 힘없는 쪽은 협력해야 한다는 압박감을 더 느꼈다. 이런 상황은 협업할 가능성을 더 높인다. 활용할 자원이 별로 없을 때 갈등이 시작되면 상황이 더 나빠질 수 있다고 예측하기 때문이다.

가장 권력이 높은 참여자도 적응을 안 할 수는 없다. 그렇지만 관료들은 시민단체 성원들에 견줘 자기 이해관계를 추구하는 행동을 상대적으로 더 하기 쉽다. 관료들은 지역 기업가들하고 성장 체제를 형성하며 도시 경제를 바라보는 관점을 공유한다. 관료와 기업가, 또 다른 엘리트들은 개인 네트워크로 자연스럽게 연결되기 때문에 시민단체 성원들은 다시 외부인이 된다.

광주 도시 개발 프로젝트 참여자들 사이에 협력적 갈등과 적응적 선호를 가져온 다른 동기는 광주를 향한 애정이었다. 광주가 정치적으로 오해받고 경제적으로 개발에서 소외되면서 도시 발전에 집착했다. 광주 출신 피면담자들은 광주비엔날레를 비판하건 안 하건 상관없이 그 행사를 자기 일처럼 여겼다. 광주가 큰 도시가 아니라서 국제 행사를 성공적으로 치르지 못한다는 두려움이 늘 있었고, 중앙 정부가 하는 지원도 불안해 보였다. 참여자들은 방식은 달라도 모두 광주 발전에 이바지하고 싶어했다.

중앙 정부가 대부분의 도시 재생 프로젝트를 좌지우지할 제도

적 권한과 재정적 수단을 지닌 만큼 피면담자들은 다른 문화 행
사나 축제를 열어 서로 경쟁시킬 수도 있다고 생각했다.

저는 암묵적인 위협이 있다고 생각합니다. 우리는 광주에 대한 국가
의 지원이 안전하다고 생각하지 않습니다. 중앙 정부가 적극적으로
간섭한 적이 없더라도 우리는 중앙 정부의 재정 및 법적 규제에 항
상 제약을 받았습니다.
― 공무원/광주비엔날레재단, 2006년 6월 19일

이런 불안은 도시 성장 이데올로기가 빠르게 성장한 현실을
의미하기도 한다. 국가 주도 도시 개발에서 배제되고 있다고 깊이
느낀 사람일수록 도시 성장을 향한 열망도 같이 나타났다.
　광주비엔날레에 합류하기로 결정한 시민단체 성원들은 자기
가 지닌 욕구를 제쳐놓고 이미 정해진 목표를 지지해야 한다는
현실을 깨달았다. 과거를 잊으려는 이런 움직임이 더 큰 그림으
로 나아가는 출발점일지도 몰랐다. 그렇다면 몇몇 시민단체 성원
과 예술가들이 뒤로 물러서서 지나치게 좌절하지 않기로 한 선택
은 합리적이라고 볼 수도 있다. 다른 관점에서는 권력 구조가 가
한 제약 때문에 이런 선택을 강요받은 셈이라고 볼 수도 있다. 아
니면 자발적 선택을 하도록 강요받아 스스로 행사할 수 있는 권
력을 챙긴 결과라고 볼 수도 있다. 불평등한 권력 구조 안에서 벌
어진 협력적 갈등에서, 작은 권력을 지닌 사람들은 진정한 이해관
계를 표현할 자유를 누리기는 힘들어도 작은 혜택은 얻을 수 있
는 만큼 적응하고 타협하게 된다.

자기 선호를 적응시키는 과정은 자기가 해야만 하는 일을 마지못해 한다기보다는 그 일을 원래 자기가 선호한 대상으로 만들어버린다. 이런 과정은 협상에서 타협이 일어나는 데 중요한 구실을 한다. 광주비엔날레재단에서 일하는 시민단체 출신 행위자들은 긍정적인 면을 보면서 선호를 조정한 덕분에 협력적이고 우호적으로 될 수 있었다. 집단적 갈등이 눈에 띄지만 개별 면담을 하면 협력을 최우선으로 생각하는 모습이 보였다.

광주 시민사회의 성찰 ─ 공존하는 목소리들

시민단체 피면담자들은 2000년대 초에 광주 시민사회 내부가 다양해지면서 긴장과 갈등이 시작되더라고 말했다. 다양성이 상식처럼 받아들여지는 현대 사회에서는 좀 늦은 편이었다. 광주비엔날레가 계속되고 아시아문화중심도시가 시작되던 그때 두 프로젝트에 관여하는 시민단체 성원들에게 다양함은 배신으로 다가왔다. 평생을 같은 마음으로 가리라고 믿던 동지들이 한마음이 아닌 현실을 깨달아서 서운한데 막상 자기를 배신자로 여기는 듯해서 억울함까지 겹쳤다.

반독재 민주화에 몰두한 광주 시민사회는 하나로 뭉쳐야 했고, 많은 일을 같이하면서 서로 속속들이 잘 아는, 또는 잘 안다고 믿는 동네였다. 1970~1980년대 다양한 운동 단체들은 결집력이 강했다. 그런데 여러 사람이 모인 단체가 한마음으로 움직이다 보면 소수 의견은 잘 반영되지 않는다. 바탕에는 군사주의 집단문화도 깔려 있었다. '우리는 한마음'이라는 믿음이 확고해야 탄압에 맞서 저항할 수 있기 때문에 작은 차이도 용납하지 않았다. 뭉치면 살고 흩어지면 죽는다는 믿음이 내부의 다양함을 인정하지 않고 유연함을 가로막는 독소가 됐다.

1990년대 들어 사회운동에서 다양한 목소리가 나오기 시작했다. 전통적 사회운동하고 목표와 행동 수단이 다른 신사회운동은 생활 민주주의를 강조했다. 환경운동이나 여성운동처럼 다른 지향과 문화를 지닌 단체들이 생겨났다. 이런 현상이 광주에서는 좀 유보되는 분위기였다. 5·18의 진실을 제대로 밝히지 못한 상황이라 여전히 단합이 필요했거나, 내부 분위기가 보수적이라고 지레짐작해 표현을 안 한 듯했다.

광주 도시 개발 문화 전략이 시작되면서 시민사회의 리더십과 토론 문화가 위기를 맞았다. 민주화 운동을 이끈 주역들은 젊은 세대가 관심을 보이는 새로운 사회운동에 공감하지 못했고, 딱히 진보적이지 않은 사소한 문제로 여겼다. 5·18을 경험하지 못한 젊은 세대들은 그런 윗세대가 구식이라고 느꼈다. 군사 독재에 맞선 '광주 정신'이 이제는 문화 주도 도시 재생과 도시 발전에 걸림돌이 되고 있다고 생각했다. 그렇지만 5·18 앞에서는 늘 작아질 수밖에 없었다.

광주비엔날레와 아시아문화중심도시 프로젝트를 대하는 태도가 복잡해지고 참여자들이 각자 다른 길로 나아가면서 겉으로 드러나지 않거나 굳이 안 다룬 시민사회 내부의 다양함이 드러났다. 많은 피면담자가 말한 대로 광주 사람들은 정치적으로 진보적이지만 일상에서는 보수적이어서 변화를 이끄는 데 한계를 보였다.

광주에는 많은 에너지가 있지만, 그것을 전달할 수 있는 방법이 부족합니다. 시민사회단체는 이 에너지를 적용하는 데 있어 한계가 점점 커지고 있고, 특정한 경제적, 정치적 이익이 있습니다. …… 리더십 문제가 있습니다. 그 사람들[시민사회 지도자들]은 너무 재미가 없고, 무겁고, 진지하기만 합니다.

— 시민단체/광주비엔날레재단, 2006년 6월 21일

이 피면담자는 시민사회의 주류가 합리적이고 실용적인 사람들로 바뀔 수 있는 분위기를 바랐다. 아닌 게 아니라 광주 도시개발 문화 전략은 변화를 이끄는 계기가 됐다. 비판과 참여라는 선택지 사이에서 분열했지만, 궁극적으로 광주 시민사회는 긍정적인 영향을 받았다. 5·18에 한마음이던 사람들이 관료주의에 맞서 함께 싸웠지만, 그러면서 내세운 소통적 참여 방식은 막상 시민사회 내부에서 잘 실현되지 않았다. 공무원이 도구적으로 접근한다고 비판했지만, 시민사회 내부에서 적극적으로 소통하고 논쟁하며 합의에 이르지는 못했다. 이제는 관료주의 비판을 넘어 광주는 어떤 문화 도시가 되고 싶은지 질문하면서 바람직한 도시의 모습을 스스로 찾아가기 시작했다. 시민사회는 공통의 적에 맞서 뭉쳐 싸우는 익숙한 방식을 벗어나, 부분적으로 정부에 통합돼 의미와 가치를 재현하려는 동기를 지니게 됐다. 독단적 사고와 행동을 비판하는 목소리가 내부에서 나오고 다양성도 인정하게 됐다.

이런 식의 의도하지 않은 결과는 합의가 꼭 좋지도 않고 갈등이 반드시 나쁘지도 않다는 점을 보여준다. 관료적 간섭이나 갈등도 늘 나쁜 결과를 가져오지는 않는다고 알려준다. 시민들이 추구하는 도시 재생이 관철되는 사이에 지역 시민단체를 외부인으로 받아들이던 공무원들도 자기 위치를 살피고 자기가 누구인지 생각하게 되면서 지역 사회도 발전했다. 관료와 시민사회는 고정되지 않고 재협상을 거쳐 적응할 수 있는 관계였다. 관계는 갈등과 타협 사이에서 불규칙하게 변화했다. 문화 경제의 정치는 시민사회 내부에 무질서를 불러오는 동시에 관료와 경제 집단에 맞선 문화 주도 도시 재생 과정에서 새로운 의사소통 방식이 적용되는 공론장이 형성될 가능성을 보여줬다.

상호 작용과 협상을 거쳐 지역 행위자들이 저항하고 적응하는 과정을 보면 문화 경제와 문화 전략을 이야기할 때 도시 성장과 도시 정체성 정책을 둘러싼 도시 정치를 볼 수밖에 없는 이유를 이해할 수 있다. 문화 경제의 정치는 문화 주도 도시 재생이 다양한 미디어 또는 대면 상호 작용을 거쳐 공공을 재창조할 수 있다는 사실을 알려준다. 이런 사실은 문화와 경제가 공적 영역을 창출하기 위해 통합돼야 한다는 규범적 주장이나 제안을 뜻하지 않는다. 광주를 비롯한 사례들을 살피면 날카로운 갈등이 벌어지는 상호 작용도 다른 목소리들이 공존하는 의사 결정 과정을 거치면서 예상하지 못한 시너지 효과를 낼 수 있다는 의미일 뿐이다.

12장

도시 정치의 시작과 결과
도시 공간 생산과 장소 만들기

문화 경제 장소 만들기의 단계들

이제 장소 만들기 측면에서 광주의 문화 경제 전략을 살펴보자. 장소 만들기는 도시 개발 전략을 둘러싼 도시 정치가 물질화되고 구체화된 결과물이면서 새로운 도시 정치의 시작점이다. 물리적인 특성뿐 아니라 사회적, 문화적, 상징적으로 어떤 장소를 만드는지도 장소 만들기의 핵심이다. 물리적이고 비물리적인 장소 만들기에 참여하는 행위자의 특성은 결과물에 큰 영향을 끼친다.

광주비엔날레부터 아시아문화전당까지 광주의 문화 경제는 여러 차례의 장소 만들기에서 많은 행위자들이 참여하는 다양한 단계를 거쳤다. 처음에 광주비엔날레는 장소를 만들기보다는 장소 마케팅을 하는 예술 행사로 여겨졌다. 그렇지만 되돌아보면 1995년에 시작한 광주비엔날레가 장소 만들기 1단계라는 사실을 알 수 있다. 광주비엔날레는 특히 도시 이미지 개선 측면에서 전체 도시를 대상으로 삼은 장소 만들기 프로젝트다. 광주비엔날레를 보러 광주역에 온 관람객들은 광주비엔날레 버스를 타고 광주

곳곳에 자리한 전시장을 다녔고, 그렇게 광주를 문화 관광을 위한 장소로 만드는 장소 만들기가 진행됐다.

장소 만들기 2단계는 2003년 광주가 아시아문화중심도시로 지정되면서 시작됐다. 장소 만들기가 예술 주도 도시 재생으로 확장되고 도시 전체를 대상으로 더 확실히 추진됐다. 재개발의 대안으로 도시 재생이 붐을 일으킨 시기하고 맞물렸다. 도시 개발이 일단 시작된 뒤 개발 형태와 개발 목표를 정하는 사례도 종종 있었지만, 아시아문화중심도시 프로젝트는 문화적 도시 재생이 유행할 때 같이 추진되면서 문화적 성격, 시민 참여, 기억 공간 등이 자연스럽게 강조됐다.

도시 재생은 여러 형태를 띨 수 있다. 대개 반응은 긍정적이었다. 1980년대식 도시 재개발이 워낙 악명이 높은 탓이었다. 도시 재개발은 주택 소유자만 유리하고 세입자는 불리해서 철거 폭력과 목숨을 건 저항이 끊이지 않았다. 반면 도시 재생은 주민 참여와 문화 기능을 강조한 덕분에 양쪽에서 모두 환영하는 편이었다. 지역 사회 주민 참여가 도시재생의 핵심이지만 주택 소유자들은 동네와 지역의 특징을 살리는 증개축을 통해 집값이 오르기를 바랐다. 어쨌든 도시 재생은 문화 경제의 좋은 사례이자 문화 경제를 뛰어넘어 환경, 참여, 경제적 평등까지 포괄하는 이상적 형태의 도시 개발이었다.

장소 만들기 3단계는 광주에서 가장 큰 문화 주도 도시 재생 프로젝트인 아시아문화전당 건설 때문에 시작됐다. 이 프로젝트는 기억 공간 만들기 형태를 띤 장소 만들기였다. 5·18의 기억을 둘러싸고 끊임없는 논의, 협상, 갈등이 이어졌다. 처음부터 옛 전남도청을 공공의 기억이 담긴 유적지로 보고 기억 공간을 만들 계획은 아니었다. 어떻게 보면 광주비엔날레가 5·18을 감싸 안게 된 과정하고 비슷했다. 아시아문화전당 디자인에 옛 전남도청 별관을 철거하는 계획이 포함되자 별관 철거를 반대하는 여론이 들끓었고, 많은 논쟁이 벌어진 끝에 옛 전남도청 별관은 기억 공간이 됐다.

중앙 정부가 보상 패키지의 일부로 지원한 미래 세대를 위한 아시아문화전당은 도시 재생과 아시아 네트워크 같은 새로운 아이디어에 적응할 수 있는 사람들이 주도했다. 5·18 단체들은 별관 철거를 반대하면서 아시아문화전당 건설 과정에 참여자로 자리잡았다. 5·18 단체들은 비극을 애도할 권리에 더해 기억 공간 만들기에 참여할 계기와 정당성을 얻었다. 행동을 통해 과거를 이야기할 뿐 아니라 미래를 위한 장소 만들기에 개입하게 됐다.

여기에서는 장소 만들기와 5·18의 기억을 잇는 연결에 주목해야 한다. 중앙 정부에는 광주비엔날레를 지원한 동기가 되고, 시 정부와 지역 엘리트들에게는 도시 경제 발전을 위해 조금은 느슨해져야 하는 연결이었다. 1990년대 중앙 정부가 광주와 전라도에 5·18에 관련한 보상과 지원을 시작한 뒤, 도시 재생은 5·18에 관련된 집단 기억을 기억하는 방향에 가까웠다. 처음에 시 정부는 그 돈을 기억 공간 프로젝트에 쓸 계획은 아니었다. 중앙 정부가 정한 도시 개발의 주요 목표는 '도시를 개발함으로써 국가 경쟁력을 강화하는 것'이기 때문이었다. 중앙 정부가 위에 자리하고 시 정부가 아래에 있는 위계를 보여준 규정이었다.

광주 도시 재생과 장소 만들기에서 다시 한 번 중앙 정부가 지

닌 힘을 확인할 수 있었다. 아시아문화중심도시 지정은 노무현 대
통령이 대통령 선거 때 한 약속이었다. 노무현 대통령은 금융 기
회와 개발 프로젝트, 인력, 인프라가 서울에 지나치게 집중돼 있다
며 지역 간 균형 발전을 강조했다. 자원 재분배 정책을 구현한 균
형 발전 법안도 노무현 정부 때 제정됐다. 이 법안은 대통령의 공
약과 철학을 반영했지만, 국가와 도시의 관계를 잘 보여줬다. 지
원을 집중할 지역을 지정하는 방식은 한국뿐 아니라 동아시아 국
가들이 한동안 활용한 도시 개발 전략이었다. 송도 경제자유구역
과 제주국제자유도시 같은 특별 경제 지구와 아시아문화중심도
시가 그런 사례다. 국가가 경제 성장을 이끌 동력이 될 곳을 선택
하는 구조에서 도시들은 선택을 받으려 경쟁했고, 이런 전략을 통
해 국가는 경제와 정치를 계속 지배했다.

광주에서 문화 경제 장소 만들기는 국가 주도 아래 본격적인
기억 공간 만들기로 이어졌다. 5·18의 기억은 모든 단계에서 점점
더 중요해졌다. 도시 개발에 맞선 저항으로 시작된 기억 공간은
시간이 지나면서 보상의 한 형태이자 도시 개발 전략이 됐다. 그
과정에서 도시 개발의 문화 정치는 공공의 기억에 더욱 가깝게 이
어졌다. 5·18의 기억을 지키려 노력하고 기억에 관련된 도시 정체
성을 우선시한 지역 행위자들 덕분이었다. 중앙 정부도 5·18 단
체와 광주 지역 사회의 합의를 존중해 기억 공간을 추진했다. 10
여 년에 걸쳐 옛 전남도청을 아시아문화전당으로 리모델링했는데,
이 아시아문화전당을 다시 5·18을 상징하는 옛 전남도청으로 복
원하는 공사를 2021년부터 시작한다는 계획까지 수립됐다.

아시아문화전당을 건설하는 동안 문화 경제는 다시 한 번 재

배열됐다. 문화를 우선하는 문화 집단과 성장을 우선하는 경제 집단 사이의 긴장은 여전했다. 별관 철거를 둘러싼 논쟁은 행위자들이 경제적으로는 도시 개발을 원하지만 문화적으로는 기억 공간을 원한다는 의미였다. 그렇지만 시간이 지나면서 경제 집단의 주요 행위자들은 역사를 완전히 무시할 수 없다는 현실을 인식했다. 문화 집단과 경제 집단 사이의 갈등이 줄어드는 모습은 5·18 관련 용어가 광주비엔날레와 예술 주도 도시 재생에 자연스럽게 더해지는 대목에서 확인할 수 있었다.

국제 예술 행사라서 전문 지식과 기술이 필요한 광주비엔날레에 견줘 아시아문화전당 도시 재생 프로젝트는 일상생활을 기반으로 삼아 진행됐다. 시민단체 성원들은 아시아문화전당이 광주비엔날레보다 더 자기 성향에 맞는다고 느꼈다. 지역 행위자들도 예술과 도시 개발을 연결하는 문화 경제에 의견을 낼 수 있었다. 지역에 기반한 활동을 통해 얻은 지식과 경험은 이런 유형의 도시 재생에 필수적이었다. 시민 참여가 중요하기 때문에 시민들이 환영받았고, 지역 행위자들도 입장권 판매와 많은 관람객 수에 집착한 광주비엔날레에 견줘 더 가치 지향적 활동이라고 느꼈다. 경제적 이익도 목표이지만 겉으로 드러내지는 않았다. 광주비엔날레 참여를 거부한 시민단체 성원 중 일부도 기꺼이 이 도시 재생 프로젝트에 참여하고 싶어했다.

문화의 성격은 문화 경제 장소 만들기 3단계에서 다시 한 번 바뀌었다. 미술 전시회, 전시, 콘서트, 연구를 포함한 다차원적 특성을 띠게 됐다. 문화란 다양한 요소를 가리킬 수 있지만 어떤 '의미'를 지닌 요소, 그 의미의 중요성을 강조하는 요소가 핵심에 자리잡았다. 이 3단계에서 문화가 지니는 의미는 5·18의 기억이었다. 몇몇 행위자들이 기억, 예술 작품, 경제의 결합을 자연스럽게 끌어들이는 동안 다른 주요 행위자들은 경제 성장을 추구하고 문화적 의미를 저하시키는 요소를 강조하면서 갈등을 일으켰다.

도시 재생 사업은 도시 정체성을 강조하기 때문에 시민단체 성원들도 광주의 정체성인 '민주주의 도시'와 '정의 도시'를 당연히 제시하려 했다. 아시아문화전당이 옛 전남도청을 개축하는 계획이기 때문에 5·18이 수면 위로 떠오를 수밖에 없었다.

광주 문화 경제 정치에서 광주비엔날레 다음 단계인 아시아문화중심도시 프로젝트는 아시아문화전당이 핵심이었다. 2005년까지 전남도청으로 쓴 건물을 리모델링하는 계획이었다. 별관 철거도 계획에 포함돼 있었다. 5·18 단체와 다른 시민단체들이 합의해서 준공식까지 열었지만, 별관 철거를 반대하는 시위가 시작되면서 논쟁이 벌어지고 기억 공간을 둘러싼 갈등이 드러났다.

기억을 편집하고 해석하다 — 기억 공간 만들기

장소와 기억은 같이 살아간다. 장소를 통해 기억이 살아남고 기억을 통해 장소가 정의된다. 기억은 과거의 산물이지만 과거라는 실체는 없다. 해석본이자 편집본인 기억만 있을 뿐이다. 그래서 기억에 관련된 물건과 장소가 큰 힘을 지닌다. 어린 시절에 일어난 어떤 사건에 관한 기억은 그 사건이 벌어진 장소에 가거나 그곳을 찍은 사진이 있거나 그 사건에 관련된 물건이 남아 있으면 더 강하고 선명하다. 대개 물건과 장소를 중심으로 기억이 재배열된다.

기록도 기억을 만드는 데 기여한다. 시간이 지나고 처지가 달라지면 해석도 바뀐다. 그렇게 기억은 물건들을 배열한 공간을 관통하며 자기 모습하고 더불어 살아남는다.

사회적으로 충격을 준 사건에 관련된 기억 공간은 사회적 공감을 불러일으키고 사건이 지닌 의미를 이어 나가려는 사회적 실천이다. 5·18 기억 공간은 국가 폭력을 기억하고 진실을 밝히려는 움직임이 빚어낸 산물이다. 광주에는 5·18에 관련된 장소들이 많지만 옛 전남도청 별관이 가장 큰 논쟁을 불러왔다. 전남도청은 1980년 5월 27일 새벽에 마지막 항쟁이 벌어진 현장이었다. 지도부는 본관에 자리하고 별관은 시민군이 지켜서 풀뿌리 민주주의를 상징한다는 해석도 있었다.

기억 공간을 만드는 과정에서 갈등이 오래 이어지는 일이 많다. 2003년 대구 지하철 참사는 13년이 지나서야 기억 공간이 공개됐다. 해외 사례도 비슷하다. 9·11 테러 현장에 추모박물관을 세우는 과정에서 미국 정부는 정부 부처, 보존론자, 지역 사회 집단, 생존자, 피해자를 비롯해 30개가 넘는 집단을 만났지만, 희생자 인정 문제나 기념관 안에 들어선 기념품 가게를 둘러싸고 10년 뒤에 논쟁이 다시 불거졌다.

기억 공간은 희생자를 특정한 방식으로 기억하고 싶어서 남은 사람들이 벌인 협상의 결과물이다. 애도하는 마음, 권력 다툼, 정부와 희생자 가족 집단 사이의 불신이 뒤섞여 공간 문제나 유료화 등을 논의할 때 조그만 차이에도 예민해진다. 진상 조사와 법적 지원을 결정하는 데도 긴 시간이 걸린다. 4·3은 50년이 지나 진상 조사가 시작됐고, 5·18을 둘러싼 논쟁은 아직 진행 중이다.

기억 공간을 만들 때는 장소 선택이 핵심이다. 장소 선택에 관련된 의사 결정은 장소 만들기에 관여하는 행위자들 사이의 권력 관계가 잘 드러나는 과정이기도 하다. 장소의 의미와 중요성은 사회적으로 만들어지기 때문이다. 기억의 의미는 행위자들 사이의 경쟁과 협상에 기초한다. 과거는 원형이 아니라 기억이라는 편집본으로 남는다는 사실을 떠올리면 기억 공간은 본디 정치적 성격을 띨 수밖에 없다. 누구의 눈으로 그 공간을 바라보는지, 누가 그 과거의 공간과 물건을 전시하는지가 중요하기 때문이다. 여러 사례에서 알 수 있듯이 국가는 국가에 공헌한 희생에는 고귀한 의미를 부여해 기리는 반면 국가가 저지른 잘못 때문에 생긴 희생은 축소하려 한다. 옛 전남도청 별관이 5·18 직후에 기억 공간으로 결정되지는 않은 탓에 더 애매했다.

한 피면담자는 20년 넘게 평범한 사무실로 쓸 때는 왜 기억 공간으로 보존하자고 하지 않았냐며 비판했다. 그때는 기억 공간에 관한 인식도, 5·18을 인정하는 분위기도 부족했다. 옛 전남도청 리모델링 계획을 계기로 기억 공간에 관한 논의가 활발해졌다. 한국 사회에서 전반적으로 기록과 기억 공간이 중요해진 덕분이기도 했다. 한국전쟁 직후에는 폐허에서 재건하는 데 바빴고, 북한하고 대결하며 이기려 애썼고, 경제 성장을 향해 달렸다. 과거는 초라하고 미래는 밝으니까 더 나은 미래를 위해 현재를 희생했다. 지난 일을 꼼꼼히 기록하고 기억을 소중히 여기면서 기억 공간을 따로 만들 만큼 과거의 가치, 특히 평범한 사람들의 희생을 소중히 다룰 여유가 없었다. 국가 역사를 정당화하는 박물관 말고는 기억 공간이 드물었다. 국가를 위해 희생당한 사람들은 추모하지만 애국심하고 특별한 연관이 없다면 넘어갔다.

선진국 대열에 들어서면서 기억 공간에 관한 태도도 많이 달라졌다. 곳간에서 인심 나듯 한 사회가 넉넉해지면 불행한 사건을 집요하게 규명하고 한 사람의 목숨이라도 소중히 여기는 마음이 생긴다. 경제 성장이 주춤해져도 비슷한 태도가 나타난다. 빛나는 전성기가 끝나고 경제 불황이 이어진 유럽에서는 역사 유산에 조금이라도 손대려는 시도를 강하게 통제했고, 한 개인이 지닌 기억에도 예민하게 접근했다. 경제 성장이 주춤해져 과거의 영광을 재현하기 힘들고 유적지 관광 수입에 기대야 하는 상황 때문이었다.

기억 공간 만들기의 소용돌이

별관 논쟁, 시작하다

아시아문화전당 건설 과정에서 옛 전남도청 별관 철거 논쟁은 가장 큰 사건이었다. 아시아문화중심도시 웹사이트에는 '구)도청별관 논의과정'이라는 페이지가 따로 있을 정도다(http://17cct.pa.go.kr). 나는 별관 논쟁을 거치며 아시아문화중심도시 도시 재생의 참여 구조가 바뀐 데 주목했다. 별관 논쟁은 기억 공간 만들기에서 볼 수 있는 대표적 갈등 사례다. 상징적 대표성을 지닌 유족과 장소 만들기 전문성을 갖춘 전문가 사이의 긴장을 보여주고, 누가 기억 공간 만들기를 주도하는지, 아니 주도해야 하는지 질문을 던진다.

옛 전남도청을 기억 공간으로 만들 계획은 문민정부가 들어서면서 시작됐다. 아시아문화전당 마스터플랜을 세우기 전인 1993년 김영삼 대통령은 5·13 특별 담화를 발표했다. 12·12 사태를 '하극상에 의한 군사 쿠데타적 사건'으로 규정한 이 특별 담화는 광주시가 5·18 기념일을 제정해달라고 촉구한 일도 계기가 됐다. 전남도청에 관련된 구절도 있었다. "광주 시민과 전남 도민의 의

235

사에 따라 현재 광주 시내에 있는 전남도청을 관내로 이전하고 당시 민주화운동의 현장이었던 현 도청 위치에 5·18 광주민주화운동 기념공원을 조성하고 기념탑을 세우는 방안을 적극 검토 지원할 것입니다." 피면담자들에 따르면 이 방안이 실현될 수 있다고 기대한 광주 사람들도 꽤 많았다.

옛 전남도청을 기억 공간으로 바꾸는 계획에는 많은 행위자가 관여했다. 13개 시민단체가 참여해 '옛 전남도청의 보존 범위와 활용에 관한 지역 시민사회의 논의'가 시작됐다. 이 '오월성역화를 위한 시민연대모임'은 1994년 5월 12일에 '5·18 기념사업 마스터플랜'을 발표한다. 다양한 단체가 참여적 거버넌스 형태로 합의한 내용이라서 5·18 기념사업의 토대가 된 이 마스터플랜에는 본관과 회의실만 보존하는 방안이 담겨 있었다. 별관은 빠져 있었다. 지금 별관이 지닌 가치에 공감하는 사람들은 그때 마스터플랜에서 별관이 빠진 이유가 궁금했다. 참여 시민단체에 5·18 관련 단체가 없었다. 광주YMCA를 비롯한 13개 단체는 5·18을 아우르지만 미래 지향적인 기념사업을 생각하고 있었다.

1999년에 전남도청을 전라남도 무안군으로 이전하기로 결정한 데 이어 노무현 정부 들어 부지 12만 8621제곱미터에 건평 17만 8199제곱미터인 옛 전남도청을 국립아시아문화전당으로 리모델링하는 계획이 마련된다. 2005년 12월 7일, 국립아시아문화전당 착공식이 있었다. 옛 전남도청 앞 5·18 광장에서 노무현 대통령과 정동채 문화관광부 장관, 박광태 광주시장을 비롯해 문화 예술계 인사와 시민 등 1000명이 참석했다. 노무현 대통령은 축사에서 아시아문화전당이 광주가 대한민국의 문화 중심이자 아시아의 문화 허브로 나가는 동력이 될 수 있다고 강조했다. 도청 앞 분수대는 평화 분수대로, 광장은 5·18광장으로 이름이 바뀌었고, 이 일대가 도시 재생 대상으로 선정됐다. 도청 근처 전일빌딩 벽에서는 총탄 흔적이 발견돼 1980년에 군부대가 민간인에게 헬리콥터 사격을 한 증거로 제시되기도 했다.

2005년에는 아시아문화전당 디자인도 공모했다. 124개 후보 중에서 미국에서 활동하는 건축가 우규승이 낸 '빛의 숲'이 최종 선정됐다. 당선작은 나지막한 건물이었다. 거대한 랜드마크가 들어서기를 기대한 많은 사람들은 실망했다. 광주를 상징하는 랜드마크인 무등산이 잘 보이게 대부분의 건물을 지하에 배치한 설계였다. 땅의 역사성을 강조하며 도시에서 자연이 지닌 매력을 살리려는 디자인이었다. 눈길을 확 끄는 랜드마크가 들어서서 경제 성장에 속도를 더하려던 사람들, 특히 주변 상인들이 건 기대가 무너진 셈이었다. 문화중심도시조성추진기획단(지금은 아시아문화중심도시추진단)은 일상에서 보이는 무등산이 진정한 랜드마크라는 생각에 동의했다.

그다음 눈길을 끈 문제는 별관이었다. 당선작을 보면 시민단체 마스터플랜에서 별관을 보존 공간으로 지정하지 않은 사실을 시각적으로 확인할 수 있었다. 4층짜리 별관이 사라진 자리에는 24미터 깊이로 판 지하 통로가 들어섰다. 개방성을 강조해 도청 건물 앞과 뒤로 통하는 길이 나 있었다. 과거와 미래, 중심과 가장자리, 내향과 외향 사이의 소통을 강조한 디자인이었다.

2008년 6월 24일, 5·18구속부상자회는 별관을 철거한다는 결정을 공개 비판하고 옛 전남도청 앞에서 천막 농성을 시작했다.

지금은 통합된 5·18 단체는 구속부상자회 말고도 5·18민주유공 자유족회, 5·18민주화운동부상자회 등 크게 세 곳이 있었다. 그 중에서도 구속부상자회 회원들은 5·18에 직접 참여한 생존자여서 존재감이 컸다. 5·18 단체들은 '전남도청 보존을 위한 공동대책위원회'(공대위)를 꾸려 천막 농성을 반년 동안 이어갔다. 2009년 2월, 공대위는 별관 전체를 검은 천으로 둘렀다. 검은 천에는 '이곳을 철거한답니다. …… 1980년 5월, 그 핏빛 절규를 기억하십니까? 이제 시민 여러분께서 지켜주십시오'라고 쓰여 있었다. 논쟁의 중심에 있는 별관이 어디인지 시각적으로 잘 보여주고 철거된 모습을 상상할 수 있게 한 활동이었다. 죽음을 상징하는 검은 천을 덮은 퍼포먼스는 별관을 기억 공간으로 만들었다. 별관이 그곳에서 숨진 시민군들이 잠든 무덤 같은 인상을 준 셈이었다. 여러 차례에 걸친 중재, 합의안, 입장 발표, 성명서 발표가 이어지면서 별관 논쟁은 2년 반 동안 계속됐다.

풀리지 않는 의문들

별관 논쟁은 꽤 고통스러운 과정이었다. 옳은 이야기와 그른 이야기가 얽혀 있었고, 누가 하는 말이 진실인지를 둘러싼 공방도 많았다. 철거를 할지 말지, 아니면 제3의 대안으로 결정할지를 둘러싼 이야기는 꼬리에 꼬리를 물고 이어졌다.

찬성이나 반대를 한 참여자들은 각자 그럴 만한 이유가 있었고, 치열하게 벌어진 갈등 때문에 다 상처를 받았다. 나는 기억과 기억 공간의 형성 과정을 연구하려 인터뷰를 한다고 설명한 뒤 별관 철거에 관해 물으면 조금 격앙된 태도를 보이는 사람도 꽤 많았다. 별관 철거에 찬성한 사람들은 5·18을 무시한다며 비난받은 적이 있거나 비난받을 수 있다고 짐작하면서 방어적 태도를 보였다. 별관 철거에 반대한 사람들은 합의 결과와 과정을 무시한 사람들이라며 비난받은 터였다. 말하고 싶지 않다고 난감해하거나 인터뷰를 시작하고도 말하기 힘들어했다.

어떻게 일어난 일인지 이해해보려 시작한 인터뷰가 거의 끝나갈 때에도 밝히지 못한 사실이 많았다. 반대쪽 사람들에 관해 이야기할 때 배경이 의심됐고, 직접 이야기를 직접 듣지 않은 채 어림짐작한 내용도 있었다. 외부자인 나는 이 과정이 왜 이렇게 복잡한지 이해하기 힘들었다. 많은 사람이 비슷했다. 5·18에 중요한 공간이니 보존 공간으로 지정하면 됐고, 처음에 누락돼도 문제가 제기된 뒤에 다시 지정하면 되지 않느냐고 생각했다. 별관이 처음에 보존 공간으로 지정되지 않은 점도 이상했고, 뒤늦게 보존하자는 주장이 나와도 굳이 갈등까지 빚을 이유가 있나 싶었다. 다만 나는 한국 사회에서 협의가 진행되는 과정의 특징과 5·18 단체들이 시 정부에 느끼는 불만 등이 갈등의 이면에 자리한다는 깨달음은 얻었다. 이런 궁금증을 품고 인터뷰를 하러 다녔다.

처음에는 건축가의 개인 의견이 반영되거나 건축가가 주변 영향을 받은 걸까 궁금했다. 5·18의 역사를 아시아문화전당에 반영하는 문제라면 당연히 여러 의견이 나올 수 있기 때문이었다.

아니요, 모든 건축가에게 시 정부의 가이드라인이 동일했습니다. 그 설계 지침에 별관은 철거하는 것으로 나와 있었어요. 5·18 단체는 그것에 동의했구요. 그렇기 때문에 그들이 지금 시위를 벌이는 것은 말이 되지 않습니다.

— 시민단체, 2010년 3월 31일

5·18 관련 단체는 처음부터 별관 철거를 명시한 설계 지침에 동의했다. 당선작 디자인은 별관을 철거하려는 설계 지침을 따랐다. 설계 지침은 '5·18 기념사업 마스터플랜'에 속했고, 오월성역화를 위한 시민연대모임이 낸 마스터플랜도 도의회 건물을 활용해야 한다고 밝힌 점만 달랐다. 시민연대모임은 관이 주도한 '5·18기념사업추진협의회'를 비판한 시민사회 중심 단체였고, 그렇기 때문에 이 마스터플랜에 정당성이 있다고 주장했다. 기공식을 할 때만 해도 아시아문화전당이 2012년에 완공할 계획이었는데, 천막 농성이 시작되면서 공사가 멈췄다. 문체부, 5·18 단체, 10인대책위원회, 시도민대책위원회 사이에 의견 조정 기간을 거쳐 2010년 말에 개관 준비를 다시 시작했다. 2년 6개월 동안 갈등과 논쟁이 이어졌다.

처음에 광주시가 낸 '국립아시아문화전당 국제건축설계경기' 설계 지침에는 본관과 회의실만 보존하기로 제시됐다. 문체부는 설계 지침을 작성하면서 자문위원회 회의와 시민 공청회 등을 거쳤다. 2005년 5월 18일에 공고를 냈고, 6월 2일에 5·18 단체들이 원형 보존을 요구해서 보존 공간을 확대했다. 본관과 회의실뿐 아니라 경찰청 본관과 민원실, 상무관, 5·18광장과 분수대까지 원형을 보존하기로 계획을 바꿨다. 당선작을 발표한 뒤 설명회를 열어 5·18 단체 관련 인사들하고 보존 건물을 활용할 방안도 논의했다. 이때 확대된 보존 공간에도 별관은 들어 있지 않았다. 별관은 왜 빠졌을까?

어느 곳이 가장 중요하다고 말할 수는 없습니다. 물론 별관은 평범한 사람들의 저항, 마지막 생존자 등을 상징하기 때문에 중요합니다. 하지만 5·18광장이나 망월동 묘지는 어떻습니까? 그 장소들은 5·18 민주화운동의 의미를 많이 담고 있는 중요한 장소입니다.

— 시민단체, 2010년 3월 29일

별관이 중요하지만 다른 장소도 다 중요하다는 말이었다. 별관 철거에 찬성한 피면담자들이 모두 이런 이야기를 했다. 기억 공간에서 어느 곳을 보존하고 어느 곳을 바꿀지 결정하는 일은 사실 어렵다. 또 다른 기억 공간인 5·18광장과 망월동 묘지는 철거 계획이 발표된 적이 없었다. 그런 장소들을 철거하려 하면 당연히 처음부터 거센 반대에 부딪치지 않았을까? 왜 별관 철거 계획은 반대가 나오지 않았을까? 다른 기억 공간이 있기 때문에 별관은 상대적으로 중요성이 떨어졌을까?

별관 논쟁이 계속되면서 나뿐만 아니라 많은 사람이 되짚었다. 별관 철거 계획이 담긴 가이드라인은 어떻게 만들어졌을까? 그런 가이드라인을 듣고 왜 암묵적으로 동의했을까? 나중에 시민단체들은 왜 반대했을까? 왜 반대에 반대가 이어졌을까?

먼저 시 정부가 5·18의 기억에서 그토록 중요한 장소인 별관을 보존하지 않기로 한 가이드라인을 만든 이유는 뭘까? 별관 철거에 뒤늦게 반대하는 5·18 단체들이 잘못이라는 피면담자들은 조금 거리를 둔 채 추측했다. 그중 몇몇은 시 정부가 기억 공간을 몇몇 장소에 한정하려 한 듯하다고 의심했다. 증거는 없지만 엘리트들은 별관을 덜 중요하게 생각한다고 짐작했다. 다른 몇몇은 시 정부가 그다지 신경을 쓰지 않은 듯하다고 했다. 본관에서 사망한 지도부에 견줘 별관 사망자들은 평범한 시민이기 때문이라고 추측했다. 또 다른 이들은 별관이 5·18에 관련된 많은 장소의 하나일 뿐 그렇게 중요한 곳은 아니라고 말했다.

한 피면담자는 별관이 어디인지 모르는 사람이 많다고 이야기해서 나를 혼란에 빠트렸다. 나는 무슨 뜻이냐고 되물었다.

평범한 광주 시민들에게 별관이 어디냐고 물어보면, 많은 사람들이 시의회 건물을 가리킬 겁니다. 별관은 5·18 민주화운동과 관련이 있기 때문에 광주 사람들에게 친숙합니다. 그러나 정확한 위치를 아는 사람은 거의 없습니다. 별관은 사람들의 마음속에 존재했지 실제 건물은 아니었던 것과 같습니다.
— 학계, 2010년 4월 1일

도청 별관은 현실에 있는 건물이 아니라 마음속에 자리한 무엇이라는 이 비유는 놀랍지만 사실인 듯했다. 많은 사람이 '별관'이라는 단어를 쓰고 중요하게 생각했지만, 어떤 면에서는 지금 업무용으로 사용하는 별관 건물하고는 다른 대상을 가리켰다. 현실이 아니라 사람들 마음속에 자리한 별관이라서 기억 공간으로 보존하지 못한 모양이었다.

옛 전남도청 별관의 물리적 특성도 이 혼돈에 한몫한 듯했다.

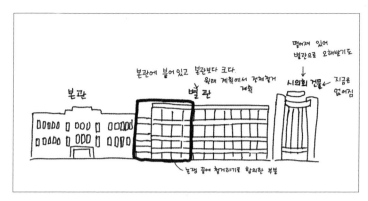

별관이 있던 자리 옛 전남도청 별관은 본관에 붙어 있는데다가 크기도 더 커서 별관처럼 보이지 않았다.

건물 생김새를 보면 이해가 되기도 했다. 보통 별관은 '본관에서 물리적으로 분리돼 있지만 속한 건물'을 뜻하는데, 옛 전남도청 별관은 본관에 붙어 있는데다가 크기도 더 커서 별관처럼 보이지 않았다. 오히려 별관 옆에 떨어져 있고 크기도 작은 시의회가 별관처럼 보였다. 그래서 사람들이 별관의 정확한 위치를 모른다고 몇몇 피면담자는 말했다.

우리는 정말 합의한 걸까

나는 피면담자들이 내놓는 많은 추측에 둘러싸여 더 큰 혼란에 빠졌고, 말이 안 되는 일에 5·18 단체들이 동의한 이유를 계속 물어보고 다녔다. 5·18 단체 회원들도 만났다. 별관 철거에 반대하게 된 이유가 궁금하지는 않았다. 오히려 2006년 10월 19일에 시민단체가 낸 서류에 담긴 보존 건물 목록에 별관이 빠진 이유를 알고 싶었다. 다시 말해 처음에 철거에 동의한 이유가 궁금했다. 목록을 낸 뒤에 마음이 바뀐 걸까, 아니면 실수로 보존 목록에서 빠진 걸까.

확실한 답은 들을 수 없었다. 오히려 의외의 대답에서 중요한 단서를 찾을 수 있었다. 구체적인 이야기를 안 하던 피면담자가 조심스럽게 나에게 반문했다. 생각하지 못한 질문을 받고 나는 어리둥절했다.

> 합의가 이루어졌는지 물어보셨는데요. 정확히 합의란 게 무엇입니까? …… 우리는 그것[보존 목록]에 대해 이야기하기는 했지만 실제로는 별로 많이 말하지 않았습니다. 우리는 저녁을 같이 먹긴 했습니다. 그걸 '합의'라고 해야 합니까?
> ― 5·18 단체, 2010년 3월 30일

이 피면담자는 포럼에 참석하고 철거 목록과 보존 목록을 논의하는 식사 자리에 간 사실을 동의로 볼 수는 없지 않느냐고 물었다. 공식 합의 또는 공식 투표를 하려는 진지한 논의는 없었다. 5·18 단체를 포함해 시민단체 대표들이 식당에서 함께 식사하고 뒤풀이 모임도 하면서 이야기는 했지만, 토론를 거쳐 합의를 확인하는 절차는 없었다.

한국에서 그런대로 공식 프로젝트에 참가한 적 있는 사람이면 이런 상황이 무슨 뜻인지 안다. 참가하라는 독려를 받을 때 확실하게 그러겠다는 말을 안 해도 굳이 강한 반대 의사를 드러내지 않으면 동의라고 치는 상황이 많기 때문이다. 굳이 합의문에 서명하지 않아도 합의하는 분위기라며 넘어갈 때가 많다. 예전에는 이런 분위기가 더 강했고, 특히 서로 알고 지내는 사이에서는 아무리 공식적인 사안이라도 공식적으로 절차를 따져 묻는 일이 필요 없다고 보거나 쑥스러워했다. 이런 비공식 문화가 분명히 있다.

이 피면담자가 한 말에 따르면 합의의 근거는 서로 연결된 사람들끼리 만나 저녁을 먹으면서 이야기를 나눈 사실뿐이었다. 광주시는 이 만남이 별관 해체에 관해 암묵적 합의를 한 자리라고 봤다. 대표성 문제도 비공식 문화에 연관됐다.

> 우리 지도자들은 프로젝트 공무원과의 개인적인 상호 작용으로 프로젝트에 구두로 동의했습니다. 그런데 그 지도자들은 조직 구성원의 의견을 듣지 않았기 때문에 대다수를 대표하지 못합니다.
> — 5·18 단체, 2010년 4월 2일

5·18 단체 지도자들이 식사 자리에서 '예, 예'라고 대체적인 동의를 표시한 사실은 있지만 단체 성원들에게 의견을 물은 뒤 나온 공식 견해는 아니라는 뜻이었다. 대표성도 비공식적이었고, 대표들이 만나서 협의하는 과정도 비공식적이었다.

비공식적 결정 방식은 사실 한국에서 서로 잘 아는 사이일 때 공식적 합의 과정을 대신하는 사례가 많다. 예전에는 더 심했고, 도시 규모가 작아 서로 얽힐 일이 많아서 각 분야 엘리트들이 서로 잘 알고 지낼 때는 비공식성이 담론 형성과 의사 결정에서 중요한 요소였다. '함께 식사하고 좋은 분위기 속에서 합심한 모임'이 무엇을 뜻하는지는 사후 해석에 따라 달라질 수 있다. '합의함'

과 '합의 없음' 사이의 경계가 매우 모호하기 때문에 추측과 짐작이 중요한 구실을 하며, 광주처럼 해석이 엇갈리는 일도 벌어진다.

합의를 의심하는 이유는 또 있었다. 5·18 단체 사람들은 무엇에 합의하는지를 잘 이해하지 못했다. 별관이 정확히 어디인지 모른 데 더해, 별관 철거 계획도 제대로 이해하지 못했다. 5·18 단체 사람들은 공청회 등에 참석하면서도 다른 해석을 하고 있었다.

처음에 이야기를 분명하게 하지 않던 한 피면담자는 내가 연거푸 물으니 나중에야 주저하며 대답했다.

실제로, 우리는 공청회에서 무슨 일이 있었는지 이해하지 못했습니다. 우리는 철거 예정인 그 부분이 우리 가족이 죽은 곳이라는 것을 몰랐습니다.
— 5·18 단체, 2010년 4월 2일

모른다는 사실을 인정하는 일이 당혹스럽기 때문에, 또는 모른다는 사실을 모른 탓에 표현하기 힘들 수도 있었다. 어쨌거나 별관 철거 계획을 '어떻게 이해해야 하는지' 몰라 정확하게 이해하지 못한 사실은 맞지만, 이제는 이해한 만큼 민주주의의 정신을 유지하기 위해 별관 철거에 반대한다고 했다.

다른 5·18 단체 피면담자도 비슷한 맥락에서 5·18 단체들이 너무 늦게 비판하기 시작한 이유를 설명했다.

5·18 단체는 역사적 유적지 보존 원칙에 동의한 겁니다. 우리는 전문적인 지식을 가지고 단체 사람들을 설득할 수 없었습니다. 우리는

전문가와 공정회 주민 공청회를 열지만 평범한 사람들이 이해하기 어려운 전문 용어가 많이 등장한다.

전문가가 아닌 피해자, 평범한 시민들의 조직입니다. 정확히 무슨 일이 일어나고 있는지 이해했다면, 우리는 제때 응했을 겁니다.
— 5·18 단체, 2010년 3월 30일

역사 현장이 유적지로 보존된다는 말을 들었고, 그럼 별관도 들어가겠네 하고 믿었다. 5·18 단체 사람들은 아시아문화전당 건립 계획이 뭔지 정확히 모른 채 계획을 일단 받아들였고, 공청회에서 건축가, 공무원, 전문가가 설명한 내용을 잘 이해하지 못했다.

도시 계획 사례를 다루다 보면 이런 혼선은 흔하다. 전문가들이나 정부가 사기꾼이라는 말은 아니다. 주민 공청회를 열지만 평범한 사람들이 이해하기 어려운 전문 용어가 많이 등장한다. 낯선 용어를 그 자리에서 이해하고, 계획도와 조감도를 본 뒤 구체적으로 상상하고, 이상한 점이 있다면서 질문하고 대안을 제시하기는 어렵다. 대개 자기가 무엇을 모르고 무엇이 이상하다고 여기는지를 이해하는 데도 시간이 걸린다. 그래서 공청회가 형식적인 행사치레라는 비판을 받는다. 사람들이 반대하지 못하게 일부러 그렇게 어렵고 장황하게 설명한다고 의심하는 사람도 있다. 도시 전공자인 내가 보기에는 쉽게 설명하는 게 더 어려운 일이라서 그런 능력이 없는 전문가가 많다.

아는 것과 모르는 것 사이의 경계는 흐렸고, 혼란을 막기 위해 타협한 듯했다. 어쩌면 5·18 단체 사람들은 그 계획을 구체적으로 이해하지 못했거나, '자기가 이해하지 못하고 있다'는 사실을 알지 못했거나, 모르는 것을 알아도 공청회와 저녁 식사 자리에서 질문을 많이 하고 싶지 않았다. 마지막 추측은 어쨌든 예전보다 나은 형태로 기억 공간을 만들게 된 상황을 축하하는 분위기 때문일 수도 있었다. 게다가 아시아문화전당을 둘러싼 주요 논쟁이 랜드마크를 지하와 지상 중 어디에 두느냐를 두고 벌어진 탓에 유적지 문제는 그다지 주목받지 못했다. 주요 어젠다로 설정되지 않으면 흘려보내게 된다. 나도 디자인을 처음 보고 평범한 사람에게는 낯선 형태인데다가 눈에도 잘 띄지 않아 공청회나 협의회에서 강한 반대 의견이 제기하지 않을 수 있다고 생각했다.

이해하지 못해서 구체적으로 따지지 못한 사실이 맞는다면, 합의가 갈등으로 전환된 흐름은 5·18 단체들이 적응적 선호를 중단하고 선호와 비선호를 명확히 표현하기 시작한 변화를 뜻한다. 5·18 단체들은 이런 행동 때문에 비판받고 정당성도 크게 훼손됐지만, 적응적 선호를 포기하면서 협상할 기회를 얻었다. 어쨌든 그 행위자들이 실제로 이해한 내용과 그런 결정을 한 과정은 여전히 밝혀지지 않았다.

이런 해석은 5·18 단체 피면담자가 한 말에 근거했는데, 그

사람들을 믿지 않는 이들은 상황을 완전히 다르게 해석했다. 별관
철거 지지자들은 5·18 단체 사람들이 거짓말을 한다고 말했다.

저는 1980년 피해자들과 유족들이 실제로 그 제안이 무엇이었는지
알고 있었다고 확신합니다. 계획에 대해 협상 과정에 보고만 있다가
새로운 갈등을 가져왔습니다. 그러고 나서 그들은 별관을 보존해야
한다고 뒤늦게 나섰습니다.

─ 학계, 2010년 4월 1일

나는 이 피면담자가 한 주장이 맞는지 틀린지 밝힐 수 없었고,
여기에 초점을 두지도 않았다. 오히려 철거를 찬성한 쪽이 이렇게
확신할 만큼 5·18 단체들을 불신하는 이유를 알고 싶었다. 많은
피면담자들이 '5·18 피로감'을 조심스럽게 이야기했다.

5·18 피로감, 아니 5·18 단체 피로감

별관만큼 많이 이야기된 주제가 '오월 단체'였다. 처음에는 5·18
단체가 별관 철거를 반대하기 시작해서 당연하다고 생각했다. 그
런데 나중에는 5·18 단체가 논쟁이 벌어진 근본 원인이 아닐까
궁금해지기 시작했다. 오랜 세월 동안 5·18에 관한 기억과 감정
이 해소되지 않듯이 5·18 단체에 관한 감정도 오래됐다. 다른 점
도 있었다. 5·18은 기억과 사진 속에 안타까움과 그리움으로 남
아 있지만, 5·18 단체 사람들은 수십 년 동안 활동하면서 계속 평
가를 받았다.

문화 관련 단체와 별관 철거에 찬성하는 지식인들은 5·18 단체가 이 상황을 이용하고 있다고 주장했다. 5·18 단체들이 일부러 합의가 끝나고 철거가 결정된 뒤에 별관을 문제 삼는다고 의심했다. 5·18 단체들은 늘 정부 계획에 반대해 일에 차질을 빚게 하고는 협상을 다시 해서 재정적 혜택을 받는다는 주장이었다.

그들[5·18 단체]이 다시 반대하고 나섰다니 기가 막힙니다. 우리는 다 같이 공식적으로 별관 철거에 동의했습니다. 그래 놓고 지금 그들은 그것을 항의하며 엉망으로 만든다니요? 그렇다면 중앙 정부는 우리를 어떻게 생각할까요? 저는 정말 실망했습니다.
— 학계, 2010년 4월 1일

전문가들은 과정상의 민주주의를 중심으로 5·18 단체가 종종 기회주의적이고 원칙을 무시한다며 비판했다. 이렇게 말한 몇몇 피면담자는 아시아문화중심도시 프로젝트에 참여한 이들인데, 대개 서울에 기반을 둔 프로젝트 사무실과 중앙 정부를 포함한 핵심 네트워크의 일원이었다. 보수적인 광주시에 비판적이기도 한 이 전문가들은 대부분 대학에서 가르치거나 미디어에서 일하거나 자체 사업체를 운영했다. 특히 대학 교수들은 자문 회의나 개인적 자문에 참여하면서 정책 입안에 관여했다.

정해진 계획이 틀어지는 상황에 안타까움을 드러내는 정도는 이해할 수 있었지만, 굳이 별관을 철거하자고 한 이유가 궁금했다. 별관이 지닌 상징적 중요성을 이야기해보고 그 장소를 보존하는 데 힘을 실을 만도 한데, 굳이 왜 크게 각을 세우는지 물었다.

첫째, 도시 재생 프로젝트가 실패할까 봐 걱정했다. 광주비엔날레에서 드러난 대로 도시 엘리트들은 중앙 정부가 지원하는 도시 개발 프로젝트가 성공하기를 바랐다. 그래서 별관 논쟁 때문에 시끄러워지면 중앙 정부가 재정 지원을 축소하거나 철회할지 모른다고 염려했다. 그동안 중앙 정부가 재정을 지원한 도시 개발 프로젝트가 여러 이유로 변경된 적이 많아서 그런 가능성에 늘 대비하려 했다.

결과적으로 별관 철거 지지자가 된 이들은 강력한 네트워크를 바탕으로 서울에 기반을 둔 행위자들에게 접근해 기억 공간을 더 간접적이고 세련되게 만들자고 제안했다. 긴밀한 연결 고리 덕분에 5·18 단체들에 견줘 의사를 결정하고 담론을 형성하기가 좀더 쉬웠다. 철거 지지자들은 지역 최대 관심사인 아시아문화중심도시 프로젝트가 도시 경제 발전과 도시 이미지 향상으로 이어진다고 예상했으며, 그렇게 할 수 있게 최선을 다하겠다고 입 모아 이야기했다. 또한 전적으로 정부 예산에 의존하는 만큼 최대한 원활하게 진행되기를 바랐다.

둘째 이유는 좀더 근본적이었다. 별관 철거 지지자들은 뒤늦게 반대하는 5·18 단체들에 양보하는 식으로 갈등을 무마하고 싶어 하지 않았다. 5·18 단체들이 문제가 많다며 비판했고, 그런 사람들 때문에 자기가 5·18의 소중함을 모르는 배신자로 낙인찍힌다며 억울해했다.

별관을 철거하자는 주장 속에는 5·18 단체들에 쌓인 감정도 함께 나타냈다. '5·18 피로감'이라는 말을 처음에 들은 때는 그런가 보다 했는데, 비밀스럽고 조심스럽게 나온 이 단어는 사실 거의 모든 인터뷰에 등장했다. 피면담자들은 5·18 피로감을 말하면서 누가 들을까 저어되는지 슬쩍 주위를 살피고 목소리를 낮췄다.

예, 5·18 피로감 …… 같은 게 존재합니다. 실제로 그건 5·18 피로감이 아니라 5·18 단체 피로감입니다. 그 사람들은 골칫거리예요. 저와 다른 사람들이 결코 공개적으로 비난하지는 않을 것이지만 말입니다.
— 시민단체, 2010년 3월 31일

이 피면담자는 5·18 단체가 부끄럽다고 했다. 망가진 단체이고 비합리적이라 했다. 다른 피면담자들도 마찬가지였다. 별관 철거 지지자들은 5·18 단체들이 한 말과 행동에서 보인 무책임하고 비합리적인 태도 때문에 자기가 부끄럽더라고 했다. 이런 마음은 오랫동안 밝힐 수 없었고, 풀리지 않은 채 커져 있었다.

5·18 단체들은 확 바뀐 태도 때문에 비판받았다. 먼저 농성을 시작한 구속부상자회가 '박주선 중재안'에 합의한 뒤 철거 찬성으로 태도를 바꾸더니 2009년 5월 10일에는 별관 철거에 반대하는 다른 5·18 단체를 오히려 막아섰다. 내부자인 한 피면담자는 세 단체가 이해 집단이 되면서 내부 갈등이 불거진 탓이라고 했다. 경제적 보상 때문에 태도가 바뀐 듯하다는 의심, 소문, 추측이 많았다. 몇몇 피면담자는 아시아문화중심도시추진단이 구속부상자회에 건물 관리를 맡기기로 한 모양이라고 의심했다.

이 건물 관리 문제는 5·18 단체를 비판할 때 자주 나온 자판기 이야기하고 비슷했다. 피해자와 유족이 받는 보상금과 재정적 혜택도 5·18 단체가 비난받는 이유였다. 1995년에 제정된 '5·18 민주화운동 등에 관한 특별법'에 따라 5·18 희생자들은 보상을 받았다. 피면담자들은 5·18 단체들이 정치적으로 협조하는 대가로 정부가 새로 짓는 건물에 자동판매기 사업 독점권도 받더라고 말했다. 사실상 5·18을 구실로 거저 돈을 받는 행위나 다름없다는 비판이었다.

5·18 단체 피로감은 단지 비호감 탓은 아니었다. 5·18 단체가 규범적 힘을 바탕으로 영향력을 행사한 상황이 시작이었지만, 피로감은 다른 감정들이 복잡하게 섞여 있기 때문에 나타났다. 죄책감이 가장 컸다. 광주 시민들은 독재 정부에 맞서 목숨을 걸지 선택해야 했다. 많은 사람이 위험을 무릅쓴 채 시민군에 자원하고 시위에 참여했지만, 최후통첩을 받은 뒤 끝까지 싸우기로 선택한 이들만 옛 전남도청에 남았다.

살아남은 이들은 자기는 그런 선택을 하지 않은 사람이라는 죄책감에 시달렸다. 죄책감은 시간이 지나도 가벼워지지 않았다. 미디어가 침묵하면서 5·18은 한동안 시야에서 사라졌고, 그만큼 커진 죄책감은 다른 사회적 담론을 억압했다. 보수 진영은 보상금을 이유로 5·18 단체를 비난했지만, 피해자는 여전히 가난했다.

어떤 토론이건 끝에 결국 광주에서 나오는 질문은 '그 당시[1980년 5월]에 너는 무엇을 했냐?' 또는 '5·18 경험 했냐?'입니다. 그러면 모든 논쟁이 끝납니다. 왜냐하면 아무도 죽은 사람을 이길 수는 없기 때문입니다.

— 아시아문화중심도시, 2010년 3월 30일

죽은 사람을 이길 수 없고 다친 사람에게 도전하면 안 된다고 생각하기 때문에 억울했다. 자기 같은 사람한테는 5·18을 거역하는 자들이라고 비난한다며 괴로워하고 분노했다.

5·18 단체 피로감은 불쑥불쑥 튀어나왔다. 5·18 단체는 희생의 상징이지만 나중에는 또 다른 억압이 된 측면도 있었다. 대놓고 비판하면 그 피로감이 지닌 무게가 가벼워질 텐데 광주 전체의 치부라는 생각도 나고 미안한 마음도 들어서 무거운 짐이 됐다. 그런 피로감이 기억 공간 만들기 과정에서 수면 위로 올라왔다.

광주 시민사회와 진보적 언론은 5·18을 폄하하는 우파 언론 앞에서는 적어도 5·18 단체를 적극적으로 보호해야 한다는 책임감이 있었다. 피해자와 유족이 드러내는 부정적인 모습을 보수 진영이 어떻게 이용할지 알기 때문에 끝까지 손을 놓지 않고 공개 비판을 삼갔다.

피해자는 고상해야 할까

'가방끈 논쟁'이라는 말을 들어본 적 있냐고 한 피면담자는 물었다. 자기는 찬성과 반대에 모두 거리를 둔다면서 담담하게 이야기했다. 찬반 양쪽 주요 행위자 어느 누구하고도 별관 문제에서 같은 편이 되지 않으려 노력하면서도 5·18 단체 사람들은 공청회와 합의 과정에서 벌어진 일을 정확히 모른 채 철거에 동의한 듯하다고 했다. 그러고는 별관 논쟁의 중심에 가방끈 논쟁이 있다고 조심스럽게 말을 꺼냈다. 흔히 이야기되지만 대개 쉬쉬하는 이 문제는 5·18 희생자들의 교육 정도와 사회경제적 지위에서 비롯됐다.

5·18 민주화운동에서 희생된 사람들은 대부분 중산층 가족의 지식인이 아니었습니다. 가난한 가정에서 교육을 받지 않은 평범한 서민들이었습니다. 그리고 더군다나 가장인 그들이 죽었기 때문에 가족들은 경제적 어려움과 정치적 억압으로 고통을 받았습니다. 그래서 그들은 살아남기 위해서 보상을 바라는 기회주의자가 되었습니다. 그리고 그들에 대해 매우 비판적인 사람들은 주로 지식인들입니다.
— 사업자, 2010년 4월 3일

5·18 단체 회원들의 교육 수준에 관해 이야기하면서 이 피면담자는 매우 조심스러워했다. 모욕적이지 않게 접근하려는 노력을 느낄 수 있었다. 가방끈이라는 단어가 비하하는 의미로 쓰는 현실도 의식해 자기가 한 표현이 아니라 이제껏 그렇게 이야기되더라고 했다. 5·18 단체가 좋지 않은 모습을 많이 보여준다고 인정하면서도 5·18 피해자가 왜 도덕적이고 보기 좋은 모습이어야 하냐고 되물었다. 왜 자랑스러운 역사의 희생자들이 적극적으로 보상을 추구하면 안 되느냐고 묻기도 했다. 5·18 피해자 가족들은 군사 정부에서는 감시를 받아 주변 사람들도 가까이 오지 못했고, 민주화 뒤에는 보상금을 받자 돈 밝히는 사람들이라고 비난받았고, 젊은 시절 적극적으로 저항하거나 그냥 옆에 있다가 죽고 다치거나 가족을 잃었고, 살아남은 생존자들은 먹고살 길을 찾지 못했다고, 그래서 늘 화가 나 있었다고 말했다.

피해는 1980년에만, 피해자들에게만 한정되지 않았다. 한 5·18 유족 피면담자는 5·18 희생자의 자녀들을 이야기했다. 진짜 피해자, 불쌍한 쪽은 자녀들이었다. 자기들은 정부에 맞서 싸우면서 투사와 활동가가 돼 보람이라도 느끼지만, 자녀들은 돌보는 사람 없는 상태를 그냥 조용히 견뎌야 했다. 부모 중 한 사람만 죽거나 다쳐도 다른 부모가 진상 규명 투쟁에 바빠 고아나 다름 없었다. 자녀들은 5·18이 얼마나 큰 상처인지, 진실이 얼마나 중요한지를 알기 때문에 불평조차 하지 않았다. 의도하지 않은 결과이지만 무시당한 상태라는 말이었다.

가방끈 논쟁을 이야기한 피면담자는 피해자와 유가족들은 부당한 피해를 감내하며 고상하게 살라는 말이냐며 안타까워했다. 5·18 단체 피로감이 가방끈 논쟁이라는 견해 덕분에 나는 교양과 전문 지식 같은 스타일의 문제가 중심에 자리한다는 사실을 이해할 수 있었다. 지식이 중심에 자리할 때 참여자들은 사회적 안건과 전문가가 구상한 계획을 이해하고 의견을 제시하며 대안을 제안해야 했다. 이 피면담자는 5·18 단체들은 그런 일을 효과적으로 할 수 없는 조건이라고 지적했다. 광주비엔날레에서는 문화 집단과 경제 집단 사이에 갈등이 벌어져도 관련된 엘리트 행위자가 대부분 교육 수준이 비슷해서 비판하고 재비판하는 언어를 쓸 수 있었다. 토론하고 논쟁하면서 배울 수 있는 태도와 질서인데 5·18 단체 사람들은 그런 데 익숙하지 않다는 말이었다.

5·18 단체 피로감을 둘러싼 이야기들은 비극적 사건, 이를테면 5·18, 세월호, 4·3 등의 기억화 과정에서 나타나는 일반적 현상이다. 많은 사람이 그런 희생을 숭고하게 기억하면서 살아남은 사람들과 희생자 가족들은 딜레마에 빠진다. '이상적인 희생자'로 남기를 바라는 조금은 비현실적인 기대감 때문이다. 사람들은 유족과 생존자를 때할 때 불의에 맞서 싸우고, 돈에 연연하지 않아

보상금도 안 탐내고, 희생자들을 늘 그리며 삶의 재미를 추구하지 않은 고정된 상을 드러낸다. 희생자들이 삶에서 예상하지 못한 큰 비극을 마주한 뒤 사회 문제에 눈을 뜨게 되기는 하지만, 모두 그런 가치를 위해 살 수 없고 그런 틀에 갇힐 필요도 없는데 말이다. 5·18 희생자는 가난한 일상을 겨우 살아가는 사람들이었다.

기억 공간을 만들 자격

별관 논쟁에서 5·18 단체를 둘러싼 여론이 부정적인데다가 수면 아래 있던 불만도 터져 나왔지만, 이 사례는 기억 공간이 도시 재생 프로젝트의 일부로 추진될 때 권력 관계가 재배치되는 도시 정치를 잘 보여준다.

별관 철거를 둘러싼 갈등은 광주비엔날레 때 나타난 경제와 문화 사이의 갈등하고는 결이 다르다. 오히려 문화를 강조하는 행위자들 내부에서 역사와 기억 공간 만들기를 둘러싸고 벌어진 긴장이다. 그렇지만 이 긴장도 경제와 문화 사이의 갈등하고 비슷해져서, 도시 재생의 목적, 곧 도시 경제도 생각하고 공동체도 살리는 도시 재생을 추진하자는 이야기와 기억화와 기념화를 우선하자는 이야기가 대립하게 된다. 그러니까 문화 집단이 다시 문화 집단과 경제 집단으로 나뉜다.

기억화 과정을 주도하는 주체가 가려질 때 핵심이 되는 기준은 '누가 과거를 이야기할 자격이 있는가?'다. 그 질문을 기억 공간 만들기에 대입하면 '누가 기억 공간을 만들 자격이 있는가?'로 바뀐다. 그래서 누가 기억 공간을 만들 자격이 있는가? 희생자와 유족? 기록 전문가? 역사학자? 정치인? 건축가? 도시 계획가?

이 질문은 기억 공간 만들기에서 중요하기 때문에 섣불리 답하기 어렵다. 그렇지만 뚜렷한 흐름은 하나 알 수 있는데, 애도 단계에서 기억 공간 만들기 단계로 넘어갈 때 전문가가 핵심 행위자로 등장한다는 점이다. 단순한 애도와 추모를 하다가 기억화나 기념화 사업을 하게 되면 슬픔 관광을 위한 장소 만들기 등에 관련된 전문가의 기술과 지식이 중요해진다.

장례식을 생각해보자. 한 사람이 세상을 떠나면 그 사람의 가족이 애도에서 가장 중요한 구실을 했다. 그렇지만 조문객을 맞을 빈소를 차리는 과정이 제도화되고 외주화된 뒤에는 전문적인 상조 회사와 장례지도사가 애도 과정을 주도한다. 여기서 제도화와 외주화는 기억화와 기념화이며, 전문가는 상조 회사다. 정부나 기업이 지원해 본격적으로 만들어지기 시작한 기억 공간이면 전문성이 더욱 중요한 자격으로 두드러진다. 그러면서 주요 행위자들은 재배치된다.

5·18을 애도하고 추모하는 행위는 애초 저항의 한 형태였다. 제도화된 기념사업은 1990년대에 들어서서 늦게 시작됐고, 아시아문화전당도 처음에는 본격적인 기억 공간이 아니었다. 별관 논쟁은 도시 재생 프로젝트가 5·18에 연관된 장소를 철거하게 되면서 촉발됐다. 그러니까 국가 사업 때문에 상징적으로 남아 있던 기억 공간이 없어지게 되자 5·18 단체들이 제동을 걸면서 기억 공간 만들기의 의미가 짙어졌다.

5·18 단체의 위치와 존재감은 어떤 영향을 받았을까? 5·18 단체들은 오랫동안 국가가 저지른 비극의 산증인으로 지내면

서 상징적 힘은 지녀도 정책 계획이나 집행 과정에서 주요 행위자는 아니었다. 단체 성원인 피해자와 유족들은 의사 결정에 관여하지 않은 채 특정한 사안에 반대하는 방식으로 존재감을 드러냈다. 특정 정치인들에게 이용당한다는 말도 나왔다. 이런 갈등 때문에 수면 아래 있던 5·18 단체 피로감도 불거졌다. 마침내 아시아문화전당이 기억 공간으로 부각되자 5·18 단체는 개입할 수 있는 범위가 넓어지면서 도시 개발의 주체로 등장했다.

애도에서 기억화로 전환되는 이 단계에서 슬픈 역사를 살아낸 사람들의 존재감은 옅어졌고, 장소 만들기 전문가들이 빈자리를 채웠다. 특히 공공이나 민간이 기념비와 건물, 유적지 같은 공간을 꾸미는 데 들어가는 자금을 제공하면 전문가의 영향력은 더 커졌다. 그런 모습이 아시아문화전당에서도 나타났는데, 특이하게도 옆으로 밀려나는 듯하던 5·18 단체가 장소 만들기 참여자로 존재감을 드러냈다.

5·18 단체가 보는 5·18과 다른 행위자들, 대개 전문가가 보는 5·18은 달랐다. 전문가들은 도시 재생을 통한 문화적 구조 조정이 5·18 민주화 정신을 구현하는 과정이라고 말했다. 5·18 단체들은 역사를 기억하는 행위가 중요하고, 민주주의는 광주 정신의 근원이며, 별관이 중요한 기억 공간이라고 생각하면서 도시 재생 행사에 관한 판단은 유보했다. 별관 논쟁에서도 5·18 단체 성원들은 전문가들이 제시한 '역사의 승화를 위한 도시 재생'이 올바른 방향이라고 생각하지 않았다. 한 피면담자는 다음 같은 질문을 던졌다.

도대체 '역사를 승화시키는 것'이 무엇을 의미합니까? 그 사람들[전문가들]은 늘 기억을 '승화'시킨다고 말했습니다. 그런데 실제 일어난 건 차례대로 5·18 장소들이 없어진 것뿐입니다. 5·18 단체 구성원들은 소위 5·18 민주화운동을 승화한다고 하면서 하는 기념화로 그 정신이 유지될 것이라고 믿지는 않았습니다.

— 5·18 단체, 2010년 4월 2일

이 인터뷰는 별관 철거를 지지하는 대부분의 문화 전문가가 한 말을 생각나게 했다. 전문가들은 기억 공간을 그대로 보존할 필요는 없으며 역사를 기념하는 데는 다양하고 창조적인 방법이 많다고 했다. 몇몇은 미국 오클라호마 국립기념관처럼 한 사회가 역사적 사건을 예술적으로 기념하는 방식을 예로 들었다. 오클라호마 국립기념관에 1995년 오클라호마시티 폭탄 테러로 사망한 사람을 상징하는 빈 의자 168개를 놓은 사례를 설명하면서 안전 문제 때문에 건물을 철거한 사실도 강조했다. 옛 전남도청 별관도 안전 문제 때문에 철거해야 한다는 이야기가 나온 적이 있었다.

한 전문가 피면담자는 5·18 단체들이 별관을 지도부가 아니라 시민군이 머문 장소라고 주장하는 이유는 그래야 권력 싸움에서 이길 수 있기 때문이라는 말도 했다. 여러 가능성이 남아 있지만, 유족들이 전문가가 사례로 든 오클라호마 국립기념관처럼 간접적이고 예술적인 표현 방식에 공감할지는 미지수다. 정작 가족이 사망한 장소에는 다른 건물이나 시설이 생기는 상황에서는 특히 그렇다.

어떤 사건을 기억하려고 뜻을 같이하는 사람들 사이에서도 당연히 균열은 일어난다. 장소 만들기는 마스터플랜 그대로 가기가 힘들고 그런 과정에서 발생하는 의사소통에 따라 변화무쌍해지기도 한다. 1990년대 들어 도시 계획은 다양한 행위자 사이의 의견 차이가 점점 더 커져서 상호 작용과 의사소통의 중요성에 중점을 둔 소통적 계획을 규범적 기준으로 삼을 수밖에 없게 됐다. 그런데도 소통이 부족한 사례가 많을 뿐 아니라 실제 의사소통이 일어나도 서로 다르게 이해하고 해석할 때가 잦다. 관심사와 접근 방식이 다른 행위자들은 자기에게 유리한 대로 해석하고 싶어해서 내재적 긴장이 이어지기 때문이다.

소통이 원활하려면 전문 용어와 지식이 누구나 이해하기 쉽게 표현돼야 한다. 관련 자료와 '장소의 승화'를 다룬 추상적이고 예술적인 논의는 희생자와 가족들이 이해하기 어려워 의사소통에 방해가 된다. 희생자와 가족들은 전문가들이 들려주는 안전 수준, 디자인의 의미, 동선의 흐름 등에 관한 이야기를 이해하기 힘들었는데, 어찌 보면 이런 상황은 '가방끈' 차이 때문에 당연했다.

지식이 공유되는 방법도 중요하지만, 지식은 권력의 동의어다. 지식이 있으면 권력을 얻게 되고, 권력이 있으면 그대로 인정받는 지식이 된다. 상징과 의미가 중요한 도시 개발 문화 정치에서 권력과 지식은 한 몸이 돼 영향력을 행사한다. 토론 분위기가 민주적이라 하더라도 결국 지식이라는 힘을 지닌 사람들이 주도하게 된다. 기억 공간 장소 만들기에서 전문가들은 기억 공간의 세부 사항을 계획하고, 시간과 자원이 제한된 다른 참여자들은 전문가가 짠 계획에 의존한다.

추모 과정 때는 존재감 없던 전문가들은 기억 공간을 만들기 시작하면서 중요한 주체로 떠오른다. '누가 과거를 말하는 기억 공간을 만들 자격이 있는가?'를 둘러싼 경쟁에 기록 전문가, 도시 계획가, 건축가, 안전 설비사, 인테리어 디자이너 같은 전문가와 공무원, 기업 직원도 참여하기 시작한다. 기억 공간을 만드는 데 필요한 지식을 갖춘 이들은 정부 승인을 받고 공식 직함을 얻는다. 기억 공간이 사회에서 필요성을 인정받고 지원이 시작되면서 새로운 행위자인 전문가는 더 중요해졌다. 전문성을 발휘해 기억 공간을 섬세하고 세련된 방식으로 만드는 과정은 분명히 고무적인 일이지만, 상황이 애매해지면서 더 골치 아파질 수도 있다. 기억 공간 만들기 단계에 들어서면 전문가는 의도하지 않게 비전문가이지만 기억 내용에서는 핵심인 생존자, 피해자, 유족의 자리를 빼앗기 때문이다.

기억 공간 만들기에서 유족과 피해자가 설 자리가 좁아지는 모습은 5·18을 비롯해 9·11 추모박물관과 오클라호마 국립기념관 같은 많은 사례에서 공통된 현상이었다. 유족과 시민이 주요 행위자이지만 전문가들이 주도하기 시작하면 뒤편으로 밀려났다. 비전문가인 유족의 의견을 얼마큼 반영해야 하는지 명확하지 않았다. 소통해야 한다는 원칙은 예전보다 더 강조되고 있지만, 유족과 전문가는 지식과 정보의 양이 다른 만큼 전문가도 모든 사안을 일일이 다 설명하기 어렵다. 그래서 협의 과정은 갈등과 타협이 끊임없이 이어질 때가 많다.

애도에서 장소 만들기로 전환하는 지점은 도시 개발의 문화 정치에서 핵심이다. 변화와 갈등과 긴장이 일어나는 시점이기 때문이다. 기억에 기반하기는 하지만 도시 개발 프로젝트 형태를 띠면서 전문 지식과 정치력으로 무장한 장소 만들기 전문가는 다른 행위자들의 존재를 약화시킨다. 대부분의 피면담자에 따르면 역사적 사건을 둘러싼 기억은 승화와 재구성 과정을 거쳐야 하며 공공의 기억은 합리적 방식으로 구현돼야 한다. 또한 협의를 거쳐 결정이 끝난 뒤에는 결과에 따라야 합리적이다. 그렇지만 협의 내용이 공개되는 빈도는 정치 행위자마다 차이가 있다. 국가와 지방 정부는 미디어를 통해 생각과 활동을 알릴 기회가 많지만 5·18 단체는 조금은 극단적인 행동을 해야 뉴스에 나온다.

공간에 거는 정체성 욕구, 그래도 타협하기

난감하지만 견디기

독단적으로 의사 결정을 하는 정치인을 민주적이지 않다고 비판할 수는 있지만, 전문가를 비판하기는 쉽지 않다. 문법이 사뭇 다르기 때문이다. 정치인은 누구나 이해할 수 있는 언어로 이야기하지만 전문가는 그 분야 전문가만 알아듣는 용어를 쓰는 사례가 많다. 이야기하는 방식과 풍기는 인상도 전문성을 높이는 데 한몫한다. 전문가 권위에 눌리고 설명을 제대로 못 알아듣는 상황을 비판하는 일이 공정하지 못한 과정을 비판하는 일보다 더 어렵다. 전문가는 도시 개발 프로젝트에서 꽤 중요한 구실을 하지만 애도에 중점을 두는 평범한 사람이 볼 때는 기억 공간을 만드는 과정이 왜 그렇게 어려운지 알 수 없는 복잡한 과정을 만들기도 한다.

　나는 참여 관찰을 하러 참석한 5·18 관련 심포지엄에서 이런 사실들을 다시 깨달았다. 발표자들은 무대에 앉아 있고, 청중은 발표자들을 마주 보고 앉아 있었다. 대체로 격식 갖춘 단정한 옷차림이었다. 내가 발표하거나 토론에 참여하는 다른 학술 행사나 강연장하고 비슷했다. 다만 시작하기 전에 'VIP 환담'을 하는 자리가 있어서 몇몇 사람이 따로 차를 마시는 모습은 좀 낯설었다.

행사가 시작되고 발표를 마친 뒤 청중들이 질문하는 순서가 시작됐다. 내 근처에 앉은 한 남성이 일어나 5·18이 중요하다는 말을 하기 시작했다. 사실 목소리를 높여 이야기하는데도 발음이 분명하지 않아서 잘 알아듣지 못했다. 그 사람은 그 자리에 온 다른 사람들하고 확실히 달랐다. 옷매무새가 후줄근하고 회의나 심포지엄에 어울리는 어휘와 표현을 쓰지 않았다. 말을 잘 알아들을 수 없어서 횡설수설한다는 인상을 줬다. 언뜻 봐도 5·18 피해자인 듯했다.

그 사람만큼 발표자들과 청중이 보인 반응이 눈에 띄었다. 한편으로는 그 사람이나 그 사람이 하는 말을 그다지 놀라워하지 않으면서도 다른 한편으로는 불편해하고 불쾌해했다. 그 사람을 진지하게 바라보거나 그 사람이 하는 말을 귀기울여 듣는 사람은 거의 없었다. 그 사람을 뺀 다른 모든 사람이 격식에 맞춰 옷을 입고 앉아서 그 순간을 견디고 있는 모습이 참으로 이상해 보였다. 대부분의 참석자가 5·18 피해자인 그 사람을 창피하게 여기는 분위기가 뚜렷했는데, 무시는 아니었다. 기막히다는 듯 웃는 사람은 없었다. 나는 난감함을 읽었다. 다들 말이 빨리 끝나는 순간을 기다리는 쪽이었다. 그러고는 아무런 답변 없이 다른 전문가에게 질문하고 마이크를 넘기면서 행사는 그대로 진행됐다. 사회자는 재빨리 분위기를 전환했다.

나는 이 경험에서 깊은 인상을 받았다. 전문가들이 한 이야기나 그 피해자가 한 이야기나 핵심은 별로 다르지 않았다. 그 피해자의 이야기는 내용이 아니라 태도 때문에 그 자리에 맞지 않아 보였다. 다른 사람을 설득할 때는 적절하고 설득력 있는 방식이 매우 중요한데, 그런 면에서 5·18 단체는 불리한 위치에 있었다. 그 피해자는 VIP실로 초대받지 못하는 사람이었고, 중요한 의사 결정에 영향을 끼치는 엘리트들하고 차를 못 마시는 사람이었다.

어쩌면 별관뿐 아니라 자랑스러운 역사의 희생자도 현실이 아니라 상상 속에 있을지 모르겠다. 별관의 실제 위치와 모습을 알게 되면 다른 반응을 보였듯, 희생자의 실제 모습은 5·18 희생자라는 상징적 이미지를 파괴했다. 희생자는 명예롭고 자랑스러운 모습, 아니면 계속 희생을 감수하는 모습으로 각인됐다. 그러나 현실 속의 희생자와 가족은 교육을 제대로 받지 않은 만큼 거칠고, 푼돈이 생기는 기회에 휘둘리며, 화가 나 있어서 흥분도 잘하고, 격식을 갖춰 논리적으로 설명할 줄 모르는 사람이 더 많았다. 그런 모습은 5·18의 비극을 보여주는 단편이기 때문에 다른 사람들은 감사하는 마음, 빚진 마음, 책임감이 뒤섞인 불편함을 느낄수도 있었다. 5·18 단체를 아끼는 한 정치인도 5·18 단체가 너무 감정적이라 기억 공간 조성에 관여하면 안 될 듯하다고 말했는데, 그런 난감함 때문이었다.

갈등이 있으면 문제가 많다는 뜻이라 생각해서 걱정하는 경향이 있지만, 사실 장소 만들기 정치는 갈등, 협상, 경쟁, 협력이 섞여 진행되는 모습이 일반적이다. 구체적으로 살펴보면 의사 결정 과정은 상당히 복잡하고 어지럽다. 오히려 위계질서를 타고 깔끔하게 진행되는 사례가 드물 정도다. 기억 공간 만들기 과정은 더욱 역동적이고 갈등투성이다. 아시아문화전당 관련 계획이 승인된 뒤

뜻밖의 비판에 부딪혀 기대가 무너지고 프로젝트가 위태롭게 된 일도 그런 많은 사례의 하나다.

그러나 이런 위태함 속에서도 논쟁과 긴장은 각 행위자가 무엇을 우선시하고 프로젝트를 위해 얼마나 타협할 의지가 있는지를 분명히 할 수 있는 기회를 주기도 한다. 본격적인 기억 공간 만들기에 들어가면 건축 전문가와 도시 계획 전문가가 참여하는 비중이 점점 늘어나는데, 그중 하나는 피해자와 유족이 낸 의견을 전문성을 바탕으로 실현하는 중개자 구실이다. 전문가는 자기가 세운 계획을 상징적인 존재인 피해자와 유족 등 비전문가도 이해할 수 있게 설명해야 하는데, 그 경계가 생각보다 뚜렷하지 않다. 일단 설명이 끝나면 대개 전문가들이 주어진 권한을 바탕으로 전체 과정을 총괄하는데, 특히 정부 지원 프로젝트라면 이런 상황이 효율성 측면에서 정당화된다.

많은 이들이 공감하는 비극적 사건에 관련해 진상 규명과 기억 공간 만들기가 진행될 때 흔히 '피로감'과 '지겨움'이라는 말이 나온다. 한국 사회 특유의 '빨리빨리' 문화를 생각하면 관심이 확 몰리다가 금세 질리는 면도 있겠지만, 이런 말들은 정치적으로 이용될 때가 많다. 비극적 사건 때문에 곤란하게 된 정부나 특정 기관에서 댓글을 조작하기도 한다. 딱히 그렇지 않더라도 사람들이 자연스럽게 느끼는 5·18 피로감은 정치 분위기에 영향을 많이 받는다. 이를테면 상대적으로 진상 규명과 보상에 적극적인 민주 정부에서는 어느 정도 해결이 되거나 되고 있다는 생각 때문에 피로감이 더해졌다. 5·18을 부정하고 5·18 단체를 탄압하는 정부 때는 함께 저항할 뿐 피로감을 이야기하지 않는다.

5·18 단체들도 그런 어려움을 느끼고 있었다.

전두환, 노태우 같은 군사 독재 정권 때보다 2007년 이후에 5·18 단체는 오히려 훨씬 더 어려워졌습니다. 하지만 별관을 둘러싼 이 갈등은 광주를 재건하는 방법을 근본적으로 고려해야 할 전환점이라고 생각합니다.

— 5·18 단체, 2010년 4월 2일

갈등이 결국 긍정적 결과를 가져올 수 있다는 이야기였다. 열을 내며 상대방을 비판하던 다른 피면담자들도 갈등이 전반적으로 긍정적인 변화로 이어진다는 데 동의했다. 기억 공간 만들기 과정에서 단일한 공공 기억이 확립된다기보다는 다양한 개인적 기억 사이의 협상이 진행된다는 사실을 깨달을 수 있었다.

많은 협의 끝에 별관 일부를 없애 소통을 의미하는 터널의 일부로 만들고 남은 부분은 별관에서 희생된 이들을 기념하는 기억 공간으로 꾸미는 안이 최종 합의됐다. 합의 과정에서 다양한 행위자들을 포괄하고 협상이 지속적으로 이어질 수 있게 하는 지배 구조가 형성됐다. 갈등은 새로운 소통 과정에서 결정적인 구실을 했다. 갈등 덕분에 다른 행위자의 관심사가 명확해지고 회의 테이블 위에 올라갔다. 상대방의 생각을 어림짐작하지 않고 직접 들으면서 다양한 의견들이 경합했다. 또한 갈등은 협치를 실행하고 소통적 지식을 형성하는 훈련장이 됐다. 다른 행위자들이 5·18과 별관을 어떻게 받아들이는지를 알게 됐고, 저녁 같이 먹으면서 분위기가 좋으면 합의라고 짐작하는 대신 적극적으로 토론해야 한다는 교훈도 줬다. 어쨌든 광주비엔날레와 아시아문화전당은 끝없는 논쟁을 견뎌냈다.

전문화 과정에서 피해 당사자와 유가족에게는 유연성과 끈질김이 필요했다. 기억 공간을 전문적으로 만드는 과정이 진행될수록 기억의 의미가 퇴색하고 기억이 도구화된다고 느낄 수 있다. 기억을 예술적으로 승화시키고 사회적으로 자리매김하는 과정은 당사자가 하나씩 기억에서 멀어지는 시간을 뜻할 때가 많기 때문이다. 협치와 소통을 하려면 차이를 인정하고 절대 합의란 불가능하다는 현실을 받아들여야 한다.

기억이란 온전히 각 개인에게 달려 있어서 같이 경험해도 각자의 기억은 다르다. 그나마 같이 경험하지 않으면 공감은 더욱 어렵다. 엄밀히 말해 기억은 누구하고도 나눌 수 없기 때문에 배타주의가 필연적으로 따라오며, 사회적 참사나 공공의 기억이라는 이름을 함부로 붙일 수도 없다. 그래서 사회적으로 기억을 이야기하려면 어쩔 수 없이 한계를 인정하고 타협해야 한다. 순수함만 고집하면 기억은 쉽게 독단이 되기 때문이다. 의미가 희석된다는 아쉬움은 당연히 따르지만 버티면서 같이 이야기해야 한다.

이 기억 공간은 나에게 무엇인가 — 나와 공간의 정체성 만들기

기억 공간과 관광이 점점 더 연결되면서 경제적 이득이 예전보다 늘었지만, 기억 공간은 대개 큰 경제적 이득을 얻지는 못한다. 그런데도 왜 많은 사람이 기억 공간에 자기 생각을 담으려고 절실하게 매달릴까?

기억 공간이 참여자들의 정체성에 관련되기 때문이다. 과거에 뿌리를 둔 현재의 자기가 지닌 정체성은 예민한 주제일 수밖에 없다. 정체성 정치identity politics는 현대 사회에서 가장 중요한 요소의 하나다. 정체성은 도시 재생 같은 현대 도시 개발 프로젝트에서 빠질 수 없다. 도시 재생 같은 종합적 도시 개발을 시도할 때 도시 엘리트들은 가장 먼저 도시의 역사와 정체성을 생각해야 한다. 장소의 정체성과 문화적 의미를 공간적으로 나타낼 때는 도시의 역사나 특성에서 근거를 찾는데, 이때 기억에 연관된 장소가 중요해진다. 개인과 조직의 정체성에 연관된 기억 공간은 당사자들에게 이용 가치가 높기 때문이다.

정체성을 찾기 힘들 때는 다른 도시가 어느 정도 효과를 본 표준화된 형태의 도시 개발을 한다. 어떤 도시나 지역이 특정 문화 경제 프로젝트를 벤치마킹할 때는 대기업 브랜드나 유명 건축가를 내세운 건물을 세우는 방법을 흔히 쓴다. 정체성을 의미 있고 효과적으로 보여주기 어렵고 효과도 보장되지 않기 때문이다.

왜 원안대로 별관을 철거해야 하는지, 기왕 철거하기로 한 결정을 왜 뒤집어야 하는지를 두고 불붙은 논쟁은 단지 5·18에 관한 해석을 둘러싼 대립이 아니었다. 5·18 단체들은 광주에서 벌어진 일을 기억하고 애도하는 데 중점을 뒀고, 도시 재생 프로젝트 지지자들은 번영하는 광주의 미래를 준비하고 개발과 성장에 초점을 맞추기를 고대했다. 정체성에 따른 차이가 반영된 결과였다.

특정 장소의 관련성을 둘러싼 논쟁은 기억 공간 장소 만들기에서 드물지 않은데, 별관이 지닌 의미에 관한 해석을 들어보면 결국 자기가 어디에 속하는지를 이야기한다는 사실을 알 수 있다.

이를테면 가장 중요한 장소로 희생자들이 묻힌 5·18민주묘지를 들 수 있는데, 5·18 단체 사람들은 다르게 느꼈다.

> 별관이 바로 묘지입니다. 그 장소의 상징은 대체할 수 없습니다. 게다가 5·18 지도부가 아닌 평범한 시민군들이 죽은 곳이었습니다. 5·18 민주화운동이 대중 민주주의 운동으로 만든 것은 이곳에서 희생된 사람들이 그런 평범한 서민들이었기 때문이다. 그 사람들[엘리트들]이 결정할 사안이 아닙니다.
> ― 5·18 단체, 2010년 3월 29일

이 피면담자가 가리키는 '그 사람들'은 별관을 다르게 봤다. 더 큰 그림에서 봤거나, 자기 정체성에 바탕해서 그렇게 절실한 장소로 보지는 않았다.

기억 공간은 각자가 지향하는 미래를 위해 과거에 관한 특정한 태도를 드러내는 현재 행위자들이 경합하는 장이다. 기억의 중요한 본질은 과거가 아니라 현재 행위자가 말하고 싶은 미래에 관련된다. 공론화되는 기억은 더욱 그렇다. 군사 독재에 맞선 저항의 상징이던 별관은 이제 이해관계가 다른 집단들 사이에 일어나는 갈등을 상징하는 공간이 됐다. 여러 정체성들이 만나는 플랫폼이자 경기장이었다.

슬픔 관광을 포함한 도시 재생에 기억 공간이 필요하다는 사실을 인정받는 데 성공했지만 이 문화 경제 프로젝트의 혼합된 특성 때문에 다양한 논리와 기대가 부딪쳤다. 핵심에는 여러 행위자들의 정체성에 관련된 욕구가 엉켜 있었다. 그래서 시민단체와 시민들 사이에 상당한 긴장이 발생했다. 정부가 설계를 바꿔 별관을 일부 유지하기로 결정한 뒤에도 특정 기관과 몇몇 학자는 초안대로 가야 한다고 주장했다.

많은 갈등이 벌어지면서 정부는 아시아문화중심도시 프로젝트에서 리더십을 발휘할 수 없었다. 갈등은 시민단체와 공무원 사이를 넘어 훨씬 더 복잡한 모양새를 띠었다. 얽힌 관계에서 서로 다른 행위자들이 나눈 이야기는 경제 성장의 압력과 역사적 권력관계를 포함한 여러 요인에 크게 영향을 받았다. 문화 경제는 도시 협치에서 작동하는 여러 행위자들 사이에 오가는 간섭, 저항, 의사소통, 통합으로 구성된 역동적 과정의 산물이다. 여기에는 기억을 둘러싼 정체성 정치가 핵심이었다.

한편 공무원과 시민단체는 단순히 서로 적응하는 데 그치지 않고 좀더 협력적인 방식으로 협치의 본질을 변화시켰다. 경제 집단과 문화 집단이 통합, 상호 학습, 자기 성찰을 하는 과정이었다. 광주 사례는 시민사회가 관료주의에 위협받지 않은 채 그 관료주의 안에서 끝없이 소통하고 협상하는 모습을 보여준다. 시민사회의 일부는 서로 경쟁해서 자기 평가를 만들고, 각 부문의 관심사를 이해하고, 권력 구조가 재구성될 때까지 시민사회 내부의 의사소통 합리성을 점검했다.

흔히 협치는 권력의 독주를 막는 민주적 의사 결정 시스템을 뜻하지만, 참여 자격과 네트워크라는 동력이 크게 좌우하기 때문에 정말 민주적인지는 다시 생각해볼 문제다. 시민단체 성원들이 배제되다가 원칙적으로는 참여하게 된 변화는 커다란 진보다. 협치에 참여할 자격은 법과 제도로 정하지 않기 때문에 어떻게 보면 비공식 자격이 더 중요하다. 그렇지만 현실적으로는 정부나 기업에서 일하는 사람들하고 협력할 수 있는 엘리트들이 훨씬 유리하다. 비슷한 정체성은 서로 알아보게 마련이라서 자기 스스로 긋는 선을 규제할 수도 없다.

그 비공식 자격의 하나는 엘리트가 지닌 특성 자체다. 엘리트들이 지닌 공통 특성은 전문성을 바탕으로 논쟁하고 협상하는 능력이다. 엘리트들 사이에서 이런 능력은 일상적인 삶의 일부이자 정체성의 바탕이기 때문에 딱히 특별하다는 생각조차 안 하는 사례가 많다. 늘 비슷한 사람들끼리 만나기 때문이다. 그런데 권력을 강제로 행사하는 시대가 막을 내리자 협치에서 합리적인 방식으로 정당성을 확보하는 능력이 중요해진다. 광주비엔날레 도시재생 과정에서 알 수 있듯이 협치의 형성과 뒤이은 협상에서 이런 능력은 핵심이 된다.

전문가 네트워크도 중요한 자산이다. 별관 철거 지지자들은 지식인인 만큼 전문 지식을 바탕으로 장소 만들기에 참여하면서 대안적 권력으로 등장한다. 아시아문화중심도시추진단 사무실은 서울에 있고, 중앙과 지역 사이의 불균형은 서울 사는 사람들을 더 진보된 전문가로 보이게 한다. 미국에서 활동하는 건축가가 출품한 디자인이 선정된 설계 공모 결과도 그런 시각을 뒷받침하는 근거가 된다. 기억 공간 만들기에서 사회경제적 지위에 대응하는 전문 지식이 담론을 구성하는 구체적 과정에 주목해야 한다.

살아남은 희생자와 유족은 슬픔 관광의 성격에 영향을 미치며, 특정 사건의 고통과 슬픔을 나타내는 상징적 중요성을 지닌다. 따라서 기억 공간이 희생자들에게 경의를 표하는 방법에 관련해 살아남은 희생자와 유족이 이야기하는 생각은 슬픔 관광을 구성하는 데 중요한 구실을 한다.

타협의 공간, 새로운 문제, 새로운 계획

별관의 운명을 놓고 새로운 합의가 형성되기 전에 중앙 정부는 터널을 만드는 원래 계획을 유지하면서 역사적 의의를 지닌 특정 부분은 남기고 일부만 철거하는 방안을 제안했다. 철거파와 보존파 모두 부정적이었다. 부분 철거를 하면 아시아문화전당이 갈등을 상징하는 건물로 남게 된다고 염려했다. 어정쩡한 결론은 어느 쪽도 만족시키지 못했다.

완전 철거나 완전 보존은 더 어려웠다. 완전 철거로 결론을 내리기에는 정치적으로 무리가 있었다. 5·18 단체와 지지자들이 거친 비판을 쏟아냈다. 그렇다고 해서 별관을 그대로 보존하자니 디자인이 망가지고 건물 안전도 문제가 있었다. 안전 평가도 별관 보존과 이용은 무리라는 결론이 나왔다. 무엇보다 양쪽 다 양보할 가능성이 없어 보였다.

결론은 타협이었다. 2009년 12월부터 2010년 7월까지 8번의 협상, 위원회 회의, 공청회가 이어졌다. 2008년 12월에 공사가 지연되면서 시작한 협의가 회의와 공청회라는 틀을 갖추고 본격적으로 진행됐고, 이 과정을 거쳐 부분적 보존 계획이 결정됐다. 범시민대책위원회는 24미터 부분에서 별관으로 연결되는 3층과 4층을 그대로 두는 안을 주장했는데, 아시아문화중심도시추진단이 밝힌 최종안은 폭 54미터인 도청 별관 가운데 남쪽 가장자리 30

미터는 원형 그대로 보존하고, 본관에 연결된 나머지 24미터는 강구조물을 덧붙여 도청 별관 전체가 현재의 외형을 유지하게 하는 방안이었다. 원자 폭탄에 녹은 윗부분을 철골로 살려놓은 히로시마 돔처럼 건물 원형을 알 수 있게 했다.

5·18 30주년인 2010년 완공을 목표로 하던 아시아문화전당은 2015년에야 개관했다. 8000억 원을 들인 국책 사업이었다. 아시아문화전당은 한국 최대 복합 문화 시설이다. 아시아문화전당 공식 웹사이트에서 실린 소개글은 다음 같다.

ACC^Asia Culture Centre[아시아문화전당]는 아시아 과거-현재의 문화 예술과 혁신적인 아이디어와 신념이 만나 미래 지향적인 새로운 결과물을 생산해내는 국제적인 예술 기관이자 문화 교류 기관입니다. 5·18 민주화운동May 18 Democratic Movement의 인권과 평화의 의미를 예술적으로 승화한다는 배경에서 출발하여 …… ACC는 아시아를 비롯한 전세계의 참여자들이 연구Research-창작Creation-제작Production의 단계를 수행함에 있어 경계를 가로지르며 자유롭게 화합하고 생각을 나눌 수 있는 통합적인 플랫폼의 역할을 합니다.

아시아문화전당이 무엇을 하는 곳인지 알기 힘들다는 사람도 있는데, 바로 그런 점이 유연한 공간 사용의 특징이다. 예전에는 공연장이나 전시장처럼 명확한 기능이 제시되는 사례가 많았지만, 요즘은 이렇게 저렇게 다양하게 쓸 수 있는 공간이 대세다. 포스트 코로나 시대에는 더욱 그럴 듯하다. 개관한 뒤에는 창제작 공연, 기획 공연, 초청 공연 등 공연과 문화창조원과 문화정보원, 어린이 문화 체험 전시 등이 계속 열리고 있다. 공연, 전시, 강좌를 온라인으로 보여주는 서비스도 한다.

막대한 예산이 들어간 아시아문화전당이 완공되자 관심이 집중됐다. 꽤 많은 사람이 찾아오지만 미디어는 늘 기대에 미치지 못한다고 지적했다. 매년 운영 예산이 800억 원 안팎이고 아시아문화원만 300억 원이 넘기 때문에 늘 예산 대비 효율성이 평가 기준이 됐다. 처음부터 공간 성격이 모호하고 이용자가 적을 수 있다는 지적이 나왔다. 서울이 아니라는 점이 크게 작용할 텐데, 같은 서울에서도 입지에 따라 이용자 수는 크게 차이가 날 수밖에 없다는 현실을 고려하면 억울하기도 했다.

숫자에 관한 관심과 염려는 5·18의 기억과 슬픔 관광에 관한 걱정을 뜻하기도 한다. 소개글에 나오듯 5·18은 아시아문화전당을 만들게 된 출발점이었다. 전문가 피면담자들이 바라듯이 5·18의 기억을 예술적으로 승화한다는 점에서 아시아문화전당은 평범한 기억 공간이라기보다는 간접적인 슬픔 관광에 활용되는 장소다. 슬픔과 관광이 결합하면서 관광 요소는 다양하게 진화했고, 그 결합을 통해 비극적 기억은 길을 찾았다. 5·18 관련 장소가 이렇게 5·18의 정신을 기리는 공간으로 발전한 모습은 분명히 한발 앞으로 나아간 진보였다.

아시아문화전당 이야기는 여기서 끝나지 않는다. 아시아문화전당 완공을 계기로 광주 사례 연구를 마무리하기로 마음먹은 나는 마지막 사진을 찍으러 광주에 갔다. 그런데 예상하지 못한 일이 벌어지고 있었다. 합의를 통해 갈등을 극복한 도시 개발 문화 정치는 새로운 모습으로 다시 시작되고 있었다.

별관 철거를 둘러싸고 찬반으로 나뉘어 갈등을 빚은 참여자들은 새롭게 드러난 별관 모습에 다 같이 충격을 받았다. 5·18 때 방송 상황실이 자리하던 곳에는 엘리베이터가 설치돼 있었다. 건물 안팎 벽에 남은 총탄 자국도 없어졌다. 안전성 문제로 철거를 주장하더니 맨 위층에 떡하니 일반 사무실이 자리를 잡고 있었다. 5·18 단체와 유족들은 별관을 점거했고, 이번에는 광주시도 함께했다. 처음에 별관 철거를 주장한 사람들도 이왕 보존하기로 합의를 한 만큼 잘 복원해야 한다고 생각했다. 이 일을 계기로 별관을 복원해 기억 공간을 만들자는 의견이 모아졌고, 2016년 9월 시민단체들은 항의 농성에 들어갔다.

2017년 문재인 대통령은 옛 전남도청 복원을 결정했다. 아시아문화전당을 완공하기 전 상태로 돌아가 옛 전남도청을 5·18 기억 공간으로 만들자는 이 결정은 5·18 희생자들, 곧 5·18 단체와 시민사회의 소망에 화답한 조치였다. 항의 농성이 꼬박 3년을 채운 2019년 9월, '옛 전남도청복원대책위원회'는 옛 전남도청 별관에서 회의를 열어 농성을 마무리했다. 아시아문화전당으로 진입하는 터널을 만든 2개 층은 그대로 두고 전면 철거된 4개 층을 복원하기로 합의한데다가 문체부, 광주시, 복원대책위가 복원협의회를 구성하고 전담 조직인 '옛 전남도청복원추진단'도 출범해서 복원 사업이 잘 추진될 수 있게 된 때문이었다. 아시아문화전당은 전형적인 기억 공간이 아니다. 다양한 활동이 동시에 벌어지는 혼종적인 공공장소다. 그런 탓에 명확한 정체성이 없다는 비판도 받지만, 일상적 문화 활동, 기억화, 관광이 뒤섞인 복잡하면서 조화된 미래형 기억 공간이다.

기억의 정치에 개입하는 지식

옛 전남도청 별관에 기억 공간을 만드는 과정에서는 뜻밖의 일이 많았다. 광주 지역 행위자들은 미처 준비하지 못한 장소 마케팅과 도시 재생 프로젝트에 직접 참여하거나 지켜보면서 갈등하고 혼란스러워했다. 아시아문화전당 만들기에서 5·18 단체들이 갑자기 반대로 돌아서고, 그런 상황이 별관 논쟁으로 이어지고, 겨우 합의를 하지만 완공된 뒤 항의 농성이 시작되고, 이 건물이 본격적인 5·18 기억 공간으로 복원되는 과정도 예상하지 못했다.

기억 공간 만들기 과정에서 지식(지식적 지위)이 기억의 정치에 미친 영향은 특히 생각하지 못한 점이었다. 여기에서 지식은 전문 지식뿐 아니라 소수가 독점한 정보나 암묵지도 포함하며, 지식 전문가로서 사회에서 공인받는 지위를 뜻하기도 한다. 지식 전문가가 행위자로 들어오면 권력 관계도 재배치된다. 지식의 정치와 공공 기억의 정치 사이의 밀접한 연관성이 공공 기억을 기반으로 하는 도시 개발에서 나타난다. 공간 생산과 장소 만들기에서 권력과 지식은 늘 함께했다. 권력을 가져야 접근할 수 있는 정보가 많았고, 정보와 지식은 경제적, 정치적, 문화적 권력으로 이어졌다. 기억 공간을 포함하는 도시 재생과 도시 개발이 본격 시작되면서 피해자가 지닌 경험의 힘은 장소 전문가가 지닌 노하우의 힘으로 어느 정도 대체됐다. 피해자와 유족은 대개 전문성이 없다거나 감정적이라는 비판을 받았고, 따라서 감정적이지 않으면서 전문성을 지닌 행위자가 등장했다. 사회경제적 지위가 비슷한 행위자들은 공통된 문화를 바탕으로 파트너십을 형성하고 손쉽게 협력했다.

피해자와 전문가는 기억 공간을 만드는 단계에서 마주칠 수밖에 없다. 어떤 경험을 하고, 어떤 고통을 받고, 어떻게 기억이 억압되는지를 이야기할 때 피해자들은 대표성이라는 힘을 발휘한다. 그런 이야기 자체와 그 이야기가 미래에 전하는 메시지를 공간에 재현하는 단계에서는 전문가가 앞으로 나선다. 동네나 지역 사회 같은 작은 규모에서는 전문성과 피해자의 경험을 쉽게 조화시킬 수 있다. 몇 개 도시나 광역 지자체를 포괄하는 대규모 도시 재생이라면 전문가는 직업적 전문성뿐 아니라 피해자나 유족이 하는 이야기를 듣고 적절히 반영할 줄 아는 소통 전문성이 필요하다.

지식의 정치는 행위자들 사이의 합의가 결국 실패한다는 의미일까? 반드시 그렇지는 않다. 다양한 행위자들 사이의 상호 작용이 많아지면 차이를 인식할 기회도 늘어난다. 갈등 같은 심각한 문제가 발생하기 전까지는 행위자가 특정한 문제를 어떻게 생각하고 얼마나 관련 지식이 풍부한지를 아무도 제대로 알 수 없다. 게다가 행위자의 지식은 고정돼 있지 않고 진화하는 속성을 지닌다. 그래서 건강한 갈등이 필요하다.

1990년대 한국의 도시 정부와 지방 정부는 경제 환경과 정치 환경에서 일어나는 구조 조정에 대응해 장소 마케팅 전략을 채택했다. 세계화와 현지화의 영향을 받은 행위자들은 기업가가 된 듯 행동했다. 반면 2000년대에는 지역 사회 참여가 장려되면서 시민 사회 성원들이 도시 재생에 참여했다. 역사와 기억을 좀더 중시하는 예술 주도 도시 재생은 포괄적이고 인간적인 접근 덕분에 장소 마케팅 접근법보다 다양한 분야의 행위자를 대체로 만족시켰다.

역사와 기억은 특정 장소에 연관된 유무형 콘텐츠를 해석한 다음 의미를 부여하는 기억 공간을 통해 살아남는다. 기억 공간은 도시 경관에 영향을 미치고, 이런 문화와 경제의 이질적 조합은 새로운 도시 개발 문화 정치로 이어진다. 다양한 행위자들이 문화나 경제를 둘러싸고 경쟁하지만, 문화와 경제는 기억 공간을 매개로 완전히 통합되거나 완전히 분리되지 않으면서 도시 개발로 나아간다. 여전히 갈등이 이어지지만 이런 경험은 장기적으로 도움이 된다. 역사적 자원을 기반으로 한 문화 경제의 정치는 경제적 이익을 안겨주고 문화적 인식을 제고할 뿐 아니라 건강한 긴장을 일으키기 때문이다.

여기에서 나는 권력과 심리의 연관성을 이야기하고 싶다. 권력이 작동하는 협상 과정에서 심리적 역동성은 큰 구실을 한다. 심리를 고려하면 규범적 주장만 고집하거나 도저히 이해할 수 없는 과정이 설명된다. 전체의 이익을 위해 개인적 이익을 양보하는 적응적 선호도 마찬가지다. 일단 자기 능력이 제한적이라는 현실을 받아들이면, 적응적 선호는 피할 수 없는 목표를 고집하면서(어쩌면 자기가 원한다고 스스로 믿으면서) 계속 저항하다가 야기되는 답답함과 좌절에서 나를 해방시킨다. 그러므로 수용과 타협은 약점이 아니라 오히려 생존의 의지와 실용적 생존력을 보여주는 태도다. 상황을 통제할 수 없다면 그 안에서 장점을 최대한 이끌어내야 한다. 서로 다른 이해관계와 권력 관계를 인정하면 실질적으로 이득이 되는 협상 결과를 추구할 수 있기 때문이다.

3부

도시 정치는
계속된다

도시 정치는 계속된다

역사의식과 피로감의 미래

5·18은 이제 어떻게 될까? 민주주의 역사의식이 더욱 고취될까? 이제껏 쌓인 5·18 피로감, 5·18 단체 피로감이 더 깊어질까? 이렇게 달려온 광주 문화 경제의 미래는 어떤 모습이 될까? 문화 경제 발전 전략인 광주비엔날레와 도시 재생은 5·18의 기억을 바탕으로 한 정치적 이미지와 도시 경제를 떼려야 뗄 수 없게 만들었다. 군사 독재 정부가 저지른 유혈 사태를 반성하고 사과하는 의미에서 정부는 광주를 인권 도시로 지정했고, 5·18을 바라보는 사회 인식도 전보다 훨씬 나아졌다.

광주비엔날레는 성공한 국제 예술 행사로 자리를 잡았다. 광주를 상징하는 정치적 이미지를 경제 발전의 장애물로 여긴 도시 엘리트들 때문에 문화 경제 발전 전략이 시작됐는데, 이제 정치적 이미지가 경제 발전의 자원이 됐다. 광주비엔날레가 대단히 인기 있는 행사는 아니다. 현대 미술은 새롭고 독특하지만 여전히 난해하다는 반응이 많기 때문이다. 그렇지만 현대 미술은 작품에 담는 메시지를 통해 인간과 사회에 관한 비판적이고 성찰적인 담론을 만들고 현존하는 경계에 의문을 제기하면서 상상력을 넓혀왔다.

광주비엔날레는 비판적 목소리를 계속 키웠다. 세월호 참사가 벌어진 2014년에 열린 10회 광주비엔날레에는 박근혜 대통령을 허수아비로 묘사한 작품이 출품됐다. 세월호 참사는 국가가 국민을 보호하지 않은 사건인 점에서 5·18에 연결됐다. 광주비엔날레재단이 개입하자 작가는 항의하는 의미를 담아 허수아비를 닭으로 바꿨다. 광주비엔날레재단이 작품 전시를 막자 몇몇 작가도 검열에 항의해 작품을 내렸다. 특별전 '세월 오월'의 큐레이터도 예술적 표현의 자유 보호와 광주 정신은 동의어이고 표현의 자유와 광주 정신은 존중돼야 한다며 전시 중단 결정을 비판했다.

'상상된 경계들'을 주제로 한 2018년 12회 비엔날레에서는 북한 예술가들을 처음으로 소개하면서 한반도 분단 상황에 목소리를 냈다. 난민 문제에 더해 북한 작가 작품 22점을 내걸어 주목받았다. 5·18 북한 연루설을 주장하는 보수 우파들 때문에 덧씌워진 친북 이미지는 오랫동안 광주라는 도시의 부정적 이미지를 강화하는 데 활용됐다. 광주비엔날레는 북한에 엮일 위험을 피하면서 분단 현실을 주제로 다뤘다.

5·18의 기억은 광주에 영원한 숙제로 남았다. 여기에는 내부 문제보다 외부 환경이 강하게 작용했다. 정치적 구조, 특히 여당의 태도는 광주가 5·18을 바라보는 관점에 영향을 미쳤다. 5·18이 광주와 광주 외부인 국가 사이에 벌어진 사건이기 때문이었다. 광주 안에서 5·18 피로감은 김대중 정부와 노무현 정부 시기에 본격적으로 시작됐다. 두 자유주의 정부는 5·18 학살을 적극적으

로 조사하고 피해를 보상했다. 가장 큰 적인 국가가 없어지자 내부로 관심이 쏠리면서 몇몇 시민들은 5·18 피해자들이 받은 혜택에 불만을 터트렸다. 기억과 희생은 순수해야 한다는 이데올로기까지 더해졌다.

희미해질 수도 있던 5·18의 존재감과 역사의식은 역설적으로 5·18 폄훼 같은 외부 자극 때문에 어느 정도 유지됐다. 이명박 정부와 박근혜 정부가 5·18의 의미를 깎아내리려 하면서 외부 국가와 광주 내부 사이의 대립선이 다시 명확해졌다. 국가가 공식적으로 민주화 운동으로 인정한 뒤에도 보수 정당 안팎에서는 5·18을 폄훼하려는 시도가 끊이지 않았다. 진압 명령을 내린 범인으로 여겨지는 전두환은 2017년에 낸 회고록에서 자기는 책임이 없다고 부인하기도 했다.

박근혜가 탄핵된 뒤 문재인 대통령이 당선하면서 중앙 정부와 광주가 대립하는 모습은 사라졌다. 지역이 정부 정책에 목소리를 낼 기회도 다시 많아졌다. 공통의 적이 다시 사라지자 내부의 차이가 눈에 들어왔다. 5·18 단체나 시민단체에서 중심이 되는 사람들의 이념과 논리는 일상 문화와 스타일하고 뒤섞여 나타났다. 2019년 2월에도 보수 정당인 자유한국당 사람들이 또 5·18 북한 연루설을 주장하지만 5·18을 폄하하고 의문을 제기하려는 시도는 거꾸로 더 많은 관심과 지지로 이어졌다.

국가가 탄압을 멈추고 기억 공간도 조성하면 보통 그 기억은 시간이 갈수록 존재감이 희미해진다. 대부분의 기억은 직접 경험한 사람들이 나이들고 목소리가 작아지면 서서히 잊는다. 억울한 상황이 마무리되고 평화로운 분위기가 유지되면 기억해야 하는 동기도 줄어들기 때문이다. 5·18은 끊임없이 기억을 자극하는 일들이 벌어지면서 존재감이 사라지지 않았다. 기억을 도발하는 사건은 기억하는 사람들의 마음을 불편하게 하고 피해자들이 겪은 폭력과 부정의를 떠올리게 했다. 그런 감정이 들면 5·18을 대하는 태도도 예전 상태로 되돌아갔다.

'5월'을 경험한 세대가 5·18 관련 단체와 정책 영역을 주도하고 독점하면 당장은 빠르게 행동할 수 있고 효과도 좋을지 모르지만 앞으로 나아가는 데에는 문제가 된다. 광주의 젊은 세대는 앞 세대를 통해 5·18을 생생하게, 그러나 간접적으로 들었다. 어떤 면에서는 광주비엔날레에 와 이야기를 듣고, 고통을 듣고, 흉터를 보는 관람객 같았다. 피해자 자녀들처럼 젊은 세대는 어느 정도 그런 식의 무존재감을 견뎠고, 5·18 주도 세대에 잘 맞출 수 있는 몇몇만 내부로 들어갔다. 젊은 세대가 자기들의 문화와 사고방식 속에서 기억을 소화하게 될 때 5·18의 미래를 둘러싼 목소리들은 조율될 수 있다.

5·18 상품화, 또는 앞으로 나아가기

광주 시민들은 다른 도시와 다른 나라 사람들이 5·18을 어떻게 생각하기를 원할까? 광주 시민들은 다른 사람들이 기억해주기를 바랄까, 아니면 광주와 5·18을 그만 연관시키기를 바랄까? 광주의 젊은 세대는 언제 주요 행위자들이 있는 자리를 차지하려 할까? 아니면 이런 일에는 관심도 없을까?

광주 사람들은 다른 지역 사람들이 지난 역사를 인정하고 기억의 의미를 소중히 여기기를 바란다고 피면담자들은 말했다. 광주에 들른 사람들이 폭력이 남긴 상처와 투쟁의 기억을 보고 느끼기를 바란다는 말이었다. 어느 전문가는 광주에 갇혀 있는 5·18이 전세계에 공유될 수 있게 기억을 확장해야 한다고 말했다.

그렇지만 5·18의 기억을 공유해야 한다는 데 모든 사람이 동의하지는 않는다. 기억은 아주 개인적이라서 같은 경험을 해도 똑같이 공유할 수 없다. 그래서 다른 도시 사람들은 어차피 공유할 수 없다고 말하는 피면담자도 있었다. 숨소리조차 내지 못한 순간의 기억은 다큐멘터리를 보거나 상상을 해도 재현할 수 없다는 이야기였다. 그래서 경험자들은 어떤 기억이건 겪어보지 않으면 모른다는 말도 했다.

또 다른 피면담자는 그런 태도가 자기가 한 경험을 현지화하고 기억을 독점하는 방식이라고 비판했다. 5·18을 영원히 광주에 가두자는 이야기냐고 반문했다. 그런 배타적 태도가 조작과 억압에 맞선 방어 기제 때문이라고 보는 피면담자도 꽤 있었다. 수십 년 동안 이어진 국가의 감시와 정치적 억압이 가져온 결과물이라는 말이었다. 전두환과 노태우를 거치며 12년 동안 이어진 군사 정부는 5·18의 기억을 억압하는 데 성공했고, 광주를 영토화하고 고립시켰다. 그 결과 5·18의 진실이 알려지기 시작한 뒤에도 진실을 모른 척하거나 왜곡하고 폄하하는 목소리도 꽤나 들려왔다.

역설적이게도 진보 진영 사람들은 5·18을 신성시하거나 부담스러워하면서 새로운 시도를 하자는 이야기를 감히 하지 못했고, 그래서 기억이 확장되지 못하게 하는 데 기여했다. 광주 행위자들은 외부에 대응해서 5·18을 경험한 사람들만 이야기할 수 있게 하는 영토화에 기여했다. 외부의 보수 진영 사람들은 5·18의 기억과 경험을 알아주지 않았고, 진보 진영 사람들은 희생을 신성시하며 5·18을 더욱 박제화했다. 그렇게 5·18을 광주만의 영토로 삼는 현실을 또 다른 억압이라며 걱정하는 피면담자들도 있었다.

5·18의 기억이 광주를 넘어서 확장돼야 할 필요는 분명했고, 역사도 그 방향으로 흘렀다. 5·18 기억 공간을 찾는 사람이 늘어나고, 5·18에 관한 영화, 다큐멘터리, 노래, 예술 작품도 5·18의 기억을 알리는 데 기여한다. 5·18이 학생운동이나 사회운동에 뛰어든 계기라는 사람도 많고, 그런 사람들은 다양한 분야에서 5·18을 이야기한다. 장소 마케팅이나 도시 재생 같은 도시 개발 접근에서 5·18이 좌충우돌하며 자리를 잡아간 과정은 문화적 접근보다 훨씬 어려웠다. 역사에 기초한 기억을 공간에 담아내는 시도는 자칫하면 공식화되거나, 지나치게 상업화되거나, 아니면 장식품 정도로 남을 수 있기 때문이다. 광주비엔날레와 아시아문화중심도시 사례에서 보듯 광주는 다양한 참여자들이 참여해서 그 과정을 마무리했다. 5·18이 광주의 장소 마케팅과 도시 재생을 구성하는 일부로 자리잡은 결과는 그런 협치가 거둔 성과였다.

나는 5·18은 상품이 아니며 상품화해서는 안 된다고 말하는 사람을 한 토론회에서 만났다. 문화 집단에서 하는 염려다. 상품화와 확장된 공유는 어떻게 다를까? 더 많은 사람에게 5·18을 알려야 한다는 데 다 동의한다면 상품화와 기억화 사이에 선을 그을 방법은 무엇일까?

상품화와 기억화는 사실 미묘한 느낌의 차이일 뿐 잘 구분되지 않는다. 이를테면 가난한 동네 풍경을 담은 사진, 1970년대의 고단한 삶을 담은 사진을 전시한다고 하자. 그 사진이 사회 문제를 고발하고 우리 삶의 끈질긴 생명력을 보여주는지, 아니면 비참하고 자극적인 모습으로 눈길을 끄는 빈곤 포르노인지는 보는 사람이 받는 느낌에 따라 달라진다. 진정성을 느낀 사진이 알고 보니 연출된 장면일 수도 있다. 동의 없이 사진을 찍어 사생활을 침해하느니 차라리 연출하는 방식이 더 나을지도 모른다.

죽음이나 비극을 상품화한다며 슬픔 관광을 비판하기도 한다. 9·11 추모박물관도 입장료가 비싸고 기념품 가게도 있다고 비판받았다. 기념관, 기념 공원, 영화, 텔레비전 시리즈, 책으로 5·18을 다루는 시도는 의미 있는 기억화일까, 아니면 자본주의 논리에 물든 상품화일까? 도시 재생이 지역 역사에 기반하면 좋다고 해서 그런 요소를 더 부각시키면 기억화와 상품화 중 무엇에 가까워질까? 5·18 기억 공간에 가서 기념품을 하나 사오면 역사를 훼손하게 될까? 5·18 기억 공간 방문객을 광주로 끌어들이면 기억의 상품화와 기억의 확장 중 무엇이 될까? 현실에서 기억화와 상품화는 딱 잘라 구분하기 힘들다.

기억화나 기억 공간 만들기를 적은 예산으로 진행하면 오히려 상업적 특징이 드러나는 조잡한 디자인이 나올 수 있다. 세련되고 자연스럽게 감동을 자아내는 기억 공간과 상업 박물관처럼 전시된 기억 사이에는 미묘한 차이가 느껴지는 만큼, 진정성을 극대화하려면 실제 사건을 경험한 사람들의 이야기를 담아야 한다. 역사적 경험을 당사자가 허용하는 범위에서 다른 사람들이 공감하고 공유할 수 있게 표현하면 그곳은 슬픈 역사를 함께 나누는 기억 공간이 될 수 있다.

장소 마케팅과 도시 재생 과정에서 도시 엘리트들이 한때 장애물로 생각한 5월의 기억은 경제 발전의 자산이 됐다. 도시 재생이 유행하면서 주목할 만한 역사가 별로 없는 도시는 독특한 정체성을 만드는 일이 큰 골칫거리였다. 뚜렷한 역사를 지닌 광주는 그런 흐름을 잘 활용했다. 당장 눈에 보이는 혜택이 없어도 문화적이고 역사적인 의미를 놓치지 않는 문화 경제가 경제적으로 이익을 가져올 가능성이 크며, 경제적으로 손해를 보더라도 급격한 경제 성장이 불가능하게 될 미래에 더 중요한 의미를 지닐 수 있다.

새로운 문화 경제

이제 '새로운 문화 경제New Cultural Economy'를 이야기해보자. 광주비엔날레 사례에서 알 수 있듯이 문화 경제에서는 현대 사회를 특징짓는 유동적이고 유연한 사회경제적 관계와 네트워크가 큰 구실을 한다. 한편 새로운 문화 경제는 좀 더 확장된 개념이다. 문화 경제, 창조 경제, 신 경제, 창조 도시 같은 개념은 공통적으로 전통적 경제 시스템의 변화를 추구한다.

문화 경제의 주요 특징은 '흐려지는 경계'였다. 문화와 경제 같은 이질적 요소들을 합치고, 부서 사이의 구별을 없애고, 다른 일을 하던 사람들이 같이 일하게 되듯이 경계가 무의미해졌다. 경계를 허문 이유는 일단 많은 도시 문제가 너무 복잡하게 얽혀 있어 한 가지 접근만으로 해답을 찾기 힘들기 때문이었다. 현대 사회의 큰 특징인 분업이 점점 더 복잡해지고 서로 얽힌 문제를 푸는 데 한계에 다다른 점이 문화 경제가 나타난 배경의 하나였다. 그리고 언뜻 보기에 어울리지 않는 다른 영역들을 통합하면 중요한 혁신이 등장하기도 했다.

광주 이야기에서 문화의 의미는 변화를 거듭했다. 각 시기의 상황을 반영하는 특정한 종류의 문화가 있었다. 1990년대 세계화와 경제 구조 조정 시기에는 문화 경제 접근 방식을 도입하면서 장소 마케팅 전략의 하나로 현대 미술 국제 행사인 광주비엔날레를 개최했다. 이때 문화는 고급 예술을 뜻했다. 그리고 장소 마케팅 전략에 맞선 저항 수단으로서 안티비엔날레는 진보적이고 참여적인 문화를 보여줬다. 그러자 광주비엔날레는 대중문화와 정치적 메시지를 어느 정도 포용하는 형태로 바뀌었다. 그다음 도시 재생 단계에서는 아시아문화전당을 만들면서 문화가 정치적 기억을 대표하게 됐다.

문화의 정의가 고급 예술에서 대중문화로, 이어서 정치적 기억으로 바뀌면서 문화와 경제의 경계도 달라졌고, 광주비엔날레와 아시아문화전당이라는 경계 안에서 문화 경제의 본질과 규범이 요동했다. 지리학자 데니스 코스그로브Denis Cosgrove가 주장하듯 문화 영역은 사람들이 자연 속에서 거주하고, 삶에 의미를 부여하고, 그 의미를 자기와 외부인에게 알리는 의식적이고 무의식적인 모든 과정을 포함한다. 시대와 사회에 따라 걸맞은 문화의 경계가 끊임없이 재생산되면서 다른 의미를 지닌 문화끼리 경쟁한다.

문화 경제에서 경제가 문화를 도구화하는 모습이 흔히 나타나지만, 이런 모습은 경제도 그만큼 변화하는 문화에 맞춰야 한다는 뜻이기도 하다. 변화하는 문화에 맞춰 연관성과 수익성을 유지할 수 있도록 경제 형태도 같이 달라지면서 문화 경제가 나타난다. 문화 경제 시대에 발맞추기 위해 기업들은 문화 산업과 문화 행사에 투자하고 예술품을 공공 공간에 전시한다. 그리고 경제는 문화 산업과 문화 행사에서 벌어들이는 이득의 범위를 넘어선다. 바로 노동의 문화화다.

새로운 문화 경제에서는 문화 경제의 영역이 확장될 뿐 아니라 기업의 생산 방식과 노동 관리 방식 자체가 바뀌어 문화로 된다. 신 경제new economy라고 부르기도 하는데, 여기에서 노동과 문화의 결합이 눈에 띈다. 자본주의에서 문화적 가치는 특정한 계급적 이해관계와 보상적 사용가치에서 나왔는데, 노동의 문화화에 기초한 신 경제는 본질적으로 다른 상황을 만들어낸다. 신 경제 아래에서 나타난 새로운 직업은 생산과 여가가 혼합된 형태를 띤다. 레저와 생산, 일상과 일, 공공과 개인, 자본주의와 공유 경제 사이의 경계가 허물어진다.

새로운 문화 경제는 유동적이고 비공식적인 경제 네트워크에 기반한다. 다양한 가치와 새로운 문화 경제에 수용될 수 있는 다양한 노동 양식과 교류 형태는 대안적인 일과 삶의 연결점으로 떠오른다. 또다시 경계가 흐려지고 혼합과 혼종으로 나아간다. 사회적 네트워크는 공공과 개인의 삶을 혼합하며, 공유 경제는 자본주의에 도전하는 동시에 자본주의적 방식으로 작동한다. 경제와 비경제 영역의 경계가 흐려지고 일상생활과 일의 구분도 옅어진다.

새로운 문화 경제는 가능성이 크지만 문제도 많다. 창조 계급과 유연한 노동시장은 매력적으로 들리지만 안정성 없는 직업이 늘어나고 자기 착취가 벌어질 위험이 있다. 공유 오피스와 유연 전문화는 노동시장을 유동적으로 바꾼다. 코로나 이후 사회에는 더욱 그럴 듯하다. 재택근무가 일상화되며, 더 많은 사람이 노동이 일정하게 유지되기 힘든 상황에 놓인다. 창조 계급은 이런 변화된 환경에서 유리한 위치를 확실히 차지할 테지만, 불확실성이라는 위험이 사회를 크게 위협한다는 사실은 의심의 여지가 없다.

불안정성이 높아지는 사회에서는 불안정 계급precariat이 출현한다. 불안정 계급은 앞날이 불안하고 생존이 불확실한 상황에서 상실감과 분노를 가지기도 쉽고, 이것저것 많이 시도하지만 앞으로 나아가지 못하는 덫에 빠진 삶을 살 가능성도 많다. 창조 계급에 '도시 문화 프로젝트'라는 간판을 줘 시장 중심 장소 만들기에 개입하는 방식은 겉만 문화 도시일 뿐 사실상 문화 사업과 문화 활동의 역량을 제한하게 된다.

이 현대적이고 유연한 작업 스타일이 우세종이 되면서 새로운 문화 경제가 가져오는 불안정성을 비판하고 저항하는 사람들도 나타난다. 문제는 변화된 생산 환경에서 프로젝트에 기반하는 임시 노동자는 전통적 노동운동을 자극하거나 조직적 항의를 제기할 수 없다는 점이다. 자본가와 노동자가 뚜렷이 구분되지 않아서 혼란스런 상황이 많다. 나쁜 노동 조건 탓에 갈등과 긴장은 여전하지만 계약이 여러 겹 겹쳐 있거나 누구하고 손잡고 누구에게 저항해야 하는지 분명하지 않으니 싸움이 시작돼도 만족스런 결과를 얻기 힘들다. 불만이 개인화되고 개인은 우울해지기 쉽다.

우울함을 그나마 줄일 가능성은 정치에서 온다. 새로운 문화 경제에서는 도시 정책이 독창성, 통합, 접근성, 연결성을 특징으로 가지기 때문에 거버넌스 형태가 더욱 복잡하게 발전한다. 의사 결정에 관여하는 행위자들은 느슨하고 복잡하게 연결되고 정책 방향을 구성하는 데 중요한 구실을 하는 거버넌스 형태로 조정된다. 거버넌스의 지리적 범위는 도시일 수도 있고 작은 공동체, 국가, 국제 사회일 수도 있다. 어쨌든 도시 거버넌스가 나아가는 방향도 상당히 유연할 가능성이 많다. 참여자들이 이해관계만 추구할 수도 있고 거의 사회주의에 가까운 합의가 나올지도 모른다.

광주 사례는 문화 경제가 진화하는 과정에서 갈등, 이해 상충, 적응, 타협의 결과물인 도시 개발의 문화 정치가 더욱 역동적으로 바뀐다는 사실을 보여줬다. 매력적인 문화 경제도 현실에서는 번잡하고 골치 아프다는 진실을 드러낸 셈이다. 고무적인 소식이 아니어서 안타깝지만 어쩔 수 없는 현실이다. 새로운 문화 경제에서도 이 특징은 계속 나타날 수밖에 없다. 문화와 경제 사이를 가르는 경계가 허물어지면서 더 심해질지도 모른다.

새로운 도시 재생 — 광주형 일자리

광주형 일자리는 처음부터 다른 도시들도 벤치마킹하도록 장려한 국가 주도 프로젝트다. 광주형 일자리는 언뜻 보면 광주비엔날레나 도시 재생하고 관계가 없는 듯하지만, 광주시와 시민들이 도시 개발과 기억 공간 만들기를 거치며 내부 민주주의와 새로운 파트너십에 관해 자기반성을 한 끝에 나온 혁신의 결과물이다. 광주형 일자리가 벤치마킹한 폭스바겐 프로젝트도 도시 재생 사업이다.

문재인 대통령이 제시한 100개 정책의 하나인 '광주형 일자리 프로젝트'는 새로운 고용 모델이다. 이 프로젝트는 광주를 새로운 노동, 정책, 자본 관계를 시험할 장소로 설정하고 있다. 2019년에 문화 경제가 아니라 경제 혁신에 중점을 둔 새로운 도시 재생 프로젝트로 시작됐다. 문화 경제하고 결을 같이하는 신 경제다.

이 프로젝트는 독일 자동차 업체 폭스바겐의 '아우토 5000^Auto 5000' 프로젝트를 벤치마킹했다. 이름에 일자리라는 단어가 들어가서 많은 사람이 노동시장 활성화 프로젝트로 여기지만, 아우토 5000 프로젝트는 일자리 창출 정책을 넘어서는 도시 재생 사업이었다. 2001년 불황에 직면한 폭스바겐은 독일에서 생산을 유지하기 위해 임금의 80퍼센트만 주는 '아우토 5000 유한회사'를 만들자고 노조에 제안했다. 독일 금속노조도 과감하게 양보해 실직 상태이거나 유연한 근무 시간을 바라는 노동자를 새로운 조건으로 고용하는 데 동의했다. 볼프스부르크 공장과 하노버 공장을 중심으로 생산해 지역 문제도 함께 해결했다.

광주형 일자리는 실질 임금을 높이기 위해 정부가 주택, 교육, 의료 등 복지 서비스도 제공한다. 광주형 일자리의 미래는 세계적 흐름은 물론 도시 정부와 중앙 정부의 관계에 달려 있다. 다른 도시에 시범 사례가 될 수 있다는 기대를 받지만, 피면담자들은 학습 효과가 누적되지 않으면 문화적 접근에서 나타난 실수가 반복될 수 있다고 걱정했다.

문화 경제에서 모두 찜찜한 상태가 어떻게 보면 현실적으로 가장 이상적인 결론이듯 이 새로운 문화 경제 프로젝트는 포기와 타협이 핵심이다. 도시 개발에서는 실용적 접근이나 노동과 자본 사이의 타협이 중요하기 때문이다. 기업이 값싼 노동력을 얻고, 노동자가 직업을 유지하면서 복지를 누리고, 정부가 기업을 국내에 묶어두는 윈윈 모델이다.

2019년 2월에 광주형 일자리 프로젝트가 승인되면서 현대자동차는 2021년부터 경형 스포츠 실용차^{SUV}를 연간 10만 대 생산한다. 현대자동차를 끌어들인 가장 큰 매력은 낮은 인건비다. 전국민주노동조합총연맹(민주노총)은 자본가들의 착취 전략이라고 비판했다. 자본주의에서는 어떻게 해도 노동 착취가 기본이다. 전 세계 노동시장이 불안정해지고 경쟁력 없는 도시는 기반 산업을 잃어 쇠락하는 상황에서 다른 대안도 없다. 독특한 거버넌스 구조 때문에 잡음도 당연히 많이 생길 듯하다. 그래도 문화 경제에 이어 이런 도시 재생 프로젝트를 기획해 새로운 거버넌스를 끊임없이 시도할 필요는 분명히 있다.

광주형 일자리 프로젝트는 새로운 가치와 네트워크의 가능성을 제시하는 동시에 '결국은 이렇게 타협할 수밖에 없나' 하는 비관적인 전망도 드러낸다. 광주의 장소 마케팅과 도시 재생도 그랬다. 조금씩 더 타협하기는 했지만, 기억 공간 만들기로 확장되는 긍정적인 결과로 이어졌다.

중요한 혁신은 성장한 행위자의 출현이다. 기록을 남기고 역사적 장소를 보존하는 일이 중요하다는 인식이 퍼지면서 새로운 전문가와 성장한 시민이 주요 행위자로 등장했다. 광주의 시민사회의 구조와 엘리트가 지배하는 권력 구조가 개혁되는 데 그치는 대신, 기억 공간을 만드는 문화가 퍼지고 경험이 쌓이면서 전문가가 성장했다. 이런 변화는 광주에 머물지 않았다. 시민단체 활동가, 지역 예술가, 도시 재생 네트워크가 전국으로 퍼졌다.

16장

새로운 이름과 창조되는 정체성

어쩌다 보니 창의도시 — 창조되고 편집되는 정체성

광주 문화 전략의 새로운 단계가 또다시 열렸다. 광주시는 유네스코UNESCO가 지정하는 '미디어아트 창의도시Media Art Creative City'로 선정됐다. 미디어 아트는 융합 예술이다. 현대 통신 매체 기술, 곧 텔레비전, 방송, 인터넷, 전화, 영화, 가상 현실, 멀티미디어를 예술에 활용한 현대 예술 장르다. 백남준의 비디오 아트도 일종의 미디어 아트다. 코엑스나 서울스퀘어 외벽을 캔버스 삼아 수만 개의 발광 다이오드LED로 예술 작품이 재현된 모습도 미디어 아트다.

'유네스코 창의도시 네트워크UNESCO Creative Cities Network'는 창의성을 지속 가능한 전략적 요소로 삼는 도시들 사이의 협력을 도모하려고 2004년 시작했다. 2015년 116개 도시에서 현재 246개 도시로 늘었다. 창의성과 문화 산업을 중심에 두고 개발 계획을 도모하는 한편 국제 협력을 목표로 한다. 한국에서는 2010년 서울이 디자인, 이천이 공예와 민속 예술, 2012년 전주가 음식, 2014년 광주가 미디어 아트, 부산이 영화, 2015년 통영이 음악, 2017년 대구가 음악, 2017년 부천이 문학, 2019년 원주가 문학, 진주가 전통 공예를 바탕으로 유네스코 창의도시로 지정됐다.

광주가 미디어아트 창의도시라 할 만할까? 2021년에 행한 인터뷰에서 광주가 창의 도시, 게다가 미디어 아트 창의 도시로 선정된 근거를 묻자 대부분의 피면담자가 자신 없고 멋쩍어했다. 광주가 미디어 아트 도시로 지원한 이유는 단순했다. 유네스코 창의도시로 지원하려 할 때 광주가 할 만한 디자인, 공예, 음식 부문에 서울, 이천, 전주가 이미 지정돼 있었다. 그래서 미디어 아트 부문으로 지원하기로 하고 미디어 아트 예술가, 교수, 공무원으로 팀을 꾸렸다. 미디어 아트는 광산업光産業에 관련이 깊은데, 광주는 광산업이 성공적으로 자리잡은 곳이었다.

광주비엔날레, 5·18, 광산업의 전통을 생각하면 미디어 아트 도시라는 이름이 아예 근거가 없지는 않았다. 먼저 광주는 광주비엔날레를 통해 미디어 아트의 일종인 비디오 아트와 융합 예술의 전통을 쌓아왔다. 광주비엔날레가 시작된 계기인 백남준의 '인포 아트' 특별전이 바로 미디어 아트 전시였고, 광주비엔날레에서 연이어 미디어 아트 작품을 소개해서 다른 도시보다는 광주가 미디어 아트에 친숙했다.

유네스코 창의도시 선정에 기여한 또 다른 이유는 5·18 경험이었다. 유네스코도 인권 도시나 정의 도시라는 위상이 선정되는 데 한몫한 요소라고 밝힐 만큼 유네스코 창의도시는 문화 예술 산업의 크기와 상대적 우월성만 보지는 않는다. 도시의 역사와 특징, 자원을 잘 살려 인간 정신의 진보에 기여한 정도가 중요하기 때문에 5·18의 역사, 인권과 정의라는 가치는 중요했다.

또 다른 근거는 광산업이었다. 1990년대부터 비디오 아트 대신 컴퓨터를 많이 활용하고 레이저와 엘이디 조명 시스템을 적극적으로 쓰기 시작했다. 마침 조명 시스템을 생산하는 광산업이 광주를 대표하는 산업이었다. 광주는 2000년부터 광산업을 지역 전략 산업으로 육성했다. 광주광역시 북구 첨단벤처로에 광산업 진흥을 목표로 산학연 기능을 모아 광산업 집적화 단지를 조성해 엘이디 광통신 상업화를 지원하고 차세대 친환경 광기술 기반 융합 산업을 육성했다.

광주가 미디어 아트 도시냐는 물음에 피면담자들이 선뜻 동의하지 못하는 이유 하나는 광주에서 포스트모던한 현대 미술이 여전히 주류는 아니기 때문이었다. 지난 20여 년 동안 광주시는 광주비엔날레를 전폭적으로 지원하면서 미디어 아트를 포함한 현대 미술을 발전시키려 노력했지만, 실상 광주에는 미디어 아트를 하는 예술가가 많지 않았다. 광주 예술계는 여전히 오지호가 대표하는 후기 인상주의를 비롯한 전통 회화가 주류라고 대부분의 피면담자들이 이야기했다. 광주비엔날레 전시를 보면서 영감을 받아 현대 미술과 미디어 아트를 배우고 싶어하는 젊은 예술가들은 외국 유학을 다녀오거나 미디어 아트 스튜디오에 취직해 경험을 쌓는다고 했다.

사실 광주비엔날레가 시작된 뒤 광주를 대표하는 예술 장르는 늘 이렇게 도시 문화 전략하고 긴장 관계였다. 관람객을 끌어모을 만한 인기 장르와 광주 지역 예술가들이 집중하는 장르가 다르기 때문이었다. 광주가 예향藝鄕으로 불릴 만큼 역사와 전통을 자랑하는 문화 예술 장르는 회화, 판소리, 음식, 문학, 공예 등이었다. 회화에서는 빛고을이라는 이름에 걸맞게 강한 햇빛에 영향을 받은 후기 인상주의가 발전했다. 반면 광주시가 내세운 문화 전략은 현대 미술과 융합 미술 중심이었다. 미디어 아트에 연관된 광산업을 빛고을이라는 이름에 연결 짓기도 하지만, 사실 햇빛과 광산업이 자연스럽게 이어진다고 보기는 힘들다.

단지 장르 문제를 넘어 예술 작업을 하고 작품을 세상에 내놓는 방식도 차이가 있었다. 현대 예술에서는 레지던시 입주 프로그램처럼 예술가들이 거주지와 작업실을 제공받아 쓰면서 작업하는 모습을 공개하고 도시 예술 전략에 맞춰 협력하는 방식이 증가했다. 한국은 레지던시 프로그램을 어느 나라 못지않게 활발히 지원하는데, 이런 방식이 전통적 작가들에게는 불편했다. 혼자 영혼을 태워 고독하게 작업하는 근대적 작가상하고는 무척 다르기 때문이었다. 이런 분위기 때문인지 다른 도시는 예술가들을 너무 동원한다는 비판이 일기도 하는 반면 광주는 레지던시 입주 작가들에게 너무 요구를 하지 않는다고 한 피면담자는 이야기하기도 했다.

예술 작품을 전시하고 판매하는 문제에서도 광주 예술계는 무척 보수적이었다. 한 피면담자에 따르면 비엔날레와 아트 페어를 시작한 지 20년이 넘은 지금도 광주에는 미술품을 사고파는 화랑과 미술 시장이 제대로 마련돼 있지 않았다. 예술가들이 예술을 대놓고 돈에 결부시키는 모습을 부끄러워하는 보수적 문화 때문이라고 했다.

이런 찬반의 근거들이 있는 데 상관없이 광주가 미디어아트 창의도시냐는 질문 자체에 의문이 든다. 도시의 성격을 한 단어로 규정하는 시도 자체가 무리이기 때문이다. 한 사람을 직업이나 성격 유형으로 규정하려는 시도나 참다운 나를 찾으려는 노력은 사실 비현실적이다. 모든 개인과 사회는 복합적 성격을 지니기 때문에 한 사람이나 사회를 한 단어로 규정짓는 방식은 억지스럽다. 모든 시민이 한마음 한뜻으로 협력해서 성과를 내는 도시는 세계 어디에도 없다. 한 피면담자도 세계은행이나 유네스코 같은 조직이 특정한 도시를 한 단어로 규정하려는 시도가 도시를 발전시키기보다는 한계를 지운다고 비판했다.

광주가 미디어아트 도시냐는 질문보다 주의 깊게 볼 점은 여러 장벽을 뚫고 유네스코 창의도시에 선정된 과정과 선정의 효과다. 여러 사람을 모아 유네스코 창의도시에, 정확히 말해 어쩔 수 없이 선택한 미디어아트 창의도시에 지원한 과정은 그동안 외부, 주로 국책 사업에 지원하며 쌓은 경험 덕분에 손쉽게 진행됐다. 연구비, 용역비, 지원비를 타려면 경험과 노하우가 필요하다. 그리고 도시 브랜드는 선정된 이유보다 선정된 뒤에 나타나는 효과가 더 중요하다.

도시 이름이 수행하는 도시 개발과 장소 만들기

미디어아트 창의도시라는 이름은 광주의 특성을 반영하기보다는 광주의 특성을 만들어낸 담론이다. 흔히 '스마트 시티smart city', '에코 시티eco city', '창의 도시creative city', '문화 수도cultural capital' 같은 도시 브랜드에는 말장난일 뿐이라는 비판이 따라온다. 앞서 말한 대로 '진정한 ○○ 도시'란 불가능한 만큼 대부분 그런 비판 대상이 된다. 정말 이 도시가 그 '○○'를 대표하는지 묻는 비판인 셈이다.

수행성performativity 이론은 언어가 꼭 대표성만 지닌다기보다는 그렇게 붙은 이름이나 담론이 효과를 생산하는 수행성을 지닌다고 주장한다. '여성'이라는 이름은 한 개인이 여성으로서 지닌 특성을 반영한다기보다는 그런 특성을 지니도록 이끄는 효과가 있듯 말이다. 각종 범주, 곧 남성, 여성, 학생, 사장 같은 집단의 이름이나 유행하는 담론을 보면 그 말들은 본디 지닌 특성을 대표하기보다는 그 이름이 붙고 나서 그 사람이나 사물의 특성을 지니게 하는 구실이 더 크다는 사실을 알 수 있다. 흔히 말장난이라 비판하지만 실제로 말이 실재를 만들어낸다는 말이다.

도시 브랜딩이 그렇다. 창의 도시뿐 아니라 문화 도시, 스마트 도시, 자연 친화 도시처럼 특정 도시에 붙이는 이름은 그 도시가 지닌 전체적이고 복합적인 특성을 대표한다고 볼 수 없다. 오히려 지향점을 밝히는 사례가 많고, 여러 요소 중에서 선택하고 편집한 특성을 극대화하려 할 때가 많다. 정작 그 브랜드가 힘을 발휘하는 시점은 이름을 붙인 뒤다. 도시 정부를 비롯한 다양한 도시 주체들은 도시 성격이 그 브랜드에 맞게 바뀌기를 바라면서 지원도 하고 노력도 한다. 법을 새로 만들거나 도시 계획도 세운다. 행사를 새로 기획하고 적극적인 장소 만들기도 시작한다.

광주도 그랬다. 몇몇 피면담자가 비판적으로 창피해하면서 한 이야기에 따르면 유네스코 미디어아트 창의도시로 지원하거나 중간 평가에 대비하려고 광주미디어아트센터와 미디어아트 창의벨트가 계획됐다. 여기에서는 미디어아트 창의도시라는 이름이 이런 굵직한 공간 계획으로 이어진 사실이 중요하다. 현실하고 다른 모습을 내세우는 모습이 과장이나 허위로 받아들여질 수도 있지만,

사실 그런 모습은 이름을 짓고 담론을 형성하는 도시 브랜딩에 필연적으로 따르는 과정이자 효과다. 브랜드에 가려진 그 도시의 진짜 모습을 비판하는 문제도 중요하지만 도시 브랜딩이 내는 효과가 현실을 분석하는 연구에서는 더 중요하다.

미디어아트 창의도시는 광주에서 진행되는 문화 공간 만들기와 도시 계획에서 중요한 구실을 했다. 산업과 문화의 연계가 부각됐고, 도시 재생에 연관된 공간도 눈에 띄었다. 이를테면 광주시 남구 양림동에 자리한 갤러리 카페 이이남스튜디오는 지역 골목 재생 사업을 구상한 구청이 먼저 약품 창고를 리모델링해 작업실과 전시 공간으로 바꾸자고 제안해서 복합 문화 공간으로 탈바꿈했다. 이곳을 찾는 사람들은 커피를 마시면서 이야기를 나누고, 작업 공간을 엿보고, 미디어 아트 전시를 감상한다.

복합 문화 콘텐츠를 담은 공간도 있다. 광주시 동구 예술의 거리에 자리한 복합 문화 공간 뉴폼스New Forms는 음악, 사진, 무용 등 다양한 장르를 연결하는 곳이다. 미술과 조명 등은 단순한 무대 배경에 그쳤지만, 이제 무용, 음악, 미디어 아트 등이 함께하는 복합 예술은 새로운 장르로 대접받는다. 일상 공간과 도시 공간에 스며들며 다른 예술 장르에 연결되고 융합되는 미디어 아트는 공간 연결성이 다른 어떤 문화 예술보다도 탄탄하다.

2022년 3월 광주미디어아트플랫폼, 곧 지맵GMAP이 개관했다. 미디어아트 창의벨트까지 완성되면 광주는 문화 예술의 공간화를 잘 보여주는 도시이자 공간이 하는 여러 구실이 종합적으로 어우러지는 도시 재생의 모범 사례로 발돋움하게 된다.

궁극적 목표는 중앙 정부의 지원과 인정?

광주 곳곳에 유네스코 창의도시 마크가 눈에 띄었다. 유네스코 창의도시 지정은 정말 큰일일까? 어느 조직이건 국제적 인증이나 순위에서 자유롭기는 쉽지 않다. 세계 대학 순위에 목매는 한국 대학들을 비판하면서 선진국 대학들은 그런 인정 투쟁에 연연하지 않는다고 말하는 사람이 있는데, 환상일 뿐이다. 오히려 선진국 유명 대학일수록 이런 평가를 체계적으로 준비하는 사례가 많다. 평가를 준비하는 과정에서 장단점을 파악하고 미래를 대비할 수 있기 때문이다.

기업에서 새 프로젝트 제안서를 쓸 때나 대학에서 연구비 제안서를 쓸 때를 생각해보자. 수행성 개념을 굳이 떠올리지 않더라도 제안서를 과정에서 비로소 생각이 선명해지고 구체적인 아이디어가 떠오른다. 글쓰기란 사고의 결과물이 아니라 사고의 출발점이자 발전 과정이기 때문이다.

광주는 중앙 정부가 인정하는 도시가 되고 싶어한다. 이런 목표는 한국 도시들이 공통적으로 지닌 특징이다. 세계적 순위나 마크가 큰 힘을 발휘하는 이유도 결국 그런 요소가 인정과 지원의 기준이 되기 때문이다. 마치 세계적으로 이름을 떨쳐서 금의환향하려는 운동선수하고 비슷하다. 단지 명예의 문제는 아니기도 하다. 서울을 비롯한 수도권의 몇몇 도시와 세종시 정도를 빼면 한국 도시들은 재정 자립도가 50퍼센트에 훨씬 못 미친다. 중앙 정부가 결정하는 국토 계획도 영향을 많이 끼친다. 케이티엑스 노선은 역이 있는 지역과 없는 지역의 운명을 가른다. 중앙 정부가 하는 지원은 한 도시의 흥망성쇠를 좌우할 수 있다.

무엇이 궁극적 목표냐는 질문에 내놓는 답은 단순할 수 없고, 그 답이 맞는지 증명하기도 어렵다. 다만 주요 피면담자들은 유네스코 창의도시가 광주에 정말 중요한 일이라기보다는 도시 엘리트들이 세계 무대에서 인정받은 사실을 광주와 한국에서 인정받을 근거는 된다고 생각했다. 현실적으로 보면 어쨌든 다른 도시들을 상대로 한 경쟁에서 이겨야 중앙 정부에서 더 많은 지원을 받을 수 있었다. 중앙 정부가 광주를 인정해야 광주도 대기업을 유치할 수 있다고 말하는 피면담자도 만났다. 결국 중앙 정부와 대기업은 돈과 일자리였다.

17장

결론

광주 이야기에 담긴 이야기들

'문화 경제의 정치는 도시를 어떻게 만드는가?' 20여 년에 걸쳐 내가 붙든 질문이다. 더 구체적으로 바꿔보자. '기억과 경제 성장은 어떻게 충돌하고 결합되는가?' 문화 예술에 기반한 국가 주도 도시 선전 전략을 살펴보면서 나는 정치적 기억과 도시 개발이 갈등을 일으키다가 통합되고 뒤섞이는 모습을 봤다. 다양하게 진화하는 모습 때문에 이제 이 사례는 그만해야지 하다가 또 하게 됐다. 그만큼 문화와 경제의 통합은 기억과 도시 개발의 연결점이 계속 생겨나는 역동적 과정이었다.

문화와 정치의 관계를 다룬 많은 책과 논문이 아직 추상적 수준에 머물러 있는 상황에서 투쟁의 현장을 직접 관찰하는 과정은 복잡하면서도 재미있었다. '문화적 힘'이라든지 '경제 성장 욕구' 같은 개념을 주요 주체들을 통해 관찰하면 문화와 경제가 융합되는 와중에 불가피하게 벌어지는 투쟁이 보였다. 나는 융합되거나 통합된 응집력 있는 전체가 아니라 문화 경제를 구성하는 부분들하고 인접하거나 때로는 겹치는 부분들의 조합을 발견했다. 도시 개발 문화 전략이 정치적 기억을 극복하고 대체하려다가 부딪치고 화해하고 공존하는 문화 경제 정치 과정은 관련 이론들에서 이야기하는 여러 측면을 응축되게 보여주는 사례였다.

아시아 도시의 기억과 경제

광주 도시 정치 연구를 마무리하면서 이 연구가 함의하는 세 가지 주제를 이야기해보자.

첫째, 광주는 국가 통제로 아픔을 겪은 아시아 도시라는 점이다. 식민지 시대의 국가 통제 또는 폭력적인 전쟁을 경험한 도시에 들어간다. 한국을 포함한 동아시아 발전 국가에서는 1960년대와 1970년대 한국처럼 빠른 경제 발전을 강조하면서 다른 가치들은 희생시켰다. 국가는 강력하고 통일된 국가 정체성을 만들기 위해 기억을 통제하고 기념화를 주도했다. 1993년까지 이어진 군사 독재 정부는 기념할 사건과 묻어둘 사건을 결정했다. 5·18과 4·3을 비롯해 국가가 책임을 져야 하는 기억들은 국론을 분열시키고 '자유 민주주의'를 위협한다며 계속 은폐됐다.

서구 이론과 내가 진행한 경험 연구가 다른 점이 있다면 아시아와 한국의 특성, 특히 국가가 한 구실이었다. 서구에서 발전한 도시 정치와 문화 지리 연구에 견줘 아시아 도시를 배경으로 한 연구는 대부분 국가에 주목한다. 광주 사례에서 알 수 있듯이 한국은 아직도 중앙 정부가 문화 도시, 국제 도시, 스마트 도시 같은 특정 도시 브랜드를 붙일 도시를 선정하고 재정을 지원한다. 국가가 도시 정체성을 부여해주는 셈이다.

정치적 기억과 경제 성장은 문화 경제의 혼종적 결합체(아상블라주assemblage)를 구성하는 중요한 부분이다. 미술에서 쓰는 이 개념은 생활용품이나 잡동사니 같은 일상적 대상들을 입체적으로 조합해 만드는 기법을 가리킨다. 미술에서는 풍자적 의미를 더해 예술적 효과를 내려는 의도를 담은 반면, 도시 연구에서 아상블라주는 성질이 다른 요소들이 복잡하게 모여 도시의 핵심 성격을 드러내는 상태를 뜻한다.

역사와 도시 개발은 특정 시점에 경제 성장과 정치적 정체성 사이에서 우선순위에 따라 배합된다. 참여한 행위자들은 지속적으로 도시 변동에 반응하면서 되도록 최선을 다해 적응하고 협상한다. 문화 경제의 도시 정치 개념은 문화 집단을 선호하는 행위자가 경제 집단을 지지하는 사람들을 대면할 때 발생하는 영역 싸움 같은 역학성을 의미한다. 행위자의 담론, 행동, 결정을 통해 구체화된 문화 경제 정치의 중심에는 당연히 다른 의견들 사이의 충돌이 자리한다.

나는 충돌을 평화의 반대말로 쓰지는 않았다. 충돌하면서도 같은 목표와 같이한 역사 때문에 주저하는 한편으로 평화롭게 협력하면서도 정작 자기 이해관계는 억누르는 상황을 이야기하고 싶었다. 발전을 추구한 경제 집단 행위자들과 기억을 소중히 여기는 문화 집단 행위자들은 토론하고 경쟁하면서 때로는 타협했다. 광주비엔날레는 대립과 타협을 거듭하며 진화했고, 아시아문화전당 같은 문화 중심 도시 재생 프로젝트로 성장했다. 이 프로젝트는 5·18의 마지막 희생자들이 민주주의를 위해 저항하다가 죽어간 별관을 철거하는 계획이 발표되고 5·18 단체들이 반대하면서 논쟁으로 이어졌다. 나는 광주비엔날레로 광주에 덧씌워진 부정적인 정치적 이미지를 씻으려는 시민들의 투쟁과 민주주의의 중심으로서 도시 정체성을 보존하고 5·18을 기억하려는 사람들의 투쟁을 이야기하고 싶었다.

많은 아시아 국가들이 국가 전체의 경제 발전에 유용하다며 채택한 선택과 집중 전략은 지역주의와 불균등 발전으로 이어졌다. 특정 도시들은 의도적으로 성장에서 제외됐다. 특정 지역을 제외하는 결정 자체도 문제이지만, 기업가와 투자자가 투자 지역을 결정할 때 긍정적 이미지도 중요하다는 점을 고려하면 지역주의가 미치는 영향은 더 커질 수밖에 없었다. 일단 도시 이미지가 형성되면 담론, 소문, 시각 이미지가 내부인과 외부인의 마음에 새겨지기 때문에 바꾸기 어렵다. 잠재적 의식에 새겨진 지역주의는 도시의 일상에서도 가치 판단에 영향을 미친다.

1990년대 지방화 이후 광주는 한편으로는 주변 지역까지 포함해 광역시로 승격했지만, 다른 한편으로는 지역 경제가 활성화되지 않은 지방 도시라는 위치를 벗어나려 필사적이었다. 그러나 발전 국가의 개입과 지방 도시의 의존성이라는 경로가 반복하는 경향이 있었다. 그런 경로 의존성은 극복하기 힘들었고, 공동체 내부에서 균열도 일으켰다. 결국 광주 행위자들은 이 기간을 학습 과정으로 받아들였다. 산업 기반은 없지만 세계적 차원의 경쟁에서 생존할 가능성도 지닌 중소 도시로서 광주는 세계에서 인정받는 도시가 되려 애쓰면서도 역사적으로 내재된 개발주의에 맞서 투쟁했다. 이런 과정은 다른 아시아 도시들에 유용한 함의와 영감을 줄 수 있다.

기억이 도시 발전을 만날 때

더 생각할 둘째 주제는 정치적이고 역사적인 기억과 도시 개발 사이의 적극적 만남이다. 도시 개발 과정에서 정치적 기억을 연결시키는 과정은 쉽지 않다. 광주에서는 5·18 희생자들이 묻힌 망월동 묘지에서 안티비엔날레를 열었다. 오랫동안 억압된 분노와 자부심이 뒤섞였고, 역사적 비극을 절대 잊으면 안 된다는 메시지를 광주비엔날레에 던졌다. 안티비엔날레가 슬픔 관광의 원천이 되자 기념화와 기억화는 광주 문화 경제의 핵심으로 발전했다.

슬픔 관광이 시작되기 전에 시민사회는 5·18의 기억을 왜곡하는 국가에 직접 맞서 싸웠다. 정부가 비엔날레라는 국제 행사를 보상처럼 제시하자 분위기는 바뀌었다. 재정 지원을 받는 방식을 둘러싸고 의견이 갈리면서 시민사회는 분열되는 듯했다. 그다음에는 전문가, 유족, 시민단체 성원들이 기억 공간 때문에 충돌했고, 결국 기억 공간을 좀더 안정적으로 만들기 위해 타협했다. 정치적 기억과 도시 개발은 끊임없이 탈영토화되고 재영토화됐다.

광주 이야기에 담긴 함의는 기억과 발전(개발)의 연결이다. 이 연결은 가까운 미래에 더 많은 도시 정치 사례에서 나올 수 있다. 어떤 기억을 기념할 때 우리는 의미를 되새기는 일과 기억을 소비하는 일을 함께하기 때문이다. 이 둘은 흔하게 결합되고 종종 충돌한다. 기억과 도시 발전의 관계가 점점 더 가까워지면서 갈등이 일어날 기회도 많아진다. 비극적 기억이 장소 마케팅과 도시 재생의 기초가 되는 도시 정체성에 기여한다는 사실을 점점 깨닫게 되고, 인간과 사회에 의미와 이야기를 남기는 기억들이 상품이 되고 관광지로 바뀌는 데 반발하게 되기 때문이다.

광주는 시행착오를 여러 번 거치면서 결합과 충돌을 학습했다. 충돌이 눈에 먼저 띄이지만, 나는 충돌이 당연하고 결합은 특별하다고 말하고 싶다. 가치와 스타일이 다른 사람들이 문화 경제라는 새로운 가치 덕분에 문화 경제 방향을 띤 도시 발전 프로젝트에서 조우하기 때문이다. 민주화 운동의 기억을 소중히 여기는 사람들과 도시 발전을 추구하려는 사람들이 그렇게 충돌했다.

언뜻 보기에 정치적 억압과 저항을 기억하는 행위는 경제 발전을 추구하는 방향하고 달라 보인다. 그리고 1990년대만 해도 한국 사회에서 기억 공간은 별로 존재감이 없었는데, 도시 발전의 문화적 상상력이 막 확장되기 시작한 시점이라 그랬다. 그렇지만 도시 발전이 기억을 지워버리는 방향으로 나아갈 때 저항을 감당하기 힘들다는 현실을 곧 알게 됐다. 적극적으로 저항하는 사람들이 크게 존경과 호감의 대상은 아니더라도 기억을 자기 몸에 새기고 있는 이들은 쉽게 물러서지 않았다.

그 과정에서 광주는 기억이 바로 문화라는 사실을 알게 됐다. 공공의 기억은 문화를 강화하는 구실을 하며, 반대로 문화적 역량은 포괄적 도시 발전의 핵심 요소로 작용한다. 문화 역량의 발전은 도시 선전이 가져오는 실질적 이익을 넘어서는 효과를 가져온다. 다른 곳이 아니라 내가 사는 곳에서 일어난 구체적 사건을 통해 그 사건의 의미를 생각하는 행위와 추상적 가치를 배우는 행위는 차원이 다르다. 그렇게 배운 의미로 쌓아 올린 문화 역량은 사회 성원의 자부심과 정체성으로 이어지고, 통합적 발전이라는 긍정적 효과를 낳는다.

슬픔 관광을 기반으로 한 기억과 발전 사이의 연결을 시사하는 연구는 있었지만 지리적 범위가 좁았다. 9·11 추모박물관은 한 도시가 아니라 특정 장소가 관광지로 인기를 끄는 사례다. 의미와 정체성, 역사의 구실이 커지는 도시 재생 과정에서 비극적 사건의 기억을 감싸 안게 되면 '기억'과 '도시 발전'의 연결점은 이전보다 커질 수밖에 없다. 박물관이나 기념 공원 등 기억 공간에서 얻는 수익은 얼마 안 될지도 모른다. 그렇지만 눈앞의 수익만을 기준으로 기억 공간이 지닌 의미를 평가하면 안 된다. 여기에서 도시 발전에 관한 인식을 전환할 필요가 있다. 산업화 시대에 '발전'과 '개발'은 같은 의미로 여겨졌다. 아시아 발전 국가는 사실상 개발 국가라고 불러야 옳다. 개발은 성장을 목표로 하는 새로운 시도를 뜻하지만, 발전은 인간과 사회의 궁극적 목적을 뜻한다. 도시 발전이란 물리적이고 물질적인 개선에 더해 요즘 흔히 말하는 격조나 품위가 높아지는 변화가 반드시 뒤따라야 한다.

도시 경제 성장을 넘어서는 도시 발전은 사회의 지속 가능성을 위해 좋은 삶을 추구하고 인간 역량을 확장할 기초가 된다. 아마르티아 센Amartya Sen의 역량 이론에 따르면 발전이란 삶에서 추구하는 바를 마음대로 선택할 수 있는 자유를 뜻하는 역량이 확장되는 상태를 말한다. 선택할 수 있는 자유를 귀히 여기고 확장하려 노력하면 도시에 관한 생각도 조금은 달라진다. 역량 접근 방식은 시민 참여, 지역 사회 중심 발전, 사회적 자본, 지역 사회 응집력처럼 의미 있으면서도 복지를 생각하는 삶의 관점을 추구한다. 또한 문화 역량 구축같이 무형 지식 기반 자산도 포함한다.

그렇게 사회적 의미와 삶의 조건의 개선을 중요시하는 도시 발전 개념이라면 기억과 기억 공간의 구실을 평가하는 방법이 다를 수밖에 없다. 공공의 기억을 소중히 여기는 이유는 과거를 되짚어 보고 현재에 할 일을 생각하는 과정에서 사회와 개인의 의미를 살펴보는 데 기여하기 때문이다. 재정적 중요성만 보는 접근은 도시가 지닌 매력과 정체성을 구성하는 요소인 기억의 중요성을 무시할 가능성이 높다. 도시 명소에 얽힌 이야기, 역사적 유산, 과거의 경험은 관람객에 영향을 미친다. 설사 그 기억 공간이 잘 알려지지 않은 곳이어도 독특한 이야깃거리를 간과하는 태도는 근시안적이다. 도시 관광에서 기억은 경제의 문화화를 가져온다. 기억을 적극적으로 소비하는 행위 덕분에 문화 관련 직업, 산업, 투자, 복지가 생겨난다.

도시 발전을 경제 성장 중심으로 보는 시각에서는 문화 경제도 문화를 도구로 삼는 경제 중심적 사고와 그런 인물들을 중심으로 운영됐다. 이때 도시 발전이란 주로 도시의 경제 성장과 물리적 경관 개선인 도시 개발을 뜻했다. 이런 접근은 어쩔 수 없이 문화와 경제 사이의 본질적 긴장을 강화하는 탓에 문화, 의미, 정체성이 점점 중요해지는 현대 사회에서는 문제를 많이 일으켰다.

비인간적 방법으로 판자촌을 철거하고 수익형 건물을 짓는 도시 재개발이 도시 재생이라는 개념으로 대체되듯이, 문화를 도구로 삼는 접근을 지나치게 강조하면 문화와 경제의 통합은 안 하느니만 못하게 된다. 슬픔 관광이 지닌 재정적 이점만 강조하면 기억은 도구화되고, 결국 그 기억이 발휘하는 힘도 약해진다. 도시를 매력적으로 만들려는 노력은 진정성을 잃게 되고, 재정적으로 도움이 되지도 않는다.

도시 재개발, 젠트리피케이션, 상업적 장소 마케팅 같은 방식은 부동산 이득을 보려는 건물주, 집주인, 성공을 꿈꾸는 정책가에게는 인기 있을지 몰라도 이미 폐해가 널리 알려졌다. 도시 개발은 도시 발전으로, 다시 말해 물리적 변화와 경제 성장에서 도시를 종합적으로 살리는 도시 재생으로 강조점이 이동했다. 사회 발전에 필수적인 공동체의 복지가 중요해졌다. 그러나 도시 재생이라는 기치 아래 진행된 몇몇 프로젝트는 도시 재개발하고 크게 다르지 않은데 포장만 바꾼 꼴이라는 비판을 받기도 한다. 그렇다고는 해도 일단 왜 그런 포장이 필요한지, 왜 과거 방식은 이제 환영받지 못하는지 성찰해야 한다.

2019년에는 피해자가 기억 공간 만들기에 관련된 의사 결정 과정에 개입하는 문제를 놓고 의견이 제각각이었다. 몇몇은 생존 피해자들을 존중해야 하지만 너무 감정적이어서 의사 결정 과정에서는 빼야 한다고 주장했다. 피해자의 기억은 대다수가 지닌 기억하고는 조금 거리가 있어서 많은 사람들이 환영하는 결과를 낼 수 없다는 이야기였다. 반면 다른 전문가들은 피해자와 가족을 중심에 둬야 한다고 말했다. 또 다른 사람들은 모든 결정에서 행위자들이 어쨌든 충돌하기 때문에 누가 중심인지는 중요하지 않다고 주장했다. 이런 긴장은 갈등을 일으켜 의사소통을 이끌어내고 건강한 기억 공간 만들기로 나아가는 자극이 됐다.

문화 경제 거버넌스

마지막 세번째 주제는 섬세한 문화 정책이다. 국가와 시민사회가 적대적이거나 긴장된 관계를 형성한 공간에서는 문화에 신중하게 접근해야 한다. 특히 국가의 문화 정책이 비극적 기억에 관련된다면 더 조심스러워야 한다.

오늘날 한국은 국가가 은폐한 비극적 역사가 널리 알려지고 기억화와 기억 공간 만들기도 많이 발전했다. 압축된 근대화와 급속한 경제 발전을 목표로 내달린 1970년대와 1980년대에는 그럴 여유가 없었다. 1990년대 말 이래 세계 경제가 그러하듯 한국 경제도 폭발적 성장에서 벗어났고, 사회 분위기도 모든 측면에서 과거에 견줘 속도가 늦춰졌다. 경제 구조 조정은 이런저런 혼란을 불러왔지만, 도시 행위자들은 새로운 산업을 찾을 기회를 맞닥트렸다. 많은 선진국처럼 인권, 불평등, 향수를 배려할 여유가 생기면서 과거 사건에 관심을 두고 기념하는 분위기도 나타났다. 기억화와 기억 공간 만들기가 본격적으로 시작됐다. 정부가 기억 공간 만들기를 좌지우지하면 거센 저항에 부딪치거나 기억 공간이 지루한 공간으로 전락하는 사례도 많았다. 이런 문제를 피하려면 문화 거버넌스는 다양한 행위자가 신뢰할 수 있는 협상 플랫폼으로 구성돼야 했다.

나는 20년 넘는 시간 동안 광주라는 도시를 오가며 도시 정치를 관찰했다. 도시 개발 문화 정치라는 틀 속에서 다양한 영역의 행위자들과 그 행위자들이 맺는 관계를 중심으로 살펴보는 연구 방법을 사용했다. 도덕적 당위론과 경제적 현실론이 부딪치는 현장에서 한발 떨어져 이야기해야 거기에 담긴 함의를 생각할 수 있었다. 다사다난한 문화 경제 정치의 현장을 보고 나서 문화 경제 거버넌스를 대안으로 제시하는 이유는 별다른 해답이 없고, 거버넌스가 형성되는 과정에서 얻는 학습 효과가 크기 때문이다.

정부, 기업, 시민사회 등 다양한 영역의 행위자들이 정책 방향을 결정한다는 거버넌스 개념은 주로 규범적으로 사용됐다. 많은 사람이 거버넌스가 존재하면 다양한 참여자를 아우르며 민주적 방식으로 의사 결정을 할 수 있다고 보기 때문이다. 거버넌스 만능론에는 동의하지 않지만 거버넌스를 만들 수밖에 없다고 생각한다. 다양한 행위자들 사이의 정치적 긴장이 높아지고 파트너십과 협상이 중요해지는 상황에서 필요한 방식이기 때문이다.

문화 경제에서 문화 거버넌스, 또는 참여 거버넌스는 절대적으로 필요하다. 문화 경제는 본질적으로 다양한 영역이 참여해야 하고 종종 역동적인 상호 작용을 일으키기 때문이다. 문화 경제 거버넌스는 문화를 상대적으로 더 우선하는 집단과 경제를 우선하는 집단이 일으키는 상호 작용 자체를 의미한다. 정부가 계획한 대로 되지 않고 다양한 행위자들 사이의 상호 작용이 지배 구조를 형성하기 때문에 거버넌스는 점점 더 많은 관심을 받고 있다. 그래서 거버넌스에 관한 논의는 주로 공공 부문(정부), 민간 부문, 시민사회의 파트너십과 협력이라는 주제에 초점을 맞추고 있다.

거버넌스가 의사 결정 자체보다는 의사 결정까지 나아가는 과정을 뜻하기 때문에 다양한 행위자들이 의견을 모으는 과정이 중요하다. 새로 공간을 마련하거나 다른 위치로 옮기는 장소 만들기 결정 자체가 옳거나 그르다는 판단을 하기는 힘들다. 그렇지만 한 주체가 밀어붙여서 의사 결정하는 과정은 비판과 저항을 피하기 어렵다. 광주 문화 정치 사례도 보여주듯 갈등과 재협상이 계속되는 동안 거버넌스는 진화한다. 행위자들의 자원, 지식, 권력의 배치가 바뀌면서 거버넌스의 창출과 변화도 계속된다.

문화 경제 거버넌스에서 시민사회는 두 가지를 할 수 있다. 정부의 그림자가 될 수도 있고, 국가를 포함한 성장 중심 지배 체제에 맞서는 대안 세력이 될 수도 있다. 아시아 국가는 시민사회를 억압한 역사가 있기 때문에 시민사회는 정부에 맞서 투쟁했다. 이제 정부의 그림자이자 파트너가 되는 사례가 늘어나면서 시민사회는 다양한 반응을 드러낸다. 광주 사례에서 볼 수 있듯이 시민사회는 단일한 집단이 아니기 때문이다. 특히 문화 경제에서는 창조 계급이라 불리는 예술가와 문화 관계자들이 많다. 조직화된 시민단체에 견줘 느슨하게 연결되고 개인적이지만 이 집단들은 문화 경제에서 결정적인 구실을 한다.

또 하나 생각할 문제는 참여 의지다. 참여 거버넌스가 긍정적이라고 보는 시각에는 일반 시민과 시민사회가 거버넌스의 성격을 구성하는 과정에 참여하기를 원한다는 가정이 들어 있다. 그렇지만 문화 경제 도시 프로젝트에 지역 사회 성원들이 참여하고 협력하는 수준은 논쟁의 여지가 있다. 도시 계획 관련 공청회에 실제로 참여한 사람이 얼마나 많을까. 다들 살기 바쁘고 그런 행사 정보는 눈에 잘 띄지도 않아서 이해관계가 첨예한 사람만 주로 모인다. 그래서 시민 참여를 그토록 강조하는데도 결국 활동가와 시민으로 탈바꿈한 부동산 업자만 만난다는 이야기가 나온다.

광주 사례에서 알 수 있듯이 여러 부문에서 합의 과정은 거버넌스 형태로 전환되고 무척 복잡해졌다. 시민단체는 전문 지식이나 협력 또는 네트워킹 능력이 부족한 탓에 의사 결정과 자원 통제 과정에 참여하지 못하면서 정부에 대립각을 세우는 사례가 많았다. 정부와 기업은 엘리트들을 통로로 삼아 상대적으로 협력하기가 쉬워서 시민단체는 소외되기 일쑤였고, 시민 참여가 종종 피상적이고 제한적으로 흐른 현실은 어찌 보면 당연한 결과였다. 평범한 시민이 거버넌스에 참여하려면 권력 체계라는 장벽과 전문 지식에서 나타나는 격차를 극복해야 하기 때문이었다.

국가 지배력의 역사와 국가와 시민사회의 관계는 문화 경제 지배 구조가 참여적이고 포용적이 되는 정도를 결정하는 요소다. 그래서 국가와 시민사회 사이의 시너지와 균형이 거버넌스를 평가하는 기준이 된다. 그 균형이 괜찮은 정도라면 문화 경제 거버넌스가 경제적 이익을 추구하려는 정부가 세운 목표에서 자유롭게 책임과 투명성을 실천하고 있다는 이야기가 된다. 오히려 '괜찮은 정치적 분위기'라는 말이 나오면 주요 행위자가 선호를 표현하지 못하게 행동하거나 설득한다는 뜻이 되기도 한다. 결국 거버넌스는 민주적 통치를 상징하는 바람직한 사례가 될 수도 있고, 참여라는 상징적 의의만 지닌 포장지로 남을 수도 있고, 이미 불평등한 권력 관계를 더 나쁘게 만들 수도 있다.

지난날에는 집단과 개인의 파트너십이 강할수록 좋았다. 그러나 새로운 문화 경제에서는 느슨한 파트너십과 유연성이 선호된다. 기억과 도시 개발이 연결되는 지점에서는 권력 관계와 심리적 동학에서 모두 타협하고 양보하는 능력이 필요하다. 대다수의 선호하고 다른 선호를 지닌 반면 작은 권력을 지닌 사람들에게 적응적 선호는 굴종하는 타협이 아니라 실용적 접근이 된다. 문화 경제 거버넌스의 실천에서 선호도는 행위자의 감정을 보호하고 심리적 안락함을 확보하기 위한 내부 협상의 산물이다.

도시 개발 문화 정치의 특성을 구성하는 단계에서는 문화 거버넌스의 형성 과정과 본질이 중요하다. 기억과 도시 개발 사이의 연결은 무시할 수 없지만 관련된 행위자들의 복잡한 애도와 욕구 때문에 쉽게 폭발할 수 있는 미묘한 문제라서 중재할 거버넌스가 필요하다. 행위자들의 참여, 관계에 새겨진 역사, 변화하는 파트너십과 경쟁자들의 존재는 문화 경제가 운영되는 방식에 큰 영향을 줄 수 있다. 기억과 도시 개발에 통합적으로 접근하려는 행위자는 화해하고 적응하면서 통섭적인 모호함을 받아들일 수 있는 유연한 태도가 필요하다.

기억 공간 만들기에 참여하는 행위자는 탄력적이고 포용적이어야 한다. 그런 태도가 바람직하고, 가장 유리하고, 다른 길은 없기 때문이다. 이를테면 경제 성장을 우선시하는 공무원들은 기억과 개발의 통합을 방해할 수 있다. 동시에 경제 성장을 아예 무시하는 사람들은 기억화 과정에서 독재자로 나설 수 있다. 그 사이 어딘가에 있을 타협점은 결국 모든 사람에게 개운하지 않은 결론이 될 가능성이 많다. 중간 또는 합의란 어느 한쪽이 시원하게 만족하는 결론에서는 거리가 있기 마련이고, 바로 그런 이유 때문에 그나마 타협점이 된다.

문화 경제를 이해하고 기억과 개발이 연결되는 지점으로 이행하는 도중에 문화, 경제, 기억, 개발의 범위와 정의에 관련해 융통성이 발휘되지 않으면 과정은 아주 어려우면서도 결과는 절망적이기 쉽다. 광주를 비롯한 여러 도시에서 실천적 유연성과 심리적 탄력성, 협력의 마음 근육을 키워 문화 경제 거버넌스를 발전시킨 많은 분들에게 박수를 보낸다.

광주전남시민대토론회 편. 1995.《21세기 광주 전남의 미래》. 풀빛.

전남대학교 사회과학연구소 · 서울대학교 사회과학연구소 · 부산대학교 사회과학연구소. 1995.《전남이미지 실태연구》. 부산대학교 사회과학연구소.

정근식. 2009. 〈아시아문화중심도시 조성과 기억논쟁〉. 《황해문화》 62호. 208~229쪽.

최영진. 1999.《한국 지역주의와 정체성의 정치》. 오름.

Abelmann, N. 1996. *Echoes of the past, epics of dissent: A South Korean social movement.* Univ. of California Press.

Allen, J., and Cochrane, A. 2007. "Beyond the territorial fix: regional assemblages, politics and power." *Regional studies* 41(9). pp. 1161~1175.

Ashworth, G. J., and Isaac, R. K. 2015. "Have we illuminated the dark? Shifting perspectives on 'dark' tourism." *Tourism Recreation Research* 40(3). pp. 316~325.

Bachrach, P., and Baratz, M. S. 1963. "Decisions and nondecisions: An analytical framework." *American political science review* 57(3). pp. 632~642.

Bassett, K. 1993. "Urban cultural strategies and urban regeneration: a case study and critique." *Environment and Planning A* 25(12). pp. 1773~1788.

Boyle, M. 1997. "Civic Boosterism in the Politics of Local Economic Development — 'Institutional Positions'; and 'Strategic Orientations' in the Consumption of Hallmark Events." *Environment and Planning A* 29(11). pp. 1975~1997.

Byun, J., Ahn, J. C., and Baker, D. 2003. *Contentious Kwangju: The May 18 Uprising in Korea's Past and Present.* Rowman & Littlefield.

Cheer, J. M., and Lew, A. A.(eds.). 2017. *Tourism, resilience and sustainability: Adapting to social, political and economic change.* Routledge.

Ch'oe, C. U., and Choi, J. W. 2006. *The Gwangju uprising: the pivotal democratic movement that changed the history of modern Korea.* Homa & Sekey Books.

Cunningham, S. 2001. "From Cultural to Creative Industries: Theory." *Industry, and Policy Implications — "Culturelink" Special Issue*. pp. 19~32.

Dinardi, C. 2015. "Unsettling the role of culture as panacea: The politics of culture-led urban regeneration in Buenos Aires." City, *Culture and Society* 6(2). pp. 9~18.

Dowding, K. 2006. "Three-dimensional power: A discussion of Steven Lukes' Power: A radical view." *Political studies review* 4(2). pp. 136~145.

Drozdzewski, D., De Nardi, S., and Waterton, E. 2016. "Geographies of memory, place and identity: Intersections in remembering war and conflict." *Geography Compass* 10(11). pp. 447~456.

Du Gay, P., and Pryke, M.(eds.). 2002. *Cultural economy: Cultural analysis and commercial life*. Sage.

Elster, J. 1983. *Sour Grapes: Studies in the Subversion of Rationality*. New York: Cambridge University Press.

Evans, G. 2015. "Rethinking place branding and place making through creative and cultural quarters." *Rethinking place branding*. Springer, Cham. pp. 135~158.

Flyvbjerg, B. 1998. *Rationality and power: Democracy in practice*. University of Chicago press.

García, B. 2004. "Cultural policy and urban regeneration in Western European cities: lessons from experience, prospects for the future." *Local economy* 19(4). pp. 312~326.

Gibson, C., and Kong, L. 2005. "Cultural economy: a critical review." *Progress in Human Geography* 29(5). pp. 541~561.

Greffe, X. 2016. "From culture to creativity and the creative economy: A new agenda for cultural economics." *City, Culture and Society* 7(2). pp. 71~74.

Grodach, C., O'Connor, J., and Gibson, C. 2017. "Manufacturing and cultural production: Towards a progressive policy agenda for the cultural economy." *City, culture and society* 10. pp. 17~25.

Hodgkin, K., and Radstone, S.(eds.). 2003. *Contested pasts: The politics of memory*. Routledge.

Holcomb, B. 1993. "Revisioning place: de-and re-constructing the image of the industrial city." Kearns, G. and Philo, C.(eds.), *Selling places: The city as cultural capital, past and present*. Pergamon Press. pp. 133~143.

_____. 1994. "City make-overs: marketing the post-industrial city." Ward, S. V. and Gold, J. R.(eds.), *Place promotion: The use of publicity and marketing to sell towns and regions*. John Wiley & Sons. pp. 115~131.

Jeffcutt, P. 2001. "Creativity and convergence in the knowledge economy: reviewing key themes and issues."

Katsiaficas, G., and Na, K.(eds.). 2013. *South Korean democracy: legacy of the gwangju uprising*. Routledge.

Kearns, G., and Philo, C. 1993. *Selling places: the city as cultural capital, past and present*. Pergamon Press.

Kim, Y. C. 2013. "The shadow of the Gwangju Uprising in the democratization of Korean politics." Katsiaficas, G., and Na, K.(eds.), *South Korean Democracy*. Routledge. pp. 125~145.

Kong, L. 2007. "Cultural icons and urban development in Asia: Economic imperative, national identity, and global city status." *Political Geography* 26(4). pp. 383~404.

Lee, K. S. 2007. "Questioning a neoliberal urban regeneration policy: The rhetoric of "cities of culture" and the city of Gwangju, Korea." *International journal of cultural policy* 13(4). pp. 335~347.

Lennon, J. J., and Foley, M. 2000. *Dark tourism*. Cengage Learning EMEA.

Lukes, S. 1974. *Power: A Radical View*. Basingstoke: Macmillan.

Lynch, K. 1960. *The Image of the City*. Cambridge, Massachusetts: MIT press.

Marschall, S. 2012. "'Personal memory tourism' and a wider exploration of the tourism — memory nexus." *Journal of Tourism and Cultural Change* 10(4). pp. 321~335.

Mitchell, D. 2000. "Cultural Wars: Culture Is Politics by Another Name." Mitchell, D., *Cultural Geography: A Critical Introduction*. Blackwell Publishing Limited. pp. 3~36.

Molotch, H. 1976. "The city as a growth machine: Toward a political economy of place." *American journal of sociology* 82(2). pp. 309~332.

Paddison, R. 1993. "City marketing, image reconstruction and urban regeneration." *Urban studies* 30(2). pp. 339~349.

Peterson, P. E. 1981. *City limits*. University of Chicago Press.

Pratt, A. 2016. "Cultural economy." *International Encyclopedia of Geography: People, the Earth, Environment and Technology* 1-9.

_____. 2018. "Gentrification, artists and the cultural economy." *Handbook of Gentrification Studies*. pp. 346~361.

Rose-Redwood, R., Alderman, D., and Azaryahu, M. 2008. "Collective memory and the politics of urban space: an introduction." *GeoJournal* 73(3). pp. 161~164.

Saito, A. 2003. "Global city formation in a capitalist developmental state: Tokyo and the waterfront sub-centre project." *Urban studies* 40(2). pp. 283~308.

Scott, A. 1997. "The cultural economy of cities." *International journal of urban and regional research* 21(2). pp. 323~339.

_____. 2000. *The cultural economy of cities: essays on the geography of image-producing industries.* Sage.

Shin, H. 2004. "Cultural festivals and regional identities in South Korea." *Environment and Planning D: Society and Space* 22(4). pp. 619~632.

_____. 2010. "Can one actually say what one wants? Adaptive preferences in the negotiation process." *Planning Theory & Practice* 11(3). pp. 339~357.

_____. 2016. "Re-making a place-of-memory: The competition between representativeness and place-making knowledge in Gwangju, South Korea." *Urban Studies* 53(16). pp. 3566~3583.

_____. 2020. *The Cultural Politics of Urban Development in South Korea — Art, Memory and Urban Boosterism in Gwangju.* Routledge.

Shin, H. and Jin, Y. 2021. "The politics of forgetting: Unmaking memories and reacting to memory–place–making." *Geographical Research*(Online). pp. 1~13.

Shin, H., and Stevens, Q. 2013. "How Culture and Economy Meet in South Korea: The Politics of Cultural Economy in Culture–led Urban Regeneration." *International journal of urban and regional research* 37(5). pp. 1707~1723.

Thurbon, E. 2016. *Developmental mindset: The revival of financial activism in South Korea.* Cornell University Press.

Till, K. E. 2012. "Wounded cities: Memory-work and a place-based ethics of care." *Political Geography* 31(1). pp. 3~14.

Vink, T. 2010. "Contesting collective representations of the past: The politics of memory in South Korea." Master's Thesis. Victoria University of Wellington, Wellington.

Waitt, G., and Gibson, C. 2009. "Creative small cities: Rethinking the creative economy in place." *Urban studies* 46(5-6). pp. 1223~1246.

Yea, S. 2002. "Rewriting rebellion and mapping memory in South Korea: the (re) presentation of the 1980 Kwangju uprising through Mangwol-dong Cemetery." *Urban Studies* 39(9). pp. 1551~1572.

Zukin, S. 1995. *The cultures of cities.* Cambridge, MA: Blackwell.